21 世纪全国高职高专物流类规划教材

物流运输管理与实务

吴玉贤　高和岩　　　主　编

房红霞　彭沂　王海蛟　付宏华　副主编

内 容 简 介

本书根据《教育部办公厅、劳动和社会保障部办公厅、中国物流与采购联合会关于开展职业院校物流专业紧缺人才培养培训工作的通知》的附件二中"高等职业教育物流管理专业紧缺人才培养指导方案"编写。

主要内容包括：物流运输管理概述、铁路货物运输管理、水路货物运输管理、公路货物运输管理、航空货物运输管理、管道运输管理、物流运输业务绩效优化途径、物流运输纠纷的产生及其解决方法共八个方面。其中包括运输管理与企业物流战略的关系、企业物流自营与外包的比较与决策、不同运输方式的比较与选择、运输线路的优化、集装箱运输管理、物流运输车辆管理、运输计划与排程管理、运输作业管理、运输安全管理、运输合同，运输相关法律与法规的应用、运输成本核算与控制、运输价格制订等。

本书适合作为高职高专院校培养技术应用型物流从业人员及其他相关专业从业人员的教学用书，也可作为物流从业人员的培训、自学用书和参考资料。

图书在版编目（CIP）数据

物流运输管理与实务/吴玉贤，王海蛟主编．—北京：北京大学出版社，2007.8
（21 世纪全国高职高专物流类规划教材）
ISBN 978-7-301-12135-1

Ⅰ．物… Ⅱ．①吴… ②王… Ⅲ．物流—货物运输—管理—高等学校：技术学校—教材 Ⅳ．F252

中国版本图书馆 CIP 数据核字（2007）第 066742 号

书　　　　名：	物流运输管理与实务
著作责任者：	吴玉贤　王海蛟　主编
责 任 编 辑：	卢英华
标 准 书 号：	ISBN 978-7-301-12135-1/F・1614
出　版　者：	北京大学出版社
地　　　　址：	北京市海淀区成府路 205 号　100871
电　　　　话：	邮购部 62752015　发行部 62750672　编辑部 62765126　出版部 62754962
网　　　　址：	http://www.pup.cn
电子信箱：	xxjs@pup.pku.edu.cn
印　刷　者：	山东省高唐印刷有限责任公司
发　行　者：	北京大学出版社
经　销　者：	新华书店
	787 毫米×980 毫米　16 开本　14.25 印张　311 千字
	2007 年 8 月第 1 版　2011 年 11 月第 3 次印刷
定　　价：	28.00 元

未经许可，不得以任何方式复制或抄袭本书之部分或全部内容。
版权所有，侵权必究
举报电话：010－62752024；电子信箱：fd@pup.pku.edu.cn

前　　言

　　本书是根据《教育部办公厅、劳动和社会保障部办公厅、中国物流与采购联合会关于开展职业院校物流专业紧缺人才培养培训工作的通知》的附件二中"高等职业教育物流管理专业紧缺人才培养指导方案"编写的。本书适合高职高专院校培养技术应用型物流从业人员及其他相关专业从业人员的教学用书，也适用于物流从业人员的培训及自学用书和参考资料。

　　随着物流产业的快速发展，技术应用型人才的需求成为物流产业的紧缺人才之一，为了加快对该类人才的培养，编写一套适时、实用，符合物流产业人才需求的适用教材是形势所需，院校所求。本教材在内容的选择和安排上，既考虑到学历教学的要求，又融入了职业所需的技能知识。在"双证"融通教材的编写实践中，做了有益的尝试，尽了绵薄之力。这是本书的特色，也是与其他教材不同之所在。

　　本教材由无锡职业技术学院吴玉贤（第2、6章）、济南铁道职业技术学院高和岩（第1章）担任主编。山东交通职业技术学院房红霞（第4章）、济南职业学院彭沂（第5章）、青岛港湾职业技术学院王海蛟（第8章）、山东英才职业技术学院付宏华（第7章）担任副主编。山东交通职业技术学院张广辉担任主审。参编本教材的有山东交通职业技术学院李海民（第3章）、山东英才职业技术学院周静（第7章）、山东英才职业技术学院曹俊生（第7章）。由吴玉贤负责对全书框架结构进行安排并统稿。

　　在本教材的编写过程中，我们参阅了大量专家的有关著作、案例及教材和文章，书名及作者已尽可能地列入我们的参考文献中，在此，本书的全体编写者向这些专家和作者表示由衷的谢意。由于编者水平有限，书中难免有疏漏与不足之处，恳请读者、同仁批评指正。

编　者
2007年7月

目　　录

第1章　物流运输管理概述 ... 1
1.1　运输系统概述 ... 1
1.1.1　运输和运输系统 ... 1
1.1.2　运输系统的特征 ... 4
1.1.3　物流运输与物流各环节的关系 ... 5
1.2　各种运输方式及特点 ... 6
1.2.1　按运输工具不同的分类及特点 ... 6
1.2.2　按运输路线不同的分类及特点 ... 8
1.2.3　按对干线运输的补充形式的分类及特点 ... 8
1.2.4　按运输协作程度的分类及特点 ... 9
1.3　运输系统的合理化和现代化 ... 9
1.3.1　影响运输合理化的主要因素 ... 9
1.3.2　不合理运输的表现形式 ... 11
1.3.3　运输合理化的有效措施 ... 13
1.3.4　运输系统的现代化 ... 15
1.4　运输成本控制与运输价格 ... 15
1.4.1　运输成本控制要点 ... 15
1.4.2　运输价格 ... 17
1.5　复习思考题 ... 21

第2章　铁路货物运输管理 ... 23
2.1　铁路货物运输的基本条件 ... 23
2.1.1　铁路货物运输种类 ... 23
2.1.2　一批货物办理条件与运到期限 ... 25
2.1.3　铁路货运合同及其签订 ... 30
2.1.4　铁路货物保价运输与运输保险 ... 34
2.1.5　铁路货物运输费用的计算 ... 36
2.2　铁路货物运输业务管理 ... 39
2.2.1　铁路货物发送作业 ... 39
2.2.2　铁路货物发送作业流程 ... 46

2.2.3 货物的途中作业 ... 47
2.2.4 货物的到达作业 ... 49
2.3 铁路集装箱运输管理 ... 53
2.3.1 集装箱运输基本条件 ... 53
2.3.2 集装箱的发送作业 ... 54
2.4 铁路易腐货物运输管理 ... 58
2.4.1 易腐货物运输概述 ... 58
2.4.2 易腐货物运输组织 ... 59
2.5 铁路危险货物运输管理 ... 60
2.5.1 危险货物的装卸保管注意事项 ... 61
2.5.2 危险货物运输组织 ... 64
2.6 铁路超限货物运输管理 ... 68
2.6.1 铁路限界 ... 68
2.6.2 超限货物概念 ... 68
2.6.3 超限货物的运输组织 ... 69
2.7 复习思考题 ... 71

第3章 水路货物运输管理 ... 73
3.1 水路货物运输概述 ... 73
3.1.1 水路运输发展过程 ... 73
3.1.2 水路运输系统的组成 ... 74
3.1.3 水运的技术经济特点 ... 77
3.2 内河货物运输管理 ... 78
3.2.1 我国主要内河水运资源的分布 ... 78
3.2.2 内河航道 ... 78
3.2.3 内河水运的运输组织流程 ... 81
3.3 远洋货物运输管理 ... 84
3.3.1 我国的远洋运输航线 ... 84
3.3.2 班轮运输 ... 85
3.3.3 租船运输 ... 88
3.4 复习思考题 ... 91

第4章 公路货物运输管理 ... 94
4.1 公路运输概述 ... 94
4.1.1 公路运输的特点 ... 94
4.1.2 公路运输设施与设备 ... 96
4.1.3 公路运输的分类 ... 97

4.1.4　货物的运输、包装标志 98
　4.2　公路货物运输组织与管理 99
　　　4.2.1　公路货物运输业务流程及主要单证 100
　　　4.2.2　零担货物运输组织 103
　　　4.2.3　特种货物运输组织 106
　4.3　复习思考题 108

第5章　航空货物运输管理 117
　5.1　航空运输概述 117
　　　5.1.1　航空运输业发展与展望 117
　　　5.1.2　航空运输的特点 119
　　　5.1.3　国际航空运输组织 119
　5.2　航空运输业务组织及管理 120
　　　5.2.1　航空货物运输方式 120
　　　5.2.2　国际航空货物运输业务 124
　　　5.2.3　国内航空货物运输业务 131
　　　5.2.4　航空货物运输业务费用与运价 133
　5.3　复习思考题 135

第6章　管道运输管理 139
　6.1　管道运输概述 139
　　　6.1.1　管道运输的发展概况 139
　　　6.1.2　管道运输的优缺点及分类 140
　6.2　管道运输生产管理及管道物流运输 142
　　　6.2.1　管道运输生产管理 142
　　　6.2.2　管道物流运输发展趋势 143
　6.3　复习思考题 146

第7章　物流运输业务绩效优化途径 148
　7.1　集装箱运输概述 148
　　　7.1.1　集装箱的含义与分类 148
　　　7.1.2　集装箱运输的发展历程 150
　　　7.1.3　集装箱运输的特点 151
　　　7.1.4　集装箱货物形态 153
　7.2　集装箱运输业务及组织管理 155
　　　7.2.1　集装箱运输业务概述 155
　　　7.2.2　集装箱运输组织管理 158

7.3 大陆桥运输及国际多式联运 ... 159
7.3.1 大陆桥运输 ... 159
7.3.2 国际多式联运 ... 161
7.4 物流运输方式的比较与选择 ... 163
7.4.1 公路运输的技术经济特征 ... 163
7.4.2 铁路运输方式的技术经济特征 ... 166
7.4.3 水路运输的技术经济特征 ... 167
7.4.4 航空运输的技术经济特征 ... 169
7.4.5 管道运输的技术经济特征 ... 170
7.4.6 运输方式的选择 ... 171
7.5 物流运输路线决策 ... 173
7.5.1 调运问题——表上作业法 ... 173
7.5.2 图上作业法 ... 180
7.6 物流运输车辆管理 ... 182
7.6.1 委托运输 ... 183
7.6.2 物流车辆管理调度解决方案 ... 184
7.7 物流自营与外包策略 ... 186
7.7.1 生产企业选择外包物流的利弊 ... 186
7.7.2 自营物流 ... 189
7.7.3 从比较分析中得到的启发 ... 191
7.8 复习思考题 ... 192

第8章 物流运输纠纷的产生及其解决方法 ... 195
8.1 物流运输纠纷概述 ... 195
8.2 承运人、托运人的责任及免责 ... 202
8.2.1 承运人的责任期间及免责 ... 202
8.2.2 托运人的责任 ... 206
8.3 争议与索赔的解决 ... 209
8.3.1 争议解决的方法 ... 209
8.3.2 索赔时效和诉讼时效 ... 212
8.4 复习思考题 ... 214

部分章节练习题参考答案 ... 217
参考文献 ... 220

第 1 章 物流运输管理概述

本章提要
- 运输系统概述；
- 各种运输方式及特点；
- 运输系统的合理化和现代化；
- 运输成本控制与运输价格。

在所有的物流功能中，运输是一个最基本的功能，也是物流的核心功能。运输具有扩大市场、稳定价格、促进社会分工、扩大流通范围等社会经济功能。运输产业是生产在流通中的继续（产品转变为商品）。运输产业是国民经济的重要组成部分，是国民经济发展的"先锋队"和强大支柱，在国民经济中居重要地位。

我国物流运输在物资流通经济活动可分为两个基本方面：一是经营，以满足客户需求为目标，在此基础上，追求效率更高、成本最低和服务质量好，实现货物空间效用和时间效用，这是运输经济活动的中心。二是管理，在一定技术水平下，为实现运输经营目标提供技术保障，即根据运输经营目标使运输各功能要素形成高效运输系统、并使各功能活动遵照一定的作业标准。因此，物流运输管理是指在一定的环境下，按照现代化的管理思想，运用科学方法，对物流运输活动进行计划、组织、领导、控制，实现运输经营目标的过程。

美国著名学者哈德·孔茨（Harold Koontz）在其所著《管理学》中，明确指出："有效的管理总是一种随机制宜的、因情况而异的管理。""管理概念的含义，包括设计（Design）一种环境，使身处其间的人们能在集体内一道工作，从而实现目标。设计就是敢于把假设在某种具体情况下，有可能取得最好结果的知识，用于解决实际问题"。因此，学习和掌握物流运输管理实务，对认识现代物流运输管理问题，探索物流运输管理活动的规律以及应用管理原理来指导运输实践具有重要的现实意义。

1.1 运输系统概述

1.1.1 运输和运输系统

1. 运输的定义和功能

中国《物流术语》国家标准中对运输的定义是："用设备和工具，将物品从一地点向另一地点运送的物流活动。其中包括集货、搬运、中转、装入、卸下、分散等一系列操作。"

运输的功能主要是创造物品的"空间效用"和"时间效用",此外还有一定的功能。

（1）运输的"空间效用"。空间效用,又称"场所效用",是指通过运输活动,实现物品物理性的位置移动。一般来说,商品的生产与消费的位置是不一致的,即存在位置背离。只有消除这种背离,商品的使用价值才能实现,这就需要运输。另外,物品在不同的位置,其使用价值实现的程度是不同的,即效用价值是不同的。通过运输活动,将物品从效用价值低的地方转移到效用价值高的地方,使物品的使用价值得到更好的实现,即创造物品的最佳效用价值。

（2）运输的"时间效用"。时间效用是指物品处在不同的时刻,其效用价值是不一样的,通过储存保管,将物品从效用价值低的时刻延迟到价值高的时刻再进入消费,使物品的使用价值得到更好的实现。

（3）运输的存储功能。因为运输货物需要时间,在这个过程中货物实际是储存在运输工具内,为避免物品损坏或丢失,还要为运输工具内的货物储存创造一定的条件,这在客观上创造了物品的时间效用。在中转供货系统中,物品经过运输节点（车站、码头）时,有时需要短时间的停留（一至几天）,这时利用运载工具作为临时仓库进行短时间的储存也是合理的。

2. 运输系统概述

运输系统作为物流系统的最基本系统,是指由与运输活动相关的各种因素（如运输方式及其组合）组成的一个整体。

（1）运输系统的构成要素。

① 运输线路。运输线路是运输的基础设施,是构成运输系统最重要的要素。虽然近20年来我国运输线路长度持续快速增长,特别是公路和民用航空里程增长速度最快。但是,相对于我国的国土面积和人口数量来说,运输线路的密度不仅远远落后于经济发达的欧美国家,甚至与印度、巴西等发展中国家相比也有较大的差距。

② 运输工具。运输工具是运输的主要手段。最新统计数据说明,我国民用运输工具的增长速度也是很快的,其中公路机动车辆增长的速度最快,这为发展短途运输特别是配送业务提供了重要的物质条件。

③ 物主与运输参与者

➢ 物主。物主是货物的所有者,包括托运人（或称委托人）和收货人,有时托运人与收货人是同一主体。托运人和收货人的共同目的是要在规定的时间内以最低的成本将物品从始地转移到目的地,他们一般对收发货时间、地点、转移时间、无丢失、损坏和有关信息等方面都有要求。

➢ 承运人。承运人是运输活动的承担者（可能是运输公司、储运公司、物流公司以及个体运输业者）。承运人是受托运人或收货人的委托,按委托人的意愿来完成运输任务的，同时获得运输收入。承运人根据委托人的要求或在不影响委托人要求的前提下合理地组织运输和配送，包括选择运输方式、确定运输线路、进行配货配载等，以降低运输成本，尽可能多地获得利润。承运人属于作业型中间商。

➢ 货运代理人。货运代理人与承运人不同。首先，他把从各种顾客手中揽取的小批量货物装运整合成大批量装载，利用专业承运人运输到目的地，然后再把大批量装载的货物拆成原来较小的装运量，送往收货人。货运代理人与承运人相比，其主要优势在于因大批量装运可以实现较低的费率，故此可从中获取较高的利润。

➢ 运输经纪人。运输经纪人实际上是运输代办。他是以收取服务费为目的，替托运人、收货人和承运人协调运输安排。协调的内容包括装运配载、费用谈判、结账和跟踪管理等。经纪人和货运代理人是社会分工的产物，都属于非作业性中间商。

➢ 政府。由于运输是国民经济的基础性行业，所以政府期望形成稳定而有效率的运输环境，促使经济持续增长，使产品有效地转移到全国各市场中去，并以合理的成本获得产品。为此，政府往往采取规章管制、政策促进、拥有承运人（铁路运输等国有运输组织）等形式干预承运人的活动。如，政府通过限制承运人所能服务的市场或确定他们所能收取的价格来规范他们的行为。再如，通过支持研究开发或制定诸如公路或航空交通控制系统之类的行业进入壁垒来促进承运人的发展。在英、德等国家，某些承运人为政府所拥有，政府对市场、服务和费用保持绝对的控制。这种控制权使政府对地区、行业或厂商的经济活动具有举足轻重的影响。

➢ 公众。公众是最后的运输参与者。一方面，公众按合理的价格产生购买商品的需求并最终确定运输需求；另一方面，公众关注运输的可达性、费用和效果以及环境和安全上的标准，并对政府的决策产生影响。

显然，各方面的参与使运输关系变得很复杂，这种复杂性要求运输管理需要考虑多方面的因素，顾及各个方面的利益。他们之间的关系如图 1-1 所示。

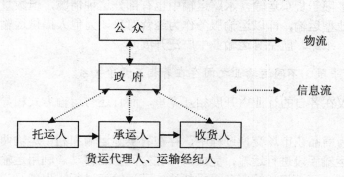

图 1-1　物主与运输参与者之间的关系

（2）运输系统的分类。一般情况下，我们可以把运输系统分为生产领域的运输系统和流通领域的运输系统两类。

① 生产领域的运输系统。它一般是在生产企业内部进行，因而称为厂内运输。它是作为生产过程中的一个组成部分，直接为物质产品的生产服务。其内容包括原材料、在制品、半成品和产成品的运输，这种厂内运输又称为物料搬运。

② 流通领域的运输系统。它作为流通领域里的一个环节，是生产过程在流通领域的继续。其主要内容是对物质产品的运输，是完成物品从生产领域向消费领域在空间位置上的物理性的转移过程。它既包括物品从生产所在地直接向消费者（用户）所在地移动，又包括从配送中心向中间商的物品移动。最常见的运输体系可为自营运输体系、营业运输体系、公共运输体系以及第三方物流运输体系。

1.1.2 运输系统的特征

尽管运输及运输系统的方法、形态、体系十分复杂多样，运输具体方法和措施千变万化，但是，运输及运输系统也具有一定的共性。这主要表现为以下特征。

1. 运输服务可以通过多种运输方式实现

各种运输方式对应于各自的技术特性，有不同的运输单位、运输时间和运输成本，并由此形成了不同的服务质量。运输服务的利用者，可以根据货物的性质、大小、所要求的运输时间、所能负担的运输成本等条件来选择相应的运输方式，或者合理运用多种运输方式，实行联合运输。

2. 运输服务可分成自用（营）型和营业型两种形态

自用型运输是指企业自己拥有运输工具，并且自己承担运输责任，从事货物的运输活动。自用型运输多限于货车运输，水路运输中也有部分这种情况，但数量很少。与自用型运输相对的是营业型运输，即以运输服务作为经营对象，为他人提供运输服务。营业型运输在汽车、铁路、水路、航空等运输业中广泛开展。

3. 不同运输手段、不同运输业之间存在着相互竞争关系

运输业者不仅在各自的行业内开展相互竞争，而且还与运输方式相异的其他运输行业的企业开展竞争。

运输服务作为商品在市场交换过程中，存在着实际运输和利用运输两种形成。实际运输是指实际利用运输手段进行运输，完成商品在空间上的移动。利用运输是指自己不直接从事商品运输活动，而是把运输服务再委托给实际运输商进行。也就是说，运输业者即使自己不拥有运输工具也能开展运输业务，他们一般通过协调、结合多种不同的运输机构来提供运输服务。

1.1.3 物流运输与物流各环节的关系

1. 运输与装卸的关系

运输活动必然伴随有装卸活动。一般来说,运输发生一次,往往伴有两个装卸活动,即运输前、后的装卸作业,货物在运输前的装车、装船等活动是完成运输的先决条件,此时,装卸质量的好坏,将对运输产生巨大的影响。装卸工作组织得力,装卸活动开展顺利,都可以使运输工作顺利进行。当货物通过运输到达所应到达的地点后,装卸为最终完成运输任务作补充的劳动,使运输的目的最终完成。除此之外,装卸又是各种运输方式的衔接环节,当一种运输方式与另一种运输方式进行必要的变更时,如铁路运输变为公路运输、水路运输变为铁路运输等,都必须依靠装卸作为运输方式变更的必要衔接手段。

2. 运输与储存的关系

储存保管是货物暂时停滞的状态,是货物投入消费前的准备,实现货物的时间价值。货物的储存量虽取决于库存管理水平,但货物的运输对储存也会带来重大影响。当仓库中储存一定数量的货物而消费领域又对该货物急需时,运输就成了关键。如果运输活动组织不善或运输工具不得力,那么就会延长货物在仓库中的储存时间,除阻碍货物流通,增加库存成本外,还增加货物的机会成本。

3. 运输与配送的关系

在现代物流活动中,将货物大批量、长距离地从生产工厂直接送达客户或配送中心的活动称为运输(干线运输)。货物再从配送中心就近发送到地区内各客户手中的活动称为配送(物流活动中末端运输)。关于两者的区别可以概括成以下几个方面,见表1-1。

表1-1 企业物流运输和配送的区别

运 输	配 送
长距离大量货物的移动	短距离少量货物的移动
据点间的移动	送交客户
地区间货物的移动	地区内部货物的移动
一次向一地单独运送	一次向多处运送,每处只获得少量货物

4. 运输与包装的关系

货物包装的材料、规格、方法等都不同程度地影响着运输。作为包装的外廓尺寸应该充分与运输车辆的内廓尺寸相吻合,这对于提高货物的装载率有重要意义,将对提高我国物流水平产生巨大影响。

5. 货运跟踪系统

货运跟踪系统主要采用GPS(全球定位系统)技术对货物的移动进行实时监控。

（1）货运跟踪系统的组成。货运跟踪主要涉及定位设备、通讯设备及技术、车载终端以及监控调度中心管理系统。定位设备能够提供车辆的三维位置、三维速度和系统时间。通讯设备能够将车辆的定位信息传输给监控调度指挥中心，或者接收监控调度指挥中心发送的指令。车载终端可能实现定位信息和调度指令的显示等，监控调度中心管理系统主要实现对车辆监控的管理、车辆位置的集中显示等。

（2）货运跟踪系统的主要功能。

① 实时监视功能。在任一时刻可监视货运车辆所在的地理位置（经度、纬度、速度等信息），在电子地图上直观地显示出来。

② 双向通讯功能。借助于通讯设备和车载终端，货运司机和监控调度中心可进行实时双向通讯。

③ 动态调度功能。调度人员可根据车辆反馈信息和当前任务，对车辆进行实时调度和运能管理，以减少空车时间和空车距离，提高车辆的运能。

④ 数据存储、分析功能。可对车辆的服务区域、维护和保养、购置等进行分析决策。

在 GSM 业务中，短消息服务是在物流系统中最常用的。它不需要建立信道连接，可以利用终端设备直接将需要发送的信息加上目的地址直接发送到短消息服务中心，再由短消息服务中心发送给终端用户。短消息服务每次限定的通讯字节长在 160 个字节以内，虽然长度有限，但能够满足传送一般的定位信息、交通信息的要求，而且短消息服务收费低廉，目前在很多调度系统和监控系统中普遍采用了短消息服务方式作为通讯手段。但由于短消息具有一定的不确定性，同时在通讯繁忙时不能保证及时到达，所以作为物流监控中信息实时传输手段，存在一定的隐患。

GPRS 系统具有实时在线、按量计费、快速登录、高速传输等特点，可以克服 GSM 短消息的缺点，适用于间断的、突发性的或频繁的、少量的数据传输，也适用于偶尔的大数据量传输，在物流的实时跟踪方面应用越来越广泛。

CDMA 具有专门的移动定位技术，可以准确测定移动台的地理位置，提供城市地图、导航、紧急救助、紧急警报、移动黄页等多种服务，能够满足物流中移动定位、远程控制和数据采集传输等方面的信息通信需求。随着终端设备的丰富，在物流行业中的应用空间会更加广泛。

1.2 各种运输方式及特点

1.2.1 按运输工具不同的分类及特点

不同运输方式适合于不同的运输情况。合理地选择运输方式不仅能提高运输效率，降低运输成本，而且还会对整个物流系统的合理化产生有效的影响。因此，了解各种运输方式及其特点，掌握运输方式选择的原则，对优化物流系统和合理组织物流活动是十分重要的。

1. 公路运输

公路运输是主要使用汽车或其他车辆（如人、畜力车等）在公路上进行货客运输的一种方式。公路运输主要是承担近距离、小批量的货运和水运、铁路运输难以到达地区的长途、大批量货运，以及铁路、水运以难以发挥优势的短途运输。由于公路运输具有灵活性，近年来，在有铁路、水运的地区，长途大批量运输也开始用公路运输，尤其是高速公路和载重汽车的快速发展，促使了公路运输快速发展。

公路运输的主要优点是灵活性强。公路建设期短，投资较低，易于因地制宜，对货运站设施要求不高，可采取"门到门"运输形式，即从发货者门口直到收货者门口，而不需转运或反复装卸搬运。公路运输也可作为其他运输方式的衔接手段。公路运输的经济里程，一般在200km以内。

2. 铁路运输

铁路运输是使用铁路列车运送客货的一种运输方式。

铁路运输主要是承担长距离、大数量的货运。在没有水运条件的地区，几乎所有大批量货物都是依靠铁路，它是在干线运输中起主力运输作用的运输形式。

铁路运输的优点是速度快，运输不太受自然条件限制，载运量大，运输成本较低。主要缺点是灵活性差，只能在固定线路上实现运输，需要以其他运输手段配合和衔接。铁路运输经济里程一般在200km以上。

3. 水运

水运是使用船舶运送客货的一种运输方式。

水运主要承担大数量、长距离的运输，也是在干线运输中起主力作用的运输形式。在内河及沿海，水运也常用于小型运输，补充及衔接大批量干线运输的任务。

水运的主要优点是成本低，能进行低成本、大批量、远距离的运输，但是水运也有显而易见的缺点，主要是运输速度慢，受港口、水位、季节、气候影响较大，因而一年中中断运输的时间较长。水运有以下四种形式：

（1）沿海运输，是使用船舶通过大陆附近沿海航道运送客货的一种方式，一般使用中、小型船舶。

（2）近海运输，是使用船舶通过大陆邻近国家海上航道运送客货的一种运输形式，视航程可使用中型船舶，也可使用小型船舶。

（3）远洋运输，是使用船舶跨大洋的长途运输形式，主要依靠运量大的大型船舶。

（4）内河运输，是使用船舶在陆地内的江、河、湖泊等水道进行运输的一种方式，主要是使用中、小型船舶。

4. 航空运输

航空运输是使用飞机或其他航空器进行运输的一种形式。航空运输的单位成本很高，因此，主要适合运载的货物有两类：一类是价值高、运费承担能力很强的货物，如贵重设备的零部件、高档产品、高附加值商品等；另一类是紧急需要的物资，如救灾抢险物资等。

航空运输的主要优点是速度快，不受地形的限制。在火车、汽车、船舶都达不到的地区也可依靠航空运输，因而有其重要意义。

5. 管道运输

管道运输是利用管道输送气体、液体和粉状固体的一种运输方式。其运输形式是靠物体在管道内顺着压力方向顺序移动实现的。和其他运输方式的重要区别在于，管道设备是静止不动的。

管道运输的主要优点是，由于采用密封设备，在运输过程中可避免散失、灭失等损失，也不存在其他运输设备本身在运输过程中消耗动力所形成的无效运输问题。另外，由于运输量大，适合于批量大且连续不断运送的物资。如自来水、煤气和原油等。

1.2.2　按运输路线不同的分类及特点

（1）干线运输。干线运输是利用铁路、公路的干线，大型船舶、货运飞机的固定航线，进行的长距离、大批量的运输。它是进行远距离空间位置转移的重要运输形式。干线运输一般速度较同种工具的其他运输要快，成本也较低。干线运输是运输的主体。

（2）支线运输。支线运输是与干线相接的分支线路上的运输。支线运输是干线运输与收、发货地点之间的补充性运输形式，路程较短，运输量相对较小。支线的建设水平往往低于干线，运输工具水平也往往低于干线，因而速度较慢。

（3）城市内运输。城市内运输是一种补充性的运输形式，路程较短。干线、支线运输到站后，站与用户仓库或指定接货地点之间的运输，由于单个单位的需要，所以运量也较小。

（4）厂内运输。它是指在工业企业范围内直接为生产过程服务的运输。一般在车间与车间之间、车间与仓库之间进行。在小企业或大企业车间内部、仓库内部通常不称"运输"，而称"搬运"。

1.2.3　按对干线运输的补充形式的分类及特点

（1）集货运输。它是一种将分散的货物汇集集中的运输形式。一般短距离，小批量的运输，货物集中后才能利于干线运输形式进行远距离及大批量运输，因此，集货物运输是干线运输的一种补充形式。

（2）配送运输。配送运输是指将据点中心按用户要求配好的货分送到各个用户的运输。一般是短距离、小批量的运输。从运输的角度讲，是对干线运输的一种补充和完善。

1.2.4 按运输协作程度的分类及特点

（1）一般运输。孤立地采用不同运输工具或同类运输工具，而没有形成有机协作关系的运输方式为一般运输。如汽车运输、火车运输等。

（2）联合运输。简称联运，是使用同一运送凭证，由不同运输方式或不同运输企业进行有机衔接来接运货物，利用每种运输手段的优势，充分发挥不同运输工具效率的一种运输形式。采用联合运输，对用户来讲，可以简化托运手续，方便用户。同时可以加速运输速度，也有利于节省运费。经常采用的联合运输形式有：铁海联运、公铁联运、公海联运等。

（3）多式联运。多式联运是联合运输的一种现代形式。一般的联合运输，规模较小，在国内大范围物流和国际物流领域，往往需要反复地使用多种运输手段进行运输。现代运输的五种基本方式在运输工具、线路设施、营运方式及技术经济特征等方面各不相同，因而各有优势，各有其不同的适用范围。在这种情况下，进行复杂的运输方式衔接，并且具有联合运输优势的称作多式联运。

1.3 运输系统的合理化和现代化

作为物流系统优化的关键环节，实现运输资源价值最大化，运输合理化一直被人们所广泛关注。因此，在进行物流系统设计和组织物流活动时，一项最基本的任务就是实现合理化运输。

1.3.1 影响运输合理化的主要因素

1. 影响运输合理化的外部因素

（1）政府。稳定而有效率的商品经济，需要有竞争力的运输服务向市场充分提供商品。因此，与其他商品企业相比，许多政府更多地干预了运输活动。在我国，政府主要在客观上对运输活动进行调节和干预，以保证运输市场协调稳定发展。

（2）资源分布状况。资源的分布状况也对运输活动产生较大的影响。我国地大物博，资源丰富，但分布不平衡。如能源工作中的煤炭和石油，目前探明储量都集于北方各省区的西南、西北地区，而我国东面部的省区储量很小，但工业用量却很大，这在很大程度上影响了运输布局的合理性，形成了我国"北煤南运"、"西煤东运"、"北油南运"、"西油东运"的运输格局。

（3）国民经济结构的变化。运输的对象是工农业产品，因此工农业生产结构的变动必然会引起运输分布的变化。不仅工农业产品的增长速度成正比例地影响着货运量及其增长速度，而且工农业生产结构的变动也会引起货物运输结构及其增长速度的变化。如当运输系数较大的产品比重提高时，运输量也会以较快的速度增长，反之亦然。

（4）运输网布局的变化。交通运输网络的线路及其运输能力、港站的地区分布，直接影响运输网络的货物吸引范围，从而影响货运量在地区上的分布与变化。如某地铁路网布局高于公路网分布密度，则铁路运量就大于公路运量。运输网布局的合理化，直接影响着企业运输的合理化。运输网布局的合理化，将促进货运量的均衡分布。

（5）运输决策的参与者。运输决策的参与者主要有托运人、收货人、承运人、收货人及公众，他们的活动及决策直接影响着某一具体运输作业的合理性。

2. 影响运输合理化的内部因素

（1）运输距离。在运输过程中，运输时间、运量、运费、车辆或船舶周转等运输的若干技术经济指标，都与运输距离有一定的比例关系。因此，运距长短是运输是否合理的一个最基本因素。缩短运距既具有宏观的社会效益，也具有微观的企业效益。

（2）运输环节。每增加一次运输，不但会增加起运的运费和总运费，而且必然要增加与运输相关的其他物流活动，如装卸、包装等，各项技术经济指标也会因此下降。所以，减少运输环节，尤其是同类运输工具的环节，对合理运输有促进作用。

（3）运输工具。各种运输工具都有使用的优势领域，对运输工具进行优化选择，按运输工具特点进行装卸运输作业，最大程度的发挥所用运输工具的作用，是运输合理化的重要一环。

（4）运输时间。运输是物流过程中需要花费较多时间的环节。尤其是远程运输，在全部物流时间中，运输时间占绝大部分，因而运输时间的缩短对整个流通时间的缩短有决定性的作用。此外，运输时间短，有利于运输工具的加速周转，可充分发挥运力的作用；有利于货主资金的周转，有利于运输线路通过能力的提高，对运输合理化有很大贡献。

（5）运输费用。运费在全部物流成本中占很大比例，运费高低很大程度上决定了整个物流系统的竞争能力。实际上，运输费用的降低，无论对货主企业来讲，还是对物流经营企业来讲，都是运输合理化的一个重要目标。运费的判断，也是各种合理化实施是否行之有效的最终判断依据之一。

3. 影响运输方式选择关键因素

成本、速度和可靠性，是影响运输方式选择的关键因素。从物流系统的观点来看，这三个因素对物流运输是十分重要的。

（1）运输成本。运输成本是指为两个地理位置间的运输所支付的款项以及与行政管理和维持运输中的存货有关的费用。物流系统的设计应该利用能把系统总成本降到最低程度的运输，这意味着最低费用的运输并不总是导致最低的运输总成本。

（2）运输速度。运输速度是指完成特定的运输所需的时间。运输速度和成本的关系，主要表现在以下两个方面：能够提供更快速服务的运输商往往要收取更高的运费；运输服务越快，运输中的存货越少，无法利用的运输时隔时间就越短，因此，选择最期望的运输方式时，如何平衡运输服务的速度与成本是至关重要的。

（3）运输的可靠性。运输的可靠性是指在若干次运输活动中履行某一特定的运输所需的时间与原定时间或与前几次运输所需时间的一致性。这种一致性影响着买卖双方承担的存货义务和有关风险。例如，当运输缺乏可靠性时，就需要安全库存，增加库存成本，以防预料不到的服务故障。因此多年来，运输的可靠性被看做是高质量运输的最重要的特征。

1.3.2 不合理运输的表现形式

运输的合理与不合理是在满足客户需求的基础上，站在社会运输资源能否发挥最大作用的角度分析问题，帮助我们建立理性决策框架。不合理运输是在现有条件下可以达到的运输水平而未达到，从而造成了运力浪费、运输时间增加、运费超支等问题的运输。目前，我国存在的不合理运输形式主要有以下几种。

1. 返程或起程空驶

空车无货载行驶，可以说是不合理运输的最严重的形式。造成空驶的不合理运输主要有以下几种原因：

（1）能利用社会化的运输体系而不利用，却依靠自备车送货提货，这往往会出现单程重车、单程空驶的不合理运输。

（2）由于工作失误或计划不周，造成货源不实，车辆空去空回，形成双程空驶。

（3）由于车辆过分专用，无法搭运回程货，只能单程实车，单程回空周转。

2. 对流运输

对流运输亦称"相向运输"、"交错运输"，它是指同类的或可以互相代替的货物的相向运输。它是不合理运输中最突出、最普遍的一种，但不同品牌或具有差异性的产品除外。它有两种表现形式：

（1）明显对流运输：同类的（或可以互相代替的）货物沿着同一线路相向运输。

（2）隐藏对流运输：当同类的（或可以互相代替的）货物在不同运输方式的平行路线上或不同时间进行相反方向的运输。倒流运输是隐藏对流运输派生出的一种特殊形式，是指同一批货物或同批中的一部分货物，由发运站至目的站后，又从目的站往发运站方向运输。

3. 迂回运输

由于物流网的纵横交错及车辆的机动、灵活性，在同一发站和到站之间，往往有不同的运输路径可供选择。凡不经过最短路径的绕道运输，皆称为迂回运输，既平常所说的"近路不走走远路"。只有当计划不周、地理不熟、组织不当而发生的迂回，才属于不合理运输。如果最短距离有交通阻塞，道路情况不好，或有对噪音、排气等特殊限制而不能使用时发生的迂回，不能称为不合理运输。

4. 重复运输

重复运输是指同一批货物由产地运抵目的地，没经任何加工和必要的作业，也不是为联运及中转需要，又重新装运到别处的现象。它是物资流通过程中多余的中转、倒装、虚耗装卸费用，造成车船非生产性停留，增加车船、货物的作业量，延缓了流通速度，增大了货损，也增加了费用。

5. 过远运输

这是一种舍近求远的商品运输。它不是就地或就近获取某种物资，而舍近求远从外地或远处运来同种物资，从而拉长了运输距离，造成运力浪费。

6. 无效运输

无效运输是指被运输的货物杂质（如煤炭中的矿石、原油中的水分等）或边角废料较多，使运力浪费于不必要的物资运输。

7. 运力选择不当

由于没有利用各种运输工具的优势，选择不恰当的运输工具而造成的不合理的现象，称为运力选择不当。常见的有以下若干形式。

（1）弃水走陆。在同时可以利用水运及陆运时，不利用成本较低的水运或水陆联运，而选择成本较高的铁路运输或汽车运输，使水运优势不能发挥。

（2）铁路、大型船舶的过近运输。是指不是铁路及大型船舶的经济运行里程，却利用这些运力进行近距运输的不合理做法。主要不合理之处在于火车及大型船舶起运及到达目的地的准备、装卸时间长，且机动灵活性不足，在过近距离中利用，发挥不了运速快的优势。相反，由于装卸时间长，反而会延长运输时间。另外，和小型运输设备比较，火车及大型船舶装卸难度大、费用也较高。

（3）运输工具承载能力选择不当。不根据承运货物数量及重量选择，而盲目决定运输工具，造成过分超载、损坏车辆及货物不满载、浪费运力的现象。尤其是"大马拉小车"的现象发生较多。由于装货量小，单位货物运输成本必然增加。

8. 托运方式选择不当

对于货主而言，可以选择最好托运方式而未选择，最终造成运力浪费及费用支出加大的不合理运输既为托运方式选择不当。例如，应选择整车而未选择，反而采取零担托运。

应当直达而选择了中转运输，应当中转运输而选择了直达运输等，都属于这一类型的不合理运输。

值得注意的是，上述的各种不合理运输形式都是在特定条件下表现出来的，在进行判断时必须从系统角度来考虑。例如，如果发生对流的同一种产品，尽管商标不同，价格不同，但由于是市场机制引导的竞争结果，就不能看成不合理。

1.3.3 运输合理化的有效措施

1. 提高运输工具实载率

实载率有两个含义：一是单车实际载重与运距之乘积和标定载重与行驶里程之乘积的比率。这在安排单车、单船运输时，是作为判断装载合理与否的重要指标。二是车船的统计指标，即一定时期内车船实际完成的货物周转量（以吨公里计）占车船载重吨位与行驶公里之乘积的百分比。在计算时，车船行驶的公里数不但包括载货行驶公里数，也包括空驶公里数。

提高运输工具实载率是指充分利用运输工具的额定能力，减少车船空驶和不满载行驶的状况，减少浪费，从而实现运输合理化。具体措施有：

（1）"满载超轴"。我国曾在铁路运输上提倡"满载超轴"。其中，"满载"的含义就是利用货车的容积和载重量，多载货，不空驶；"超轴"的含义就是在机车能力允许的情况下，加长列车或多加挂货车，在不增加机车的情况下增加运输量。

（2）车挂车。汽车挂车的原理与火车加挂基本相同，都是在充分利用动力能力的基础上，增加运输能力。但反对超载，因为超载易引发交通事故，降低运输资源利用率。

（3）配载运输。配载运输也是提高运输工具实载率的一种有效形式。配载运输往往是在载重量和容积允许的情况下，轻、重质商品的混合配载，以重质货物运输为主的情况下，搭载一些轻泡货物。如，海运矿石、黄沙等重质货物时，配载木材、毛竹等轻质货物。铁路运矿石、钢材等重物时，可在上面搭运轻质农、副产品等。当前，国内外开展的配送运输，优势之一就是将多家需要的物品和一家需要的多种物品实行配装，以达到容积和载重的充分合理运用。在铁路运输中，采用整车运输、整车拼装、整车分卸等具体措施，都是提高实载率的有效途径。

2. 少动力投入，增加运输能力，实现运输合理化

这种合理化的要点是：在设施建设已定型和完成的情况下，尽量减少能源投入，节约运费，降低单位物品的运输成本，达到合理化的目的。国内外在这方面的有效措施有以下几种：

（1）水运拖排和拖带法。竹、木等物资的运输，可利用竹、木本身的浮力，不用运输工具载运，而直接采取拖带法运输，可省去运输工具本身动力消耗，从而求得合理化。还可将无动力驳船编成一定队形，一般是"纵列"，用拖轮拖带行驶，可发挥比船舶载乘运输

运量大的优点，求得合理化。

（2）顶推法。它是我国内河货运采取的一种有效的航行方法。它将内河驳船编成一定队形，然后由机动船顶推前进。其优点是航行阻力小，顶推量大，速度较快，运输成本很低。

3. 发展社会化的运输体系

实行运输社会化，可以统一安排运输工具，避免一家一户的小生产运输产生的对流、倒流、空驶、运力不当等多种不合理形式。不但可以追求组织效益，而且可以追求规模效益。所以，发展社会化的运输体系是运输合理化的非常重要的措施。

当前，铁路运输的社会化运输体系已经较完善，而在公路运输中由于一家一户的小生产运输方式还非常普遍，因此，公路运输是建立社会化运输体系的重点。

4. 开展中短距离铁路公路分流，实行中短距离"以公代铁"的运输

这种运输的合理性主要表现为两点：一是对于比较紧张的铁路运输，用公路分流后，可以得到一定程度的缓解，从而加大这一区段的运输通过能力。二是充分利用公路从门到门和在中途运输中速度快且灵活机动的优势，实现铁路运输服务难以达到的水平。

我国"以公代铁"，目前在杂货、日用百货运输及煤炭运输中较为普遍。一般控制在 200km 以内，有时可达 700~1 000km。

5. 发展直达运输

直达运输的要点是，通过减少中转换载，提高运输速度，省却装卸费用，降低中转货损。

如同其他合理化措施一样，直达运输的合理性也是在一定条件下才会有所表现。实践中要根据用户的要求，从物流总体出发作综合判断。

6. "四就"直拨运输

一般批量到站或到港的货物，首先要进分配部门或批发部门的仓库，然后再按程序分拨或销售给用户。这样一来，往往出现不合理运输。"四就"直拨，首先是由管理机构预先筹划，然后就厂或就站（码头）、就库、就车（船）将货物分送给用户，而无需再入库了。

7. 技术和运输工具

依靠科技进步是运输合理化的重要途径。例如：专用散装、罐车解决了粉状、液体物运输损耗大，安全性差等问题；专用运输车辆解决了大型设备整体运输问题；"滚装船"解决了载货车的运输问题；集装箱船比一般船能容纳更多的箱体；集装箱高速直达车船加快了运输速度等。

8. 通过流通加工,使运输合理化

有不少产品,由于产品本身形态及特性问题,很难实现运输的合理化,如果进行适当加工,就能够有效地解决合理运输问题。例如,将造纸材料在产地预先加工成干纸浆,然后压缩体积运输,就能解决造纸材料运输不满载的问题。轻泡产品预先捆紧包装成规定尺寸,装车就容易提高装载量。水产品及肉类预先冷冻,就可提高车辆装载率并降低运输损耗。

1.3.4 运输系统的现代化

运输系统的现代化,是采用当代先进适用的科学技术和运输设备和设施,运用现代管理科学成就,组织、协调运输系统各组成要素之间的关系,达到充分发挥物流运输的功能的目的。运输系统现代化的内容如图 1-2 所示。

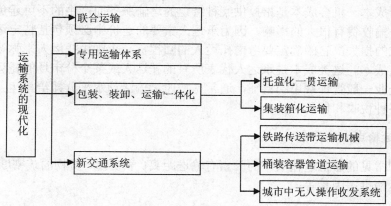

图 1-2 运输系统现代化的内容

1.4 运输成本控制与运输价格

在运输服务产品的市场中,运输成本控制是供需双方共同努力的结果,最终通过市场价格表现出来。

1.4.1 运输成本控制要点

1. 运输成本的构成

运输成本是物流运作中的主要成本之一,其构成有以下四部分。

（1）变动成本。变动成本是指在一段时间内所发生的费用，通常以一种可预计的、与某种层次的运输活动直接有关的形式而变化。因此，变动成本只有在运输工具未投入营运时才有可能避免。除例外的情况，运输费率至少必须弥补变动成本。变动成本中包括与承运人运输每一批货物有关的直接费用，这类费用通常按照每公里/海里或每单位重量多少成本来衡量。在这类成本构成中还包括劳动成本，燃料费用和维修保养费用等。要求承运人按低于其变动成本来收取运费而又期望它能维持营运，那是不可能的。

（2）固定成本。固定成本是指在短期内虽不发生变化，但又必须得到补偿的那些费用。哪怕是公司关闭（如休假或罢工）也是如此，固定成本不受运量的影响。对于运输公司来说，固定成本构成中包括端点站、通道、信息系统和运输工具等费用。在短期内，与固定资产有关的费用必须由上述按每批货运量的价格减去变动成本的剩余（贡献）来弥补；从长期看，多少可以通过固定资产的买卖来降低固定成本的负担。

（3）机会成本。机会成本是指提供某种特定的运输服务而产生的不可避免的费用。联合成本对于运输收费有很大的影响，因为承运人索要的运价中必须包括特定运输设备空返对承运人造成的损失，它的确定要考虑托运人的回程货。否则由托运人来弥补。

（4）公共成本。这类成本是承运人代表所有的托运人或某个分市场的托运人支付的费用。它具有企业一般管理费用的特征，通常是按照运输活动水平分摊给托运人来承担。如运输企业的各种税收和保险等。

2. 影响运输成本的因素

一般我们常见的影响运输成本的因素有输送距离、载货量、货物的疏密度、装载能力、装卸搬运、运输供需因素等。

3. 运输成本控制要点

为了使运输合理化，合理地控制运输成本也是一个方法。在运输成本的控制中，合理选择运输工具，适当拥有车辆，优化仓库布局，开展集运方式，推行直运战略，是我们经常需要充分考虑的。

其中，对于合理选择运输工具，我们提供一种常见的方法以供参考：

首先，将运输工具的评价尺度定为以下四项性能指标：

经济性：F_1　　迅速性：F_2　　安全性：F_3　　便利性：F_4

然后，根据每种运输工具的特点，给其性能指标赋予权重。

最后，求出运输工具综合评价值：$F=F_1+F_2+F_3+F_4$。选择评价值最好者。

另外，由于货物形状、价格、交货时间、运输批量和收货单位的不同，每种运输工具的各项性能指标权重也不同。假设权值分别 W_1、W_2、W_3、W_4，则运输工具的综合价值可表示为：$F=W_1F_1+W_2F_2+W_3F_3+W_4F_4$

1.4.2 运输价格

运价是由运输成本、税金和利润构成的。

1. 运输价格形成的主要因素

形成运输价格的因素除运输成本外,主要有运输市场的供求关系、运输市场的结构模式、国家有关经济政策等。

(1) 运输供求关系。运输供给和需求对运输市场价格的调节,通常是由于供求量不同程度的增长或减少引起的,为分析方便,以假定其中一个量不变为前提来讨论对运输市场价格的影响。

① 运输需求不变,供给发生变化而对运输市场价格的影响:在图1-3中,S为运输供给曲线,D为需求曲线。当D不变时,由于运输供给下降,曲线S向左上移到S_1,市场供给量从Q_0减少到Q_1,市场平衡点从A_0变至A_1,运输市场价格由P_0上升至P_1。相反,若运输供给增长,曲线S向右下移至S_2,市场供给量从Q_0增加到Q_2,市场平衡点由A_0变至A_2,运输市场价格由P_0降至P_2。

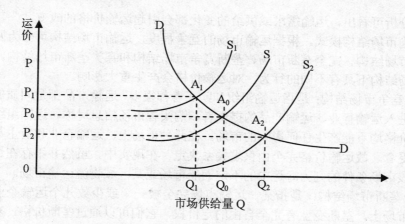

图1-3 运输需求不变,供给变化图

② 运输供给不变,需求发生变化而对市场价格的影响:在图1-4中,由于运输需求的增长,曲线D向右上移至D_1,市场平衡点由A_0移至A_1,市场需求量从Q_0上升至Q_2,运输市场价格随之由P_0上升至P_2。相反,若运输需求降低,曲线D向左下移至D_2,市场平衡点由A_0降至A_2,市场需求量从Q_0降至Q_1,运输市场价格随之由P_0下降可至P_1。

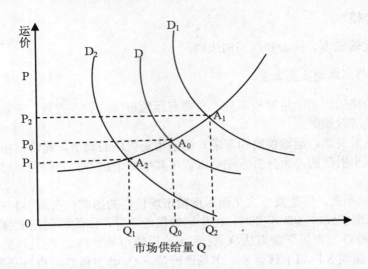

图 1-4 运输供给不变,需求变化图

从以上分析可看出,运输需求或供给的变化都会引起运输价格的改变。

(3) 运输市场结构模式。根据运输市场的竞争程度,运输市场结构可分为四种类型,即完全竞争市场结构、完全垄断市场、垄断竞争市场结构和寡头垄断市场结构。运输组织在不同的市场结构下具有不同的行为,对运输价格会产生重大影响。

① 完全竞争市场结构:是指运输组织和购买者都很多、运输产品都是同质的任何组织都可以自由进入运输行业、运输产品的提供者和购买者市场信息对称。运输组织和购买者对运输市场价格均不能产生任何影响的市场。在此种市场上,运输企业和货主都只能是运输价格的接受者,故运输价格完全由供求关系决定。在现实中,虽然并不存在这种市场,但基本具备该市场条件的则为海运中的不定期船市场或某区域物流运输市场。

② 完全垄断市场结构:是指某一运输市场完全被一个或少数几个运输企业垄断和控制。在这种市场上,垄断企业有完全自由的定价权,它们可以通过垄断价格,获得垄断利润。在现实中,完全垄断运输市场也并不存在。但我国铁路运输,因由国家独立经营,对铁路运输货物实行指令性价格,故铁路运输市场具有垄断市场的性质。然而,我国对铁路运输货物实行的所谓的"垄断价格",其出发点却并不是获得高额利润,而主要是根据运输成本、运输供求关系、国家经济政策等因素定价。故同一般定义上的以获取最大利润为目的的"垄断价格"有很大区别。

③ 垄断竞争市场结构:是指既有独占倾向又有竞争成分的市场。我国沿海、内河以及公路运输市场基本上属于这一类型。这种市场的主要特点是:同类运输产品在市场上有较多的生产者,市场竞争激烈;新加入运输市场比较容易;不同运输企业生产的运输产品在质量上(如快速性、货物完好程度等)有较大差异,而某些运输组织由于存在优势而产生

了一定的垄断性。在这种情况下，运输组织已不是一个消极的运输价格的接受者，而是具有一定程度决策权的决策者。

④ 寡头垄断运输市场结构：是指某种运输产品的绝大部分由少数几家运输企业垄断的市场。在这种市场中，运输价格主要不是由市场供求关系决定，而是由几家大企业通过协议或某种默契规定的。海运中的班轮运输市场是较为典型的寡头垄断运输市场。

（4）国家经济政策。国家对运输业实行的税收政策、信贷政策、投放政策等均会直接或间接目前国家对运输业所征营业税是第三产业中最低的，其税率仅为 3%。从运输价格的理论构成看，包括运输成本，运输价格可随之降低。因此，目前国家对运输业实行的优惠税率政策有利于稳定运输价格并促进运输业的发展。

2. 货物运价的分类

由于物资运输采用的运输工具，运输范围、运输距离、货物品种等因素的不同，货物运价可按不同的分类方法进行划分。

（1）按适用的范围划分

① 普通运价。适用一般货物的正常运输，是货物运价的基本形式。例如：铁路运价适用于全国正式营业铁路，是全国各地统一的铁路运价。

② 特定运价。是运价的一种辅助形式，以补充普通运价。它是指对某种货物、某种流向、某一段路规定的特殊运价。特定运价是根据运价政策考虑制定的，比普遍运价水平升高或降低一定的数量，或改用较低的、较高的运价标准，在某一时间内某种货物的运输予以鼓励或限制。有时也可以单独制定特定运价。

③ 地方运价。适用于某地区、某一条线路的运价。

④ 国际联运运价。就是国际联运出口、进口或过境货物，国内区段按有关规定办理，过境运价根据国际有关规定办理。

（2）按货物发送批量、使用的容器划分

① 整车（批）运价。指按整车运送办理的运输货的，按整车运价规定的运价率计算费用。整批运价是指规定满一定重量中作为一批托运的货物按整批运价计算。

② 零担运价。指不满整车、整批吨位以下托运的零星货物，按零星运价规定的运价率计算收费，货物按实际重量计算。

③ 集装箱运价。指以集装运送货物规定的运价。

（3）按计算方式不同划分

① 分段里程运价。是指把里程分为若干区段，在不同区段使用不同的运价率。铁路和交通部直属运输企业的现行运价就是采用这种计算方式。

② 单一里程运价。是指每一公里的运价率不变，在运输全程用一个单一的运价率。运价的增加是与运输距离成正比的。

③ 航线里程运价。是指在同一航线上使用同一基本运价，航空运输的现行运价就是采

用这种形式。

3. 货物运价定价规则

为了根据按货种别、距离别、批量别以及要求不同运输条件的货物计算运费，各种运输方式均制定了简单易行、合理的有关货物运价问题的各种规定，如《铁路货物运价规则》、《水路货物运价规则》、《汽车货物运输规则》、《中国民航国内货物运输规则》等。各个规则对运费的计算都作了具体规定，主要内容要有货物运价号、货物运价率表、货物装卸费率以及有关问题的说明。

（1）货物运价号。由于货物的种类繁多，运输条件和运输成本各有不同，不可能为每一种货物确定一个运价率。为了明确对各种货物应该收取的运费，对有相同性质、特点的货物进行分类，然后把运输条件和运输成本大致相等的划分为一级，构成货物运价分号表。铁路称运价号，水运称运价等级。运价号和运价等级没有什么本质的不同，都是为了说明运价率的差别。货物的运价号就是将拟采用同一运价率的各种货物品名划归为一个运价号，划分的数量不能太多，也不宜太少。

（2）货物运价率表。货物运价率是确定运价水平的关键，关系到运输企业的收入及发货单位运输费用的支出，影响到国家的积累和企业的利润。货物运价率是由运价基数、各运价号或等级间的增减比例，按距离区段的划分数量及其递增递减的比例，整车、零担、集装箱运价的比例等确定的，运价基数是指最低运价号的起码计算里程运价率，它是制定货种别、距离别各种不同运价率的基础。运价基础确定，首先是确定货物起码计算里程，起码计算里程是根据各种运输方式间运量的分配情况，促进各种运输的合理分工，有利于发展合理运输确定的。在运价基数、运价率的基础上，按照运输距离递增递减率求出各区段的递差率，然后计算出各运价号、各里程区段的每吨货物运价率，编制成货物运价率表。

（3）货物运价里程表。货物运价里程表是计算货物运费的重要依据，是说明运送距离的文件，即货物从发站至到站间的距离。铁路运价制定规定是按最短线路考虑的，所以，铁路货物里程表中各站之间的距离是按最短线路的原则制定的。

4. 运费的计算

在对铁路、水路、公路货物运价规则有了一定的认识后，就可以根据托运的货物品种、数量、发到站计算运费了。计算的步骤大致如下：

（1）根据托运货物的发到站，按运价里程表确定运价里程。铁路运价里程是根据《铁路货物运里程表》按照发站至到站间最短线路计算。在《铁路货物运价表》内规定有计费线路的，按规定的计费线路计算运价里程。运价里程不包括专用线、货物支线的里程。

水运运价里程按公布的《运价里程表》计算，未规定里程的地点按实际里程计算。实际里程当时难以确定时，按里程表中距离起运或到站地点邻近的地点里程计算。

公路汽车货物运输计算里程根据《汽车运价规则》规定计算，里程包括运输里程和装卸里程。

（2）根据货物名称，查找货物运价分号表，确定适用的运价号。铁路货物运价分类表中划分为煤焦、石油及其制品、矿石等二三十类。水运货物运价采用十级运价值，每类中分若干项。公路分为变通货物和特种货物分类表。

（3）根据货物的运价里程及运价号，在货物运价率表中查出适用的运价号。铁路货物运价率分为三部分：整车、零担、集装箱。其中，整车货物的运价号为 1～9 号（另加加冰保温车和机械保温车两个运价号）；零担货物运价号为 21～24 号；集装箱货物运价号分 1t、5t（6t）、10t 和 20ft、40ft 五种箱型的运价号。

水运分北方沿海、华南沿海、南北沿海各港口直达航线，水陆联运运价率表，长江主要航线货物运价率等。长江又有干线、下游、上游三种运价率表。内河由各省、市、自治区自行制定运价率表。

公路与铁路、水运不同，只分整车和零担，运价率水平由地方根据公路状况等具体情况制定。

铁路与水运运价率查找的方法是根据不同的发运方式，零担和整车，不同运价等级和运输里程，在货物运价率表中通过纵横交叉的一格上，此交叉格的数字就是适用的运价率。在查水运运价率时，首先要在不同的水运价率表中确定适用的运价率。

例如：30t 的铁路货车按 30t 计算运费，4t 的汽车按 4t 计算运费。水运货物计算吨分重量吨（W）和体积吨（M）。重量吨按货物的毛重，以 10 000kg 为 1 重量吨。体积吨按货物"满尺丈量"的体积，以 1m^3 为 1 体积吨。货物运价分级表中，按货物的重量吨和体积吨两者择大计费。换算重量的货物，按换算重量计算。铁路、公路、航空零担运输一般按实际重量计算。

（4）确定计费重量后进行运费计算。运费的计算方法在相关运输方式部分内容中介绍。

1.5 复习思考题

1. 简述物流运输管理的目的及任务？
2. 图示运输系统，并简述系统中各要素的功用。
3. 按运输工具的不同，运输方式分为哪些种类？并简述各运输种类的特点。
4. 结合实际说明促进物流运输合理化的手段。
5. 从经营管理角度简述铁路运输向现代物流运输转变的思路。
6. 在垄断竞争的运输市场结构中，运输企业注重产品的差异化的目的是什么？在何种情况下，行业长期均衡？
7. 影响运输价格的主要因素有哪些？

案例分析　　　　金鑫电器有限公司运输方案

金鑫电器有限公司要从位于 S 市的工厂直接装运 500 台送往位于 T 市的一个批发中心。这批货物价值为 150 万。T 市的批发中心确定这批货物的标准运输时间为 2.5 天，如果超过标准时间，电视机的机会成本为 30 元/台。金鑫电器有限公司的物流经理设计了下述三个运输方案：

1. A 公司是一家长途货运公司，可以按优惠运费率 0.05 元/km·台来承运这批电视机，装卸费为 0.10 元/台。S 市到 T 市的公路运价里程为 1 100km，估计需要 3 天能运到，因为装卸货物会占用较长时间。

2. B 公司是一家水运公司，可以提供水陆联运服务。即先用汽车从电视机工厂的仓库将货物运至 S 市码头(20km)，装船运至 T 市码头(1 200km)，再用汽车运至批发中心(17km)。由于中转多次，估计需要 5 天才能运到。询价后得知，陆运运费率为 0.06 元/km·台，装卸费为 0.10 元/台，水运运费率为 0.06 元/百台。

3. C 公司是一家物流公司，可以提供全方位物流服务，报价为 22 280 元。该公司承诺在标准时间内运到，但是准点的概率为 80%。

试从成本控制的角度评价这些运输方案的优劣。

第 2 章 铁路货物运输管理

本章提要
- 铁路货物运输的基本条件；
- 铁路货物运输业务管理；
- 铁路集装箱运输管理；
- 铁路易腐货物运输管理；
- 铁路危险货物运输管理；
- 铁路超限货物运输管理。

2.1 铁路货物运输的基本条件

铁路运输在我国国民经济发展中占有重要的地位。经铁路运输的货运量占到全部货物运量的 70%左右。国家的重要物资，关系到国民经济发展的战略物资、国计民生的农用物资、军用物资以及进出口贸易物资等的陆地运输大部分是由铁路来担当。

铁路货物运输主要是以牵引机车为动力，编挂一定数量的符合列车编组计划、列车运行图、铁路技术管理规程等规定要求的车组，并挂有列车标志的这种单元货物列车来完成运输任务的。目前，随着青藏铁路在 2006 年 8 月的开通，全国各省、市、自治区已全部开通了铁路，并结束了西藏自治区没有铁路的历史。

铁路是国民经济的大动脉。在国内，铁路运输网络业已形成，连贯东西南北的繁忙干线和主要干线基本上是电气化线路。至 2006 年底，我国电气化铁路线路已达 2.4 万余公里，占全部营业里程 7.5 万公里铁路线路的 32%左右。随着国民经济的快速发展，铁路运输的技术装备在不断的更新，运输组织也在不断的变化，铁路信息化系统的不断完善以及与市场经济相适应的运输组织的变革，使铁路的货物运输能力不断得到提高。随着高速铁路和客运专线建设的不断发展，铁路快运货物业务也将得到快速发展。

2.1.1 铁路货物运输种类

铁路货物运输按照一批货物的重量、体积、性质或形状分为整车、零担以及集装箱三种类型。

1. 整车运输

凡是一批货物的重量、体积、性质或形状需要一辆或一辆以上铁路货车装运的,均为整车货物,简称整车,应按整车办理托运手续。

我国铁路现有的货车以大量的敞车为主,另外主要的货车还有棚车、平车、罐车、冷藏车以及专用货车。目前在国有铁路上,所有的敞车、棚车、平车、罐车、冷藏车其标记载重大多为 60t,棚车的容积在 $110m^3$ 左右。对于在地方铁路和支线上运行的货车和专用货车按地方铁路及支线上运行的货车和专用货车的标记重量、容积确定整车货物的重量和体积标准。按整车货物运输办理的货物,如重量或体积不足一辆货车的标记载重,则按所使用的货车标记载重计费。

2. 零担货物运输

对于不够按整车条件办理托运手续的货物,既其重量、体积、性质或形状都不需要单独使用一辆货车装运的一批货物(可使用集装箱运输的除外)称为零担货物,简称零担。应按零担货物办理托运手续。

作为零担货物的条件是,一件货物的体积最小不得小于 $0.02m^3$(一件货物重量在 10kg 以上的除外),每批托运(每张运单)件数不得超过 300 件。

不得按零担办理的货物:

- 需要冷藏、保温或加温运输的货物。
- 规定限按整车办理的危险货物。
- 易于污染其他货物的污秽品,如未经消毒处理的或未使用密封不漏的牲畜骨、湿毛皮、粪便、碳黑等。
- 蜜蜂。
- 不易计件的货物(散、堆装货物)。
- 未装容器的活动物。但下列情况可按零担货物办理。发到站在同一铁路局管内,并且该铁路局规定有未装容器的活动物办理零担运输的办法;发站把多批同一到站的未装容器的活动物,组织成整装零担车装运。
- 一件货物重量超过 2t,体积超过 $3m^3$ 或长度超过 9m 的(经发站确认不影响中转站和到站装卸作业的除外)。

(1) 零担货物的种类。根据零担货物性质和作业特点,零担货物可分为以下三种。

① 普通零担货物,简称普零货物,即按零担办理的普通货物,使用棚车装运。

② 危险零担货物,简称危零货物,即按零担办理的危险货物,使用棚车装运。

③ 笨重零担货物,简称笨零货物,即一件重量在 1t 以上,体积在 $2m^3$ 以上或长度在 5m 以上,需要以敞车装运的货物,以及货物的性质适宜敞车装运和吊装吊卸的货物。

（2）整零车种类及其组织条件。

① 整零车种类。装运零担货物的车辆称为零担货物车，简称为零担车。零担车的到站必须是两个（普零）或三个（危零或笨零）以内的，称为整装零担车，简称为整零车。整零车按车内所装货物是否需要中转，分为直达整零车和中转整零车两种；按其到站个数，分为一站整零车、两站整零车和三站整零车三种；由上述两种分法的组合，则有一站（两站或三站）直达整零车和一站（两站或三站）中转整零车六种。

直达整零车是指车内所装货物都是直接运至货物到站的整零车。中转整零车是指车内所装货物有需要中转站中转才能运至货物到站的整零车。

② 整零车组织条件。

一站整零车，车内所装货物不得少于货车标记载重量（简称标重）的 50%或容积的 90%。

两站整零车，第一到站的货物不得少于货车标重的 20%或容积的 30%；第二到站的货物不得少于货车标重的 40%或容积的 60%。两个到站必须在同一最短径路上，且距离不得超过 250km。但符合下列条件之一时，可不受距离限制。

➢ 第二到站货物的重量达到货车标重的 50%或容积的 70%。
➢ 两个到站为相邻中转站。
➢ 第一到站是中转站，装至第二到站的货物符合第一到站的自然中转范围。

三站整零车，危零、笨零货物不够条件组织一站或两站整零车时，可以组织同一最短径路上三个到站的整零车，但第一与第三到站间的距离不得超过 500km。

（3）零担货物运输组织原则。零担货物的运输组织工作应贯彻"多装直达、合理中转、巧装满载、安全迅速"的原则。从这一原则出发，凡具备直达整零车条件的货物，应组织直达整零车装运，绝不组织去某一中转站中转；不够组织直达整零车条件的，则组织中转整零车装运，且应将货物装运至《全路零担车组织计划》规定的中转站进行中转。

3. 集装箱运输

对于符合集装箱运输条件的所有适箱货物，也即可使用集装箱进行装载运输的货物按集装箱运输方式办理托运手续（详见 2.3 节：铁路集装箱运输管理）。

2.1.2 一批货物办理条件与运到期限

1. 一批及一批货物的办理条件

"一批"是铁路运输货物的计量单位，铁路承运货物和计算运费等均以批为单位。"一批"货物代表了一份铁路货物运输合同。按一批托运的货物，其托运人、收货人、发站、到站和装卸点必须相同（整车分卸货物除外）。整车货物每车为一批。跨装、爬装及使用游车的货物，每一车组为一批。零担货物或集装箱货物，以每张货物运单为一批。采用集装箱装运的货物，必须使用同一箱型并且每批不得超过铁路一辆货车所能装运的箱数。对于运输的方法、条件或货物性质及其要求的不同，下列货物不能作为一批托运。

（1）易腐货物和非易腐货物（如水果与日用百货）。
（2）危险货物与非危险货物（另有规定者除外）。
（3）根据货物的性质不能混装运输的货物。
（4）投保价运输险的货物与未投保运输的货物。
（5）按保价运输的货物与不按保价运输的货物。
（6）运输条件不同的货物。

以上所述六种不能按一批托运的货物，在特殊情况下，如能做到保证货物安全，不影响运输组织工作和赔偿责任的确定，经铁路局承认也可按一批货物托运。

2. 整车分卸

整车分卸是为解决托运人的货物数量不够一车而又符合按零担办理条件的货物运输。整车分卸应符合的条件是：

（1）托运的货物必须是除蜜蜂、使用冷藏车装运需要制冷或保温的货物和不易计件的货物以外的不得按零担货物托运的货物。
（2）到达分卸站的货物数量不够一车。
（3）到站必须是同一径路上两个或三个到站。
（4）必须在站内卸车。
（5）在发站装车必须装在同一货车内作为一批托运。

按整车分卸办理的货物，除派有押运人外，托运人必须在每件货物上拴挂标记，分卸站卸车后，对车内货物必须进行整理。

3. 途中装卸以及站内搬运

途中装卸是指在两个货运营业站之间的区间或不办理货运营业的车站所进行的装车或卸车作业。途中装卸货物的发站或到站，是以托运人指定的途中装卸地点的后方或前方办理货运营业的车站作为发站或到站。

货物的装卸作业均在同一车站内进行的运输，称为站内搬运。

途中装卸以及站界内搬运应符合的条件：
（1）按整车运输的货物。
（2）必须经货运计划核准。
（3）只限在铁路局管内办理。
（4）危险货物不得办理。

4. 准、米轨直通运输

准、米轨直通运输是指使用一份运输票据，跨及准轨（标准轨距 1 435mm）与米轨铁路,将货物从发站直接运至到站的运输。

(1) 下列货物不办理准、米轨间的直通运输:

① 鲜活货物及需要冷藏、保温或加温运输的货物。

② 罐车运输的货物。

③ 每件重量超过 5t(经商定者除外)、长度超过 16m 或体积超过米轨装卸载限界的货物。

(2) 准、米轨直通运输一批货物的重量或体积,具体规定为:

① 重质货物重量为 30、50、60t(不符合货车增载的规定)。

② 轻浮货物体积为 60、95、115m^3。

对于国营铁路与地方铁路实行一票直通运输时,由于两者管理体制以及收费标准不同,所以必须按《国家铁路与地方铁路货物直通运输规则》办理,实行分段计费,一次核收的办法。

5. 快运货物运输

为了适应新形势下市场经济环境变化的需要,加速铁路货物运输速度,提高货物运输质量,铁路开办了快运货物运输业务(简称快运),在全路的繁忙和主要干线上开行了快运货物列车。

(1) 办理快运货物运输的类型。除了不宜按快运办理的煤、焦炭、矿石等品类的货物外,按整车、零担、集装箱办理托运的货物,托运人都可以要求铁路按快运办理,经发送铁路局同意并切实做好快运安排,即可按快运货物办理运输。

(2) 按快运办理的货物必须具备的条件。

① 发站是《快运货物运输办法》中规定的郑州、上海、南昌铁路局与广铁(集团)公司所辖的有关车站。

② 到站是深圳北站。

③ 办理的货物是整车鲜活货物。

托运人向车站托运快运货物时,必须提出快运货物运单,经批准后,车站填写快运货票。按快运办理的货物应在月度"铁路货物运输服务订单"内用红色戳记或红笔注明"快运"字样。

6. 货物运到期限

运到期限是指铁路将货物由发站运送至到站的最长时间天数,是根据铁路现有技术设备条件(线路、机车、信号设备等)和运输工作组织水平来确定的。

货物运到期限由以下三部分组成:

(1) 发送期间($T_发$)为 1d。

(2) 运输期间($T_运$)。每 250 运价公里或其未满为 1d;按快运办理的整车货物每 500

运价公里或其未满为 1d。

（3）特殊作业时间（$T_特$）。特殊作业时间是指为某些货物在运输途中进行某种特定作业所规定需要的时间：

① 需要中途加冰的货物，每加一次加 1d。
② 整车分卸货物，每增加一个分卸站加 1d。
③ 准、米轨间直通运输的货物另加 1d。
④ 运价里程超过 250km 的零担货物和 1t、5t、6t 型集装箱加 2d，超过 1 000km 加 3d。
⑤ 一件货物重量超过 2t、体积超过 3m³ 或长度超 9m 的零担货物及危险零担货物，另加 2d。

对于上款五项特殊作业时间分别计算，当一批货物同时具备几项内容或作业时，应累计相加计算。此外对《铁路运价里程表》中规定需要另加运到期限的，也应加入其内，如运到期限用 T 表示，则：

$$T = T_发 + T_运 + T_特 \tag{2-1}$$

注意，运到期限按日计算，起码日数为 3d。

【例 2-1】 济南站承运到青岛站零担货物一件，重 2 200kg，计算运到期限。已知运价里程为 393km。

【解】 （1）$T_发 = 1d$

（2）$T_运 = 393/250 = 1.572 = 2d$

（3）运价里程超过 250km 的零担货物另加 2d，一件货物重量超过 2t 的零担货物另加 2d，$T_特 = 2+2 = 4d$ 所以这批货物的运到期限为：

$$T = T_发 + T_运 + T_特 = 1+2+4 = 7d$$

7. 铁路运送货物逾期到达有关违约金的计算

铁路运送货物的实际运到日数（用 $T_实$ 来表示）超过规定的运到期限时，即为运到逾期。运到逾期的起算时间为：从承运人（铁路车站）承运货物的次日（如指定装车日期的，则是指定装车日的次日）算起。终止时间为：货物到站后如由承运人（铁路车站）组织卸车的货物，则至卸车完了时为止；货物到站后如由收货人组织卸车的货物，则至铁路货车调送到卸车地点或交接地点时止。

逾期日数（$T_逾$）的计算公式为：

$$T_逾 = T_实 - T \tag{2-2}$$

货物发生运到逾期，承运人应向收货人支付违约金。违约金根据逾期日数和运到期限天数，按承运人所收运费的百分比进行计算。

（1）普通货物运输逾期违约金。普通货物运输逾期违约金具体支付的百分比按表 2-1 和表 2-2 进行计算。

表 2-1　运到期限为 10 日及其之内的逾期违约金计算比例

违约金　　逾期总天数（d） 运到期限	1	2	3	4	5	6
3	15%	20%				
4	10%	15%	20%			
5	10%	15%	20%			
6	10%	15%	15%	20%		
7	10%	10%	15%	20%		
8	10%	10%	15%	15%	20%	
9	10%	10%	15%	15%	20%	
10	5%	10%	10%	15%	15%	20%

表 2-2　运到期限为 11 日及其以上的逾期违约金计算比例

逾期总日数占运到期限天数	违约金
不超过 1/10 时	为运费的 5%
超过 1/10，但不超过 3/10 时	为运费的 10%
超过 3/10，但不超过 5/10 时	为运费的 15%
超过 5/10 时	为运费的 20%

（2）快运货物运输逾期违约金。快运货物运输逾期违约金按《快运货物运输办法》规定计算，见表 2-3。

表 2-3　快运货物运输逾期违约金计算比例

运价里程（km）	逾期天数	违约金计算
1 801 及以上	1	退还快运费的 30%
	2	退还快运费的 60%
	3	退还快运费的 100%
1 201～1 800	1	退还快运费的 50%
	2	退还快运费的 100%
1 200 及以下	1	退还快运费的 100%

注：办理快运的铁路货物应在原运费的基础上增加 30% 作为快运费。逾期的天数如按普通货物计算仍然超过规定的运到期限，则再按表 2-1 和表 2-3 计算违约金。

（3）特别规定事项。超限货物、限速运行的货物、免费运输的货物以及货物全部灭失时，若运到逾期承运人不支付违约金。

从承运人发出催领通知的次日起（不能实行催领通知或会同收货人卸车的货物为卸车的次日起）如收货人于 2d 内未将货物搬出，即失去要求承运人支付违约金的权利。

货物在运输过程中，由于下列原因之一造成的滞留时间，应从实际运到日数中扣除。

① 因不可抗力的原因引起的。
② 由于托运人的责任致使货物在途中发生换装、整理所产生的。
③ 因托运人或收货人要求运输变更所产生的。
④ 运输活动物，由于途中上水所产生的。
⑤ 其他非承运人的责任发生的。

以上五种情况均非承运人原因造成的滞留，发生货物滞留的车站，应在货物运单"承运人记载事项"栏内记明滞留时间和原因。到站应将各种情况所发生的滞留时间加总，加总后不足 1d 的尾数进整为 1d。

2.1.3 铁路货运合同及其签订

1. 铁路货物运输服务订单

铁路货运合同是铁路（承运人）将货物从发站运送至到站，托运人或收货人支付运输费用的合同。托运人通过铁路运送货物时，应与铁路（即承运人）签订货物运输合同。

铁路货运合同有预约合同和承运合同两种，都属于格式条款的书面合同。在铁路运输企业办理货物运输和运输服务时使用预约合同，即"铁路货物运输服务订单"。"铁路货物运输服务订单"是铁路货物运输合同的组成部分，分为整车货物运输和零担、集装箱、班列运输两种（见表 2-4a、2-4b），与铁路货物承运合同，即"货物运单"，共同使用作为合同文件。

"铁路货物运输服务订单"具有运输服务项目选择、报价和运力安排的功能。托运人要求货物运输和货物运输服务时，填写"铁路货物运输服务订单"一式两份。车站对内容进行审核，按订单所提要求计算各项收费并填写报价金额。托运人对报价无异议的，对整车货物的"铁路货物运输服务订单"按铁路货运计划管理有关规定办理；对零担、集装箱、班列货物，车站根据货场能力、运力安排和班列开行日期随时受理，自主决定是否承运，在零担、集装箱、班列货物的"铁路货物运输服务订单"上加盖车站日期戳，交与托运人一份，留存一份。在实施铁路货物运输时，托运人还应按批向铁路车站递交"货物运单"。托运人填写订单或通过网络提报预约合同，一旦被批准，预约合同则成立，合同的当事人必须履行预约合同的义务和责任。

表 2-4a 铁路货物运输服务订单（整车格式）

铁路货物运输服务订单

____年____月份

××铁路局　　编号：

提表时间：___年___月___日				发站	名称_____略号_____								
要求运输时间：___日至___日				发货单位盖章	省/部名称_____代号_____								
					发货单位名称_____代号_____								
受理号码：					地址_____电话_____								

顺号	到局		代号	收货单位		货 物		吨数	车种代号	车数	特征代号	换装港	终到港	报价(元/吨)(元/车)	备注
	到站	到站电报略号	专用线名称	省/部名称	代号	名称	代号	品名名称	代号							
1															
2															
3															
4															
5															
6															
7															
8															
9															

供托运人自愿选择的服务项目（由托运人填写，需要的项目打√）	说明或其他要求事项：	承运人签章
□1. 发送综合服务　　□5. 清运、消纳垃圾 □2. 到达综合服务　　□6. 代购、代加工装载加固材料 □3. 仓储保管　　　　□7. 代对货物进行包装 □4. 篷布服务　　　　□8. 代办一关三检手续	□保价运输	年　月　日

说明：1. 涉及承运人与托运人、收货人的责任和权利，按《铁路货物运输规程》办理。
　　　2. 实施货物运输，托运人还应递交货物运单，承运人应按保价核收费用。装卸等需发生后确定的费用应先列出项目，金额按实际发生核收。
　　　3. 用户发现有超出国家发改委、铁道部、省级物价部门公告的铁路货运价格及收费项目、标准收费的行为和强制服务、强行收费的行为，有权举报。
　　　　举报电话：　　　　物价部门　　　　　　　铁路部门

表 2-4b 铁路货物运输服务订单（零担、集装箱、班列格式）

铁路货物运输服务订单

〇

_____年____月份

××铁路局　　编号：

托运人				收货人			
地址				地址			
电话		邮编		电话		邮编	
发站		到站（局）		车种/箱型		车数/箱数	
装货地点				卸货地点			
货物品名	品名代码		货物价值	件　数		货物重量	体　积
要求发站装车期限	月	日前或班列车次	日期	月	日	付款方式	

供托运人/收货人自愿选择的服务项目（由托运人/收货人填写，需要的项目打√）
- □1.发送综合服务　　□5.清运、消纳垃圾　　□9.海关监管货物服务
- □2.到达综合服务　　□6.代购、代加工装载加固材料　　□10.货物包装、集装
- □3.货物仓储保管　　□7.代对货物进行包装　　□11.速递到货通知上门
- □4.篷布服务　　　　□8.代办一关三检手续　　□12.接取送达、门到门运输

说明或其他要求事项：　　　　　　　　　　　　　　□保价运输

承运人报价　　　元，具体项目，金额列后：

序号	项目名称	单位	数量	收费标准	金额（元）	序号	项目名称	单位	数量	收费标准	金额（元）

托运人/收货人签章	承运人签章	车站指定装车日期及货位：
年　月　日	年　月　日	

说明：1. 涉及承运人与托运人、收货人的责任和权利，按《铁路货物运输规程》办理。
　　　2. 实施货物运输，托运人还应递交货物运单，承运人应按报价核收费用。装卸等需发生后确定的费用，应先列出项目，金额按实际发生核收。
　　　3. 用户发现有超出国家发改委、铁道部、省级物价部门公告的铁路货运价格及收费项目、标准收费的行为和强制服务、强行收费的行为，有权举报。
　　　　　　举报电话：　　　　　物价部门　　　　　　铁路部门

2. 货物运单

整车货物、零担货物和集装箱货物经铁路运输时，托运人需按要求填写货物运单并提交给承运人（铁路车站），经承运人审核同意并承运后承运合同就告成立，在货物交付给收货人前，承运人对货物的不完整应负赔偿责任，免责范围除外。

（1）货物运单的作用。货物运单（见表 2-5）是托运人与承运人之间具有运输契约性质的一种运送单据。它是为运输货物而签订的一种货运合同或货运合同的组成部分。它是确定托运人、承运人、收货人之间在运输过程中的权利、义务和责任的原始资料。铁路货物运单既是托运人向承运人托运货物的申请书，也是承运人承运货物和核收运费、填制货票以及编制记录和备查的依据。

表 2-5　货物运单（格式）

××铁路局
货　物　运　单

| 铁路/发货人装车 |
| 铁路/发货人施封 |

货物指定于　月　日搬入　　发货人→发站→到站→收货人　　**领货凭证**
货位：
计划号码或运输号码：　　　　　　　　　　　　　　　　　车种车号
运到期限　日　　　　　　　　　　　　货票第　　号　　　货票第　　号
　　　　　　　　　　　　　　　　　　　　　　　　　　　运到期限　日

托运人填写				承运人填写					发站	
发站		到站（局）		车种车号		货车标重			到站	
到站所属省（市）自治区				施封号码					托运人	
托运人	名称		邮编	经由		铁路货车篷布号码			收货人	
	住址		电话						货物名称	件数	重量
收货人	名称		邮编	运价里程		集装箱号码					
	住址		电话								
货物名称	件数	包装	货物价格	托运人确定重量(kg)	托运人确定重量(kg)	计费重量	运价号	运价率	运费		
合计											
托运人记载事项				承运人记载事项					托运人盖章或签字		
									发站承运日期戳		

注：本单不作为收款凭证；托运人签约须知见背面　　托运人盖章或签字　年　月　日　　到站交付日期戳　　发站承运日期戳　　注：收货人领货须知见背面

（2）货物运单的组成、种类。铁路货物运单由两部分组成，即货物运单和领货凭证。货物运单分为黑色印刷的现付运单和红色印刷的到付或后付运单。快运货物运单也为黑色印刷，仅将票据名称的"货物运单"改印为"快运货物运单"字样。

（3）运单的填写。运单的填写，分为托运人和承运人填写两部分。在运单中"托运人填写"（粗线的左侧）、"领货凭证"有关各栏及"托运人盖章或签字"栏由托运人填写，其他各栏由承运人填写。承、托双方在填记时均应对货物运单所填记的内容负责。运单的填写要按《铁路货物运输规程》中《货物运单和货票填制方法》填写，要做到正确、完备、真实、详细、清楚、更改盖章。

① 完整、完备。填记的事项，必须填写齐全，不得遗漏。如危险货物不但要填写货物的名称，而且还要填写其编号。

② 正确、准确。要求所填记的内容和方法符合相关规定，如到站的站名必须填写全称。对字形类似的站名要引起特别注意，并与所属省（市）自治区相符。

③ 清晰。填写的字迹要清晰，文字要规范。应使用钢笔、毛笔、圆珠笔填写，或用加盖戳记、打字机打印或印刷等方法填写，不能用红色墨水填写。

④ 翔实。填写的品名应具体，有具体名称的物品不应填写概括名称。如冰箱、计算机、电视机不能填写为家电。

⑤ 真实。如实地填写相关内容，不得有虚假隐瞒。如货物品名不能错报、匿报。

⑥ 更改处理。货物运单内填写的各栏有更改时，在更改处，对属于托运人填记的事项，应由托运人在更改处盖章确认；属于承运人的记载事项的更改，应由车站在更改处加盖站名戳记确认。承运人对托运人填记的事项一般不得更改。

2.1.4 铁路货物保价运输与运输保险

1. 货物保价运输

托运人托运的货物，分为保价运输和不保价运输两种，按哪种方式运输，由托运人确定。如托运人要求按保价运输货物时，应在货物运单托运人记载事项栏内注明"保价运输"字样，并在"货物价格"栏内以"元"为单位，填写货物的实际价格以及全批货物的实际价格即为货物的保价金额。货物的实际价格以托运人提出的价格为准，包括税款、包装费用和已发生的运输费用。

（1）货物保价费的计算确定。货物保价费按保价运输货物的保价金额乘以适用的货物保价费率进行计算。货物保价费率按《铁路货物运输规程》附件"铁路货物运输品名分类与代码表"中的分类，将所有通过铁路运输的货物的保价费率分为 5 个基本等级和 2 个特定等级费率，见表 2-6。

表 2-6 保价运输货物保价费率等级

等级	一级	二级	三级	四级	五级	特六级	特七级
保价费率	1‰	2‰	3‰	4‰	6‰	10‰	15‰

货物保价费尾数不足 0.1 元时，按四舍五入处理，货物保价费每批起码费额零担、集

装箱为 0.5 元,整车为 2 元。

(2) 办理货物保价运输的方法。按保价运输办理的货物,应全批保价,不得只保其中一部分。保价费率不同的货物按一批托运时,应分项填记品名及保价金额,保价费分别计算;合并填记时,适用其中最高保价费率。

车站受理一批保价金额在 50 万元及以上的整车货物、大型集装箱货物,一批保价金额在 30 万元及以上的 lt、5t、10t 集装箱货物和一批保价金额在 20 万元及以上的零担货物,应在货物运单、货运票据封套或货物装载清单上加盖"△"戳记(或用红色书写),并在"列车编组顺序表"记事栏内注明"△"字样。

对△货物,车站应及时组织装车和挂运,运送途中严格交接检查。

装有△贵重、易盗的整车货物,各铁路局根据需要组织武装押运。押运区段由铁路局决定。

保价运输货物变更到站后,保价运输继续有效。承运后发送前取消托运时,保价费应全部退还托运人。

(3) 保价运输货物责任赔偿。承运人从承运货物时起至将货物交付收货人时止,对保价货物发生的丢失、短少、变质、污染、损坏承担赔偿责任。但由于不可抗力,货物本身的自然属性或合理损耗以及由托运人、收货人或押运人的过错行为造成的,承运人不承担赔偿责任。

保价运输的货物发生损失时,按照实际损失赔偿,但最高不超过保价金额。一部分损失时,按损失货物占全批货物的比例乘以保价金额赔偿;如果保额不足,则获得的赔偿金额要小于实际发生的损失。

逾期未能赔付时,处理站应向赔偿要求人支付违约金。托运人、收货人要求赔偿的有效期限为 180d。

2. 货物运输保险

托运人可依据《保险法》和《铁路法》向保险公司办理货物运输保险。

对投保运输险的货物发生事故损失时,按以下规定计算赔偿:

(1) 足额保险。在足额保险的情况下,保险人按实际损失赔偿,以保险金额为限。

① 按起运地发货票或调拨单金额投保的,根据实际损失,按发货票或调拨单价格计算。

② 按发货票或调拨单金额加运杂费投保的,根据实际损失,按发货票或调拨单价格并加运费计算。

③ 按起运地货物价值估计投保的,依定值保险按实际损失程度计算。

(2) 不足额保险。如果保险金额低于发货票或按调拨单价格确定的,或低于起运地实际价值而估价的,则属于不足额保险。不足额保险的货物,只能根据实际比例赔偿,所发生的施救费用也按比例赔偿。

托运人托运货物,应在货物运单的"货物价格栏"内,准确填写该批货物的总价格,根据总价格确定保险总金额，进而投保货物运输险。

承运人对投保货物运输险的货物，应在货物运单以及货票的"托运人记载事项栏"内加盖"已投保运输险，保险凭证×××号"戳记。

2.1.5 铁路货物运输费用的计算

铁路货物运输费用是对铁路运输企业所提供的各项生产服务消耗的补偿，也是铁路运输生产过程中所消耗的社会必要劳动量，即运输价值的体现。由于铁路运价对国家国民经济发展的影响较大，不可能在短期内完全按运输成本制定价格，目前铁路运价实际实行的是一种国家政策性价格，这是不利于铁路持续发展的特殊现象，随着市场经济和国民经济的不断发展，铁路货物运价会根据市场的要求不断进行必要的调整。

1. 货物运价的基本内容

铁路货物运价的基本内容主要由普通运价、特定运价、铁路建设基金和货物运杂费四大部分组成。

（1）普通运价

① 按货物运输种类别和货物品类别确定的运价。整车货物运价：将整车货物按品类分为1~9个运价号，运价由按货种别（冷藏车货物按车种别）的每吨的发到基价和每吨公里的运行基价组成，9号运价是由每轴公里的运行基价组成。

零担货物运价：将零担货物按品类分为21~24四个级别的运价号，运价由按货种别的每10kg的发到基价和每10kg·km的运行基价组成。

集装箱货物运价：集装箱货物不论货物品类，只按1t箱、5t箱或6t箱、20ft箱、40ft箱五种箱型确定运价，由每箱的发到基价和每箱公里的运行基价组成。

② 按运输距离远近确定的运价。铁路运输货物的运价采用的是递远递减的方法。由于铁路运输的运输成本与运输距离的远近并非成正比关系，因此，铁路把运价拆分为发到基价和运行基价两部分。

③ 按货物运输条件不同确定的运价。由于货物性质、形状、大小等在运输要求上的不同，对铁路货物运输的组织、设备和能力的充分利用都会产生一定的影响，故需对一批或一项货物的运输进行运价的加成或减成，采用加成率或减成率构成铁路货物运输运价的一部分。

（2）特定运价。是铁路运输企业为适应交通运输市场的竞争和对国家在一定时期有关方针政策的正确贯彻和实施，而对一些特定的货物以及对某些特定的铁路企业制定的运价。如回送货主自备货车上的装备物品、自备集装箱等以及对某些特定的铁路企业的货物运价在统一运价基础上给予一定比例的加成。

（3）铁路建设基金。鉴于中国铁路运输企业的发展已严重滞后于国民经济的发展，自1991年起，国家决定对通过铁路运输的货物征收铁路建设基金。加收的这部分基金实际上已成为运输费用中的一部分。

(4) 货物运杂费。货物运杂费是指铁路运输企业在向托运人或收货人提供辅助服务和托运人或收货人额外占用铁路实施、设备、用具、备品等所收取的补偿费用。

铁路货物运杂费应按实际发生的项目核收,不得乱收费。

2. 货物运费的计算

根据货物运费计算步骤,可计算出国营铁路营业线上的整车货物运费、零担货物运费及集装箱运费。

(1) 运费计算步骤

首先,根据货物运单中的发、到站,在"货物运价里程表"中确定发、到站间的最短运价里程。

其次,根据所发送货物的名称在"铁路货物运输品名分类与代码表"中确定该批发送的货物所适用的运价号。

第三,根据发送货物所适用的运价号在"铁路货物运价率表"(见表2-7)中确定所适用的发到基价和运行基价,并按规定确定货物的加(减)成率。

表 2-7 铁路货物运价率表

运输类别	运价号	发 到 基 价		运 价 基 价	
		单位	标准	单位	标准
整车	1	元/t	4.60	元/(t·km)	0.021 2
	2	元/t	5.40	元/(t·km)	0.024 3
	3	元/t	6.20	元/(t·km)	0.028 4
	4	元/t	7.00	元/(t·km)	0.031 9
	5	元/t	7.90	元/(t·km)	0.036 0
	6	元/t	8.50	元/(t·km)	0.039 0
	7	元/t	9.60	元/(t·km)	0.043 7
	8	元/t	10.70	元/(t·km)	0.049 0
	9			元/(轴·km)	0.150 0
	冰保	元/t	8.30	元/(t·km)	0.045 5
	机保	元/t	9.80	元/(t·km)	0.067 5
零担	21	元/10kg	0.087	元/(10kg·km)	0.000 365
	22	元/10kg	0.104	元/(10kg·km)	0.000 438
	23	元/10kg	0.125	元/(10kg·km)	0.000 526
	24	元/10kg	0.150	元/(10kg·km)	0.000 631
集装箱	1t 箱	元/箱	7.40	元/(箱·km)	0.032 9
	5、6t 箱	元/箱	57.00	元/(箱·km)	0.252 5
	10t 箱	元/箱	86.20	元/(箱·km)	0.381 8
	20ft 箱	元/箱	161.00	元/(箱·km)	0.712 8
	40ft 箱	元/箱	314.70	元/(箱·km)	1.393 5

注:1. 整车棉花(包括籽棉、皮棉)发到基价按 4.90 元/t,运行基价按 0.022 4 元/(t·km)执行。

2. 整车化肥、磷矿石发到基价按 4.20 元/t,运行基价按 0.019 2 元/(t·km)执行。

第四，根据铁道部颁发的《铁路运价规则》的规定确定计费重量、轴数或集装箱数。

最后，根据计算公式（2-3）、（2-4）和（2-5）计算出整车货物、零担货物及集装箱的运费。运费计算公式：

整车货物运费=(发到基价+运行基价×运价里程)×[1±加(减)成率]×货车标重　　(2-3)

零担货物运费=(发到基价+运行基价×运价里程)×计费重量÷10　　(2-4)

集装箱运费=(发到基价+运行基价×运价里程)×箱数　　(2-5)

注：
① 一批或一项货物，运价率适用两种以上减成率计算运费时，只适用其中较大的一种减成率。
② 一批或一项货物，运价率适用两种以上加成率时，应将不同的加成率相加之和作为适用的加成率。
③ 一批或一项货物，运价率同时适用加成率和减成率时，应以加成率和减成率相抵后的差额作为适用的加（减）成率。
④ 整车货物以货车标重为计费重量，单位为 t；零担货物计费重量以 10kg 为单位，不足 10kg 按 10kg 计；体积折合重量时，折合重量（kg）等于 300×体积（m^3）；零担货物每批的起码运费为 2 元。
⑤ 计算出的运费尾数不足 0.1 元时，按四舍五入处理。

（2）其他费用计算确定。其他费用包括铁路建设基金、新路新价均摊运费、电气化附加费、京九分流费、经过南昌铁路局管辖的新建京九铁路的京九代收费、印花税（按运费的万分之五计收）。其他费用费率见表 2-8。

【例 2-2】 某站发送 1 台总重为 21t 的锅炉到甲站，以一辆标记载重为 60t 的平车装运，该批货物运号为 8 号，运价里程 1 005km，装车后经测算为一级超限，需限速运行，运价率加成 150%，试计算该批货物运费。

【解】 （10.7+0.049 0×1 005）×（1+150%）×60＝8 991.75 元

其他费用和实际发生的运杂费另计。

表 2-8 其他费用费率表

种类	项目	计费单位	铁路建设基金费率			新路新价均摊运费费率	电气化附加费费率	京九分流费费率	京九线收费费率
			农药	磷矿石棉花	其他货物				
整车货物		元/(t·km)	0.019	0.028	0.033	0.011	0.012	0.006	0.039
零担货物		元/(10kg·km)	0.000 19	0.000 33		0.000 011	0.000 12	0.000 06	0.000 39
自轮运转货物		元/(轴·km)	0.099			0.003 3	0.036	0.018	0.117
集装箱	1t 箱	元/(箱·km)	0.019 8			0.000 66	0.007 2	0.003 6	0.023 4
	5、6t 箱	元/(箱·km)	0.165 0			0.005 5	0.06	0.03	0.195
	10t 箱	元/(箱·km)	0.277 2			0.009 24	0.100 8	0.050 4	0.327 6
	20ft 箱	元/(箱·km)	0.528 0			0.017 6	0.192	0.096	0.624
	40ft 箱	元/(箱·km)	1.122 0			0.037 4	0.408	0.204	1.326
集装箱 空自备箱	1t 箱	元/(箱·km)	0.009 9			0.000 33	0.003 6	按重箱的 50%计费	
	5、6t 箱	元/(箱·km)	0.082 5			0.002 75	0.03		
	10t 箱	元/(箱·km)	0.138 6			0.004 62	0.050 4		
	20ft 箱	元/(箱·km)	0.264 0			0.008 8	0.096		
	40ft 箱	元/(箱·km)	0.561 0			0.018 7	0.204		

注：1. 化肥、黄磷免征铁路建设基金；棉花仅指籽棉、皮棉。
2. 整车货物中，化肥、磷矿石、棉花（籽棉、皮棉）的新路新价均摊运费费率为 0.002 1 元/(t·km)。

2.2 铁路货物运输业务管理

铁路货物运输业务管理包括车站的货物发送作业、货物及车辆的途中作业和货物在终到站的到达作业管理三大部分。

2.2.1 铁路货物发送作业

铁路货物的发送作业包括托运、受理、进货和验收、货物保管、货物装车、制票和承运、送票等在发运站所进行的各项货运作业。

1. 货物的托运

托运人向承运人提出铁路货物运输服务订单、货物运单和运输要求,称为货物的托运。

托运人向承运人托运货物,应向车站按批提出铁路货物运输服务订单二份和运单一份。使用机械冷藏车运输的货物;同一到站、同一收货人可以数批合提一份运单。整车分卸货物,除提出基本运单一份外,每一分卸站应另增加分卸运单两份(分卸站、收货人各一份),作为分卸站卸车作业和交付货物的凭证。但按一批托运的货物品名过多不能在运单内逐一填记、托运搬家货物、同一包装内有两种以上的货物以及以概括名称托运品名、规格、包装不同又不能在运单内填记的保价货物时,还应同时提出物品清单一式三份(一份由发站存查,一份随同运输票据递交到站,一份退还托运人)。托运人对其在运单和物品清单内所填记的事项负责,匿报、错报货物品名、重量时应按照规定支付违约金。

2. 货物的受理

托运人提出货物运输服务订单及货物运单后,经承运人审查符合铁路运输条件和要求时,承运人在货物运单上签订货物搬入车站日期或装车日期的业务过程即为受理。

车站审查托运人提出的货物运单时,主要审查以下内容。

(1) 货物运单内填记的事项是否符合铁路运输条件,货物运单各栏填写是否齐全、正确、清楚,领货凭证与货物运单的相关栏内容是否一致。

(2) 整车货物有无批准的计划号码,计划外运有无批准命令。

(3) 按承运日期表运输的零担货物和集装箱货物是否符合日期表所规定的去向。

(4) 货物(集装箱)到站的营业办理有无限制,包括有无临时停限装命令,有关车站的起重能力是否足够。

(5) 到站、到局和到站所属省、市、自治区是否相符。

(6) 货物名称是否正确。

(7) 有无违反一批托运的限制。

(8) 托运易腐货物和"短寿命"放射性货物时,其容许运输期限是否符合要求。

（9）需要声明事项是否在"托运人记载事项"栏内注明，例如派有押运人的货物，托运人应在"托运人记载事项"栏内注明押运人姓名、证明文件名称和号码。

（10）需要的证明文件是否齐全有效。根据中央或省（市）、自治区法令需要证明文件运输的货物，托运人应将证明文件与货物运单同时提出并在货物运单托运人记载事项栏注明文件名称和号码。

承运人在证明文件背面应注明托运数量并加盖车站日期戳后，退还托运人或按规定留发站存查。

托运人须出具证明文件的情况包括：

（1）管制物资。如麻醉品、枪支、民用爆炸品等货物必须提出药政管理部门或公安部门的证明文件。

（2）卫生检疫。如种子、苗木、动物和动物产品，应提出动植物检疫部门的证明文件。

（3）运输归口管理物资。如烟草、酒类应提出有关物资管理部门的证明文件。

（4）进出口货物。需要进出口许可证。

托运人在向车站提交货物运单时如提不出这类证明文件时，铁路可拒绝受理。托运人对其上述托运货物所提出的证明文件的真实性应负责。

经车站审查符合铁路运输条件和要求后，车站便可进行签证，方法如下：

整车货物：如在车站内装车，则在货物运单上签订计划号码、货物搬入日期以及地点，将货物运单交还托运人，托运人凭此搬入货物；如在专用线装车，则在货物运单上签订计划号码以及装车日期，将货物运单交给指定的包线货运员，按时到装车地点检查货物。

零担货物和集装箱货物：在货物运单上签订运输号码、搬入日期以及地点，将货物运单交还托运人，托运人凭此搬入货物。

车站加盖受理章以及经办人的名章。

对危险货物、易腐货物、超限货物，车站应加盖有关表示该货物性质或运输要求及注意事项的戳记。

对办理海关、检疫手续及其他特殊情况的证明文件以及有关该批货物数量、质量、规格等方面的一些单据，托运人可委托承运人代递至到站交给收货人。托运人对委托承运人代递的有关文件或单据，应牢固地附在货物运单上，并在货物运单托运人记载事项栏内记明代递文件或单据的名称和页数。

3. 进货与验收

托运人根据车站签订的货物运单，按指定日期将货物搬入车站整齐堆放在指定的货位上，称作进货。

托运人进货时，车站货场有关人员应根据托运人携带的货物运单核对搬入的货物是否符合签订的搬入日期以及货物品名与现货是否相符等，经检查无误后，方准搬入货场。

车站货运员按照货物运单的记载，进行现货检查，确认托运人的货物符合运输条件和要求并同意托运人将货物搬入货场指定地点的作业过程,称作验收。

车站在验收货物过程中,应检查货物的名称、件数是否与运单的记载相符;货物的状态是否良好,是否影响货物安全,若货物的状态对货物安全不会产生影响,可请托运人在货物运单内具体注明后再接收;货物的运输包装是否符合规定,在货物包装上是否做好包装储运图示标志和其他标志,如货物的包装不符合运输要求时,应请托运人处理后再接收;货物的标签、标志是否齐全、正确。

车站在验收托运人托运的零担货物时,应检查每件货物的明显处是否设置了标记;对托运的行李、搬家货物除使用布质、木质、金属等坚韧材料的标记或书写标记外,是否在货物包装内部也放置了标记标签;现货与物品清单是否相符。

车站在验收按件数承运的货物时,应对照货物运单清点件数。集装箱货物还要核对箱号、封号,检查施封是否正确、有效。

车站在验收需要使用装载加固装置或加固材料的货物时,应按规定检查装载加固装置和加固材料的数量、质量、规格。对超限、超长、集重货物,应按托运人提供的技术资料复测尺寸。装载加固装置(如禽畜架、篷布支架、粮谷挡板、饲料用具、防寒棉被、苫盖物品等)和货物加固材料(如垫木、挡木、三角挡等)均由托运人准备,并应在运单托运人记载事项栏内记明其名称和数量,在到站连同货物一并交付收货人。

4. 承运前的保管

经车站验收完毕后的货物,由于有一个按装车计划调运适货空货车到装车点进行装车的过程,一般情况下不能立即装车,需要在车站场库内存放一段时间,车站在这段时间内对货物的保管称为承运前的保管。

对于整车货物,如发站实行承运前的保管责任,则从收货完毕并填发收货单证时起,即承担货物承运前的保管责任,铁路对货物的运输也从此时开始负责。如发站不实行承运前的保管责任,则车站可通知托运人对货物进行自行看管。

对于零担货物和集装箱运输的货物,车站从收货完毕时起即担负保管责任。

5. 装车作业

在铁路货物发送作业中,装车是一个重要环节。其对提高货物运输质量、提高货车利用率、提高运输途中作业和到达作业效率具有重要作用。

(1)装(卸)车作业责任的划分。货物装车或卸车的组织工作,在车站公共装(卸)场所之内进行货物的装(卸)作业,由于承运人有较好的装卸装备和完善的作业制度,一般由承运人负责;对于在车站公共装(卸)场所之外进行货物的装(卸)作业,装车由托运人、卸车由收货人负责。若一些货物的装(卸)作业需要用特种用具或技术,即使货物的装(卸)作业在车站公共装(卸)场所之内进行,仍然由托运人或收货人负责。如罐车运输的货物,冻结的易腐货物,未装容器的活动物、蜜蜂、鱼苗等,一件重量超过 1t 的放射性同位素及用人力装卸带有动力的机械和车辆。此外,其他由于货物性质特殊,如托运人或收货人提出要求,经承运人同意,也可由托运人或收货人组织装(卸)车。如气体放射性物品、尖端保密物资、特别贵重的展览品、工艺品等。

由托运人或收货人组织装(卸)车的货车,车站应在货车调到装(卸)车地点前,将调到的时间通知托运人或收货人。托运人或收货人应在装(卸)作业完成后,及时将装(卸)车完毕的时间通知车站。

托运人、收货人负责组织装(卸)的货车,如果超过规定的装(卸)车时间标准或停留时间标准,承运人应按规定向托运人或收货人核收货车延期使用费。

(2) 货车的调配使用。在货车的调配使用中,车种适合货种是必须遵守的原则,并应注意做好以下几项。

① 货车的使用应符合《铁路货物装载加固规则》中"货车使用限制表"的规定。

② 承运人按货运合同约定的车种拨配适当的车辆供托运人装运货物。托运人在向承运人提出的铁路货物服务订单内已根据货物的性质注明了需用的车种和标记载重量。货物服务订单一经批准,表内所列车种和标记载重量即为双方约定的车种。托运人在向车站提交货物运单托运货物时,还需将所要求的车种、吨位在货物运单"托运人记载事项"栏内再次注明。承运人根据当时车源情况,按照月计划所约定的车种,调配容积、载重量大体相当的货车供托运人装运货物。

③ 货车的代用规定。如果承运人没有适当的货车调配,应在征得托运人同意,并能保证货物安全和装卸作业方便的条件下才可以代用。对保密物资、涉外物资、精密仪器、展览品、怕湿和易盗、丢失的货物根据其性质能使用棚车装运的,必须使用棚车,不得代用。但由于其形状、体积等条件不能装入棚车的,也可用托运人所要求的车种装运。

④ 毒品专用车和危险品专用车不能用于装运普通货物。

(3) 装车前的检查。装车前应对货物运单、待装货物、调配货车的技术状态、卫生、清洁状况进行检查。

装车前应再次检查运单所填记的内容是否符合运输要求,有无漏填和错填的内容。根据货物运单所填记的内容核对待装货物品名、件数、包装,检查标志、标签和货物状态是否符合要求,对于集装箱还需检查箱体、箱号和封印是否完整。检查货车是否符合使用条件,货运状态是否良好。主要检查车体、车门、车窗、盖、阀是否完整良好,车内是否干净,车内有无恶臭、异味。检查货车定检是否过期,有无扣修通知、色票、货车洗刷回送标签或通行限制。通过检查,若发现不符合使用的情况时,应采取适当措施,必要时予以更换。

(4) 装车作业的基本要求。装车作业不论由谁组织,其基本要求都是要充分利用货车的载重量,提高货车的净载重,以提高货车的利用率,缩短货车的周转时间。

装车前,货运员应随时与车站值班员联系,了解送车时间,做好装车准备。装车作业前,货运员应根据货运调度员下达的装车计划向全体装卸人员介绍装车计划内容,包括货物性质、堆放货位、货物件数和装车时应注意事项,并共同研究装载方法,保证货物及人身安全。

装车作业时，要求安全、迅速、满载，装车作业中无论谁负责装车都应遵照装载加固技术条件进行装载。

（5）装车后作业。装车后作业主要指的是货车和集装箱的施封、苫盖篷布、插挂车辆表示牌、装车后检查及运输票据的填写等。

① 货车施封。使用棚车、冷藏车、罐车、集装箱运输的货物都应施封，但派有押运人的货物，需要通风运输的货物以及组织装车单位认为不需施封的货物（集装箱运输的货物除外）以及托运的空集装箱可以不施封。

施封人，原则上是由组织装车（或装箱）单位在车（或集装箱）上施封。托运人委托承运人代封时，托运人应在运单上注明"委托承运人施封"字样，并由承运人以托运人责任施封，并核收施封费。

采用的施封器具有铅封、施封环、施封锁三种。对车门门鼻插销孔小于施封环环带宽度的货车暂准继续使用铅封施封。5t 以上集装箱必须使用施封锁施封。

需要施封的货车应用 10 号铁线将两侧车门上部门扣和门鼻拧紧，在每一车门下部门扣处各施封施封器一个。罐车应在灌油口和排油口施封，并用铁线拧紧。集装箱在右侧箱门把手锁件施封孔施施封锁（环）一个。

施封后，应在相应的运单、货票、票据封套和货车装载清单上记明，且标明施封号码。施封及拆封的技术要求，应按《货车和集装箱施封拆封的规定》办理。

② 苫盖篷布。使用敞、平车装运易燃、怕湿货物，使用篷布时应使用质量、状态良好的篷布，要苫盖严密、捆绑牢固。绳索余尾长度不超过 300mm。两块篷布的接缝要顺向（按运行方向）压紧，且注意不能遮盖车号、车牌和手闸。使用篷布的货车，应将篷布号码记入运单内。到达专用线或专用铁路的铁路货车篷布，收货人应于货车送到卸车地点或交接地点的次日起 2d 内送回车站。超过规定时间，核收篷布延期使用费。

③ 插挂表示牌。装车完毕后，按货物性质规定需要插挂表示牌的车辆，应在货车两侧插挂相关表示牌。表示牌对车站调车作业人员具有提示性的作用，以保证车内所装货物在运输途中和在始发及终到站的调车作业中的安全。

④ 装车后检查。为保证正确运输货物和行车安全，货运员还需进行装车后的检查工作，此项工作是装车作业的最后工作。具体检查内容如下。

检查车辆装载。主要检查有无货物超重、偏重、超限现象，装载是否稳妥，货物捆绑是否牢固，施封是否符合要求，表示牌插挂是否正确；对装载货物的敞车，要检查车门插销、底开门搭扣是否扣上、篷布苫盖、捆绑情况是否完好；对装载超限、超长、集重货物还要检查是否按预定的装载加固方案进行装载加固，对超限货物还应按装载方案测量装车后的尺寸，以保证运行途中的安全。

此外，还需检查车辆的门、窗、盖、阀、端侧板是否关闭严密；对需要停止车辆制动机作用的货物是否通知有关人员关闭制动支管上的截断塞门。

检查货物运单和货位。检查有无误填和漏填，车种、车号和货物运单、货运票据封套记载是否相符；检查货位有无误装或漏装的情况。

经检查符合要求后，即可将票据移交货运室，同时将装车完毕时间通知车站值班员室或货运调度员，以便取车、挂运。

⑤ 填写运输票据。为便于交接和保持运输票据的完整性，下列货物的运输票据使用货运票据封套（简称为封套），封固后随车递送。国际联运货物和以车辆寄送单回送的外国铁路货车，整车分卸货物，一辆货车内装有两批以上的货物，以货运记录补送的货物，附有证明文件或代递单据较多的货物。

封套上各栏应按实际情况填写并加盖车站站名戳记和带站名的经办人章。一车有两个以上到站的封套，"货物到站"栏应按到站顺序填写站名，并应写明顺序号码。途中各到站卸车后抹去本站站名和与前方卸车站无关的事项，填写需要增加的内容，并在更改处加盖带有站名的经办人章。整零车封套的"运单号码"栏只填写"内装票据×××份"，"货物品名"栏填记"整零"。

国际联运进口（或过境）货车封套的"发站"栏填记进口国境站名，出口（或过境）货车封套的"货物到站"栏填写出口国境站名，并均应在站名下标一"⑩"字。

装运鲜活货物时，应在封套的"记事"栏内注明"活动物"和"易腐货物"字样，易腐货物还应填记△标记。装运危险货物和其他指定急需挂运的货车，应在"记事"栏内加盖红色"急运"戳记。装运属于△的保价货物，应在"记事"栏内填记△标志。有关货车编组、解体、挂运时应注意的其他事项，包括规定的标记、符号，也应在"记事"栏内注明。

封套内运输票据的正确完整由封固单位负责。除卸车站或出口国境站外，不得拆开封套。当运输途中发生特殊情况必须拆开封套时，由拆封套的单位编制普通记录证明（附入封套内），并再进行封固，在封口处加盖有单位名称的经办人名章。

货车装载清单是装车货运员对同一车内装载货物的完整而真实的记录。需填写货车装载清单的货物有：整车国际联运出口货物和过境货物，发站（进口国境站）应填制货车装载清单一份，随同货车送至到站（或出口国境站）；水陆联运货物；整零车和集装箱运输的货物。

6. 制票与承运

制票是指根据货物运单由车站货运室填制的货票。

整车货物在装车后，零担货物在过秤验收完后，集装箱货物在装箱后或接收重箱后，货运员将签收的运单移交给货运室填制货票，核收运输费用。

（1）货票的性质、作用、种类和组成。货票，是铁路运输货物的凭证，也是一种财务性质的票据。货票在铁路运输过程中是清算运输费用，确定货运进款，确定货物运到期限、统计铁路所完成的工作量以及计算有关货运工作指标的依据，也是承运货物的依据和交接运输凭证，托运人支付运输费用的收据。

货票一式四联。甲联为发站存查联，见表 2-9，每日按顺序订好，作为承运货物的依据。乙、丙联样式与甲联相同：乙联为报告联，由发站报发后，每日按顺序订好，作为审查统计的原始资料，也是铁路局间经济核算的依据；丙联为报销联，托运人交纳运输费用后，由发站交给托运人，作为报销的依据。丁联为运输凭证，由发站随货物递交到站，到站由收货人签章交付，作为完成货运合同的唯一依据；到站于交付货物后，按日装订存查，作为卸货和18点卸车数统计依据之一。

表2-9　货票甲联格式

计划号码或运输号码　　　　　　　××铁路局

货物运到期限　　日　　　　　　　货　　　票　　　　　　　　甲联　发站存查

No

发站			到站（局）		车种车号		货车标重		承运人/托运人　装车	
托运人	名称				施封号码				承运人/托运人　施封	
	住址		电话		铁路货车篷布号码					
收货人	名称				集装箱号码					
	住址		电话		经由				运价里程	
货物名称	件数	包装	货物重量（kg）		计费重量（kg）	运价号	运价率		现付	
			托运人确定	承运人确定					费别	金额
合计										
记事项									合计	

车站承运日期戳

经办人盖章

　　货票也分为现付和到付（或后付）两种，其印刷颜色也分别为黑色和红色。到付或后付货票的甲、乙、丁三联的用途和现付相同，丙联却不同。到付货票的丙联，随货物送至到站，到站收完运输费用后，报主管财务部门。后付货票的丙联则随货票乙联直接寄至财务处。

　　现付的运输费用，托运人应在发站承运货物当日支付，对18:00—24:00间装车的货物，考虑到银行和各企业单位的办公时间，可以在次日支付，但应在货票承运日期戳下注明"翌"字。由于临时发生抢险救灾、防疫等情况，在发站承运时支付确有困难的，经发送铁路局承认后，可以后付或在到站由收货人支付。

　　（2）填制货票。填制货票由货运室内勤核算货运员和制票货运员共同进行办理，可手工也可进行微机制票。零担货物和集装箱货物是先制票后装车；整车货物是先装车后制票或平行作业。

内勤核算货运员根据外勤货运员交来的运单进行检查，确认无误后，计算运输费用，然后交制票货运员制票。手工制票时，运单内所记各栏应认真抄于货票相应栏内，不得简略、遗漏。

填制货票后，应向托运人收款并在运单、领货凭证、运单与领货凭证接缝处和货票上加盖车站日期戳，然后分别处理运单和货票。

零担和集装箱货物，由发站接收完毕，整车货物装车完毕发站在货物运单上加盖车站日期戳时起，即称为承运。承运标志着运输合同成立，它标志着托运人的货物进入了铁路运输过程，铁路开始承担运输义务并承担运输上的一切责任。

7. 货物的押运

由于有些货物的性质特殊，在运输过程中需要加以特殊防护和照料，因而需派押运人押运。需派人押运的货物如下。

（1）活动物（包括活鱼、鱼苗、蜜蜂、家禽等）。
（2）需要浇水运输的鲜活植物。
（3）需要生火加温运输的货物。
（4）挂运的机车和轨道起重机。
（5）特殊规定应派押运人的货物，如军火、尖端保密物资《铁路危险货物运输规则》规定需要押运的危险货物、外形尺寸比较复杂的超级超限货物等。

押运人数，除特定者外每一批货物不应超过2人。托运人要求增派押运人或对上述以外的货物要求派人押运时，须经承运人承认。

派有押运人的货物，应由托运人在运单内注明押运人姓名和证明文件名称及号码，经发站审核后发给押运人须知，并在货票甲联注明，由托运人签收，对押运人核收押运人乘车费。

2.2.2 铁路货物发送作业流程

铁路货物的发送作业包括托运、受理、进货和验收、货物保管、货物装车、制票和承运、送票等在发运站所进行的各项货运作业。各作业的顺序、项目、作业内容构成了货物发送作业流程。包括整车货物、零担货物和集装箱三种发送作业流程。

（1）整车货物发送作业流程，见表2-10。

表2-10 整车货物发送作业流程

顺序	项目	作 业 内 容
1	托运	发货人向车站货运营业室提出已审定的货物运输服务订单、提交货物运单
2	受理	货运营业室根据批准的月度运输计划核对运单填写是否正确并符合有关规定，如确认可以承运，即予签证，并指定货物搬入日期、地点

(续表)

顺序	项目	作 业 内 容
3	进货和验收	发货人将货物搬入车站，货运员按照运单验收货物并发收货证给发货人
4	保管	货物在装车前的保管
5	装车	货物的装车及对需要施封的货物进行施封
6	制票和承运	制票核算货运员填制货运票据，核收运输费用，在运单上加盖站名日期戳，承运开始
7	送票	货运营业室整理货运票据并送达车站运转室

（2）零担货物发送作业流程，见表 2-11。

表 2-11 零担货物发送作业流程

顺序	项目	作 业 内 容
1	托运	发货人向车站货运营业室提出已审定的货物运输服务订单、提交货物运单
2	受理	货运营业室核对运单填写是否正确并符合有关规定，如确认可以承运，即予签证，并指定货物搬入日期、地点
3	进货和验收	发货人将货物搬入车站，货运员按照运单验收货物并在运单上签字交发货人，对需要检斤的货物应进行检斤，并在货物运单上填记货物重量
4	制票和承运	制票核算货运员填制货运票据、核收运杂费，在运单上加盖站名日期戳，承运开始
5	保管	货物在装车前的保管
6	装车	货物的装车及对需要施封的货物进行施封
7	送票	货运营业室整理货运票据并送达车站运转室

（3）集装箱发送作业流程，见 2.3 节：铁路集装箱运输管理。

2.2.3 货物的途中作业

货物从铁路车站发出后，在运输途中的铁路车站上需要进行的各项货运作业，称为货物的途中作业。货物的途中作业主要包括货物的途中交接和检查、货物的换装整理、运输变更或解除、运输阻碍的处理等。

为保证货物安全和行车作业安全，对运输途中的货物及车辆和运输票据，列车乘务人员与车站间、列车乘务人员间都应在铁路局指定的地点和时间进行交接和检查，以分清运输责任，并按规定处理。

1. 运输途中货物的交接、检查

运输途中货物交接、检查的内容包括：列车中货物的装载、加固状态；车辆篷布苫盖状态；施封及门、窗、盖、阀关闭情况；票据及车辆的完整情况。

对于罐车和集装箱封印、苫盖货物篷布的顶部、集装箱顶部、敞车装载的不超出端侧板货物的装载状态，在途中不进行交接检查，如接方发现有异状，由交方编制记录后接收。

发现重罐车盖开启，车站负责关好，并由交方编制记录证明。在发站和中途站发现空罐车、加冰冷藏车冰箱盖上盖张开，要及时关闭。

运单、封套上的到站、车号、封印号码各栏，不得任意涂改。在装车站（含分卸站）、换装站、变更处理站因作业需要或填写错误时，应按规定更改。

整车货物变更到站时，处理站应对该车的装载加固情况进行检查，对施封货车应检查封印是否完好，站名、号码是否与票据相符。

如在运输途中发生运输票据丢失时，丢失单位或处理站应编制普通货运记录，继续运行至到站并及时拍发电报向有关车站查询。如全列车运输票据丢失时，还应于当日上报主管铁路局。被查询的车站接电后，均应于48h内电复或继续查询。发站接到查询电报后，48h内应按货票内容拍发电报并将货票抄件寄送至到站进行处理。

货物在运输途中，由于货物本身、车辆技术状态或自然灾害等原因发生货车滞留，在站滞留时间达到48h应拍发电报，通知发到站，必要时，应抄送有关铁路局。

2. 货物的换装与整理

装载货物的车辆在运送过程中发生可能危及行车安全和货物完整情况时所进行的更换货车或货物整理作业，称为货物的换装整理。

当发现货车偏载、超载、货物撒漏、因车辆技术状态不良不能继续运行、或货物装载有异状、加固材料及状态不良、车辆篷布苫盖状态存在隐患、列车通行区段有限制等情况时，发现站（或指定站）应及时换装或整理，并在货票丁联背面记明有关事项。

换装时应选用与原车种和标重相同的货车，并按照货票核对货物现有数量及状态，如数量不符或状态有异，应编制货运记录。换装后，应将运单、货票、封套上的车种、车号等有关各栏，予以订正。

换装或整理的费用，属于铁路责任的，由铁路内部清算；属于托运人责任的，处理站应填发垫款通知单，随同运输单据递送至到站，向收货人核收。

换装整理的时间一般不应超过48h，48h内未能换装整理完毕时，换装站应及时通知到站，以便收货人查询。

编组站、区段站对扣留的换装整理的货车应进行登记，按月汇总报主管铁路局，同时通知有关铁路局。货物换装整理所需要的加固材料由车站购置，以成本列支并保证满足使用需要。

3. 货运合同的变更或解除

铁路已承运的货物，托运人在发送前向铁路提出取消托运，或托运人、收货人提出变更到站或变更收货人的书面要求，称为货运合同的变更或解除。

（1）货运合同的变更。托运人或收货人由于特殊原因对承运后的货运合同提出变更要求，称为货运合同变更。货运合同可变更收货人、变更到站。

变更收货人。货物已经装车挂运，托运人或收货人可按批向货物所在的中途站或到站提出变更收货人。

变更到站。货物已经装车挂运，托运人或收货人可按批向货物所在的中途站或到站提出变更到站。

由于货运合同的变更将打乱正常的运输秩序，降低货物运输计划的质量，还会产生增加货车停留时间，增加作业成本和费用，延迟货物的到达等不良情况。故货运合同的变更应加以限制。对违反国家法律、行政法规；违反物资流向；违反运输限制，蜜蜂，变更到站后的货物运到期限大于容许运输期限；变更一批货物中的一部分；第二次变更到站。这些情况的货运合同的变更，铁路不予办理。

托运人或收货人要求变更货运合同时，应提出领货凭证和货物运输变更要求书，提不出领货凭证时，应提出其他有效证明文件，并在货物运输变更要求书内注明。

货运合同变更由到站或货物运送途中的中途站受理。受理站应报主管铁路局同意。在办理变更手续时车站必须认真检查变更内容、原票据记载事项以及货物运到期限等，确认无误后再予变更。

车站在处理变更时，应在货票记事栏内记明变更的根据，改正运输票据、标记等有关记载事项，并加盖车站日期戳或站名章。变更到站时，并应电知新到站及其主管铁路局收入检查室及发站。

（2）货运合同的解除。整车货物和大型集装箱在承运后挂运前，零担及其他型集装箱在承运后装车前，托运人可向发站提出取消托运，经承运人同意，货运合同即告解除。解除合同，发站退还全部运费与押运人乘车费，托运人按规定支付保管费等费用。

4. 运输障碍的处理

因不可抗力的原因致使行车中断，货物运输发生阻碍时，铁路局对已承运的货物，可指示绕路运输。或者在必要时先将货物卸下，妥善保管，待恢复运输时再行装车继续运输，对所需装卸费用，由装卸作业的铁路局负担。因货物性质特殊（如活动物、易腐货物、危险货物等）绕路运输或卸下再装，如造成货物损失时，车站应联系托运人或收货人，请其在要求的时间内提出处理办法。超过要求时间未接到答复或因等候答复将使货物造成损失时，可比照国家颁发的《关于港口、车站无法交付货物处理办法》进行处理，所得剩余货款（在缴纳装卸、保管、运输、清扫、洗刷除污费后）通知托运人领取。

2.2.4 货物的到达作业

随同货物列车到达车站的货车，在到达站的到发线上进行完有关技术作业后，将被送到作业地点，进行装卸作业。货物在到站所进行的各项货运作业，称为货物的到达作业。

1. 车辆和票据的交接

到达到站卸车的重车，在到达站的到发线上，车站有关人员应及时进行现车的核对、货运检查、与列车乘务员（司机）办理车辆和票据的交接。交接完毕后，车站调度室或车号室应及时将到达本站卸车的重车票据资料整理、分类并登记后移交给车站货运营业室，由货运营业室根据货物到达票据，核算出货物在途和在到站发生的有关费用，在货物交付前，向收货人结算。

2. 货物的卸车作业

（1）卸车前检查。为保证卸车作业的顺利进行，防止误卸，并确认货物在运输过程中的完整状态，卸车货运员在卸车前认真做好以下三方面的检查，以分清货运责任。

① 货位的检查。主要检查货位能否容纳下待卸的货物，货位的清洁状况，相邻货位上的货物与卸下货物性质有无抵触，以确定卸车地点和调送车顺序。

② 运输票据的检查。主要检查运输票据记载的到站与货物实际到站是否相符，与卸车计划是否相符。

③ 现车的检查。主要检查车辆技术状态、篷布苫盖、货物装载状态有无异状，施封是否完好；车辆与运输票据是否相符，如有不符或异状，应先编制记录并进行处理，然后卸车。

（2）卸车作业。卸车作业时，必须保证运单、货票、实际货物"三统一"。货运员要对施封的货车正确拆封，并会同装卸工组正确开启车门或取下苫盖的篷布；要根据运单清点件数，核对标记，检查货物状态，对集装箱货物应检查箱体，核对箱号和封印；要严格按照《铁路装卸作业技术管理规则》及有关规定进行作业，合理使用货位，按规定堆码货物；要轻拿轻放，注意包装储运图示标志；堆码要整齐牢固，防止倒塌；要将一批货物堆放在一起，计件货物做到层次分明；对堆放在场地上的怕湿货物，应垫防湿枕木，码垛成屋脊形，并苫盖好篷布；对堆放在装卸场所内的货物，应距离货物线钢轨外侧 1.5m 以上；对于事故货物要编制记录；要注意作业安全，加快卸车速度。

（3）卸车后检查

① 运输票据的检查。主要检查票据上记载的货位与实际堆放货位是否相符；货票丁联上的卸车日期是否填写；随票据一同递交到站的垫款通知书等单据是否完整。

② 货物检查。主要检查货物件数与运单记载是否相符；堆码、防火及防湿措施是否符合要求；卸后货物安全距离是否符合规定；取下的篷布是否整理并送往规定地点；货物装车用的加固材料、装置是否已整理好并存放在规定地点。

③ 卸后空车检查。主要检查车内货物是否卸净和是否清扫干净；门、窗、端侧板是否关闭严密；失效的表示牌是否撤除等。

3. 货物的催领、暂存、交付和搬出

（1）货物的催领通知。为了加速货位周转，提高货位利用率，提高货场、仓库作业能力，货物到达后，承运人应向收货人发出催领通知。发出催领通知的时间应尽可能早。承运人组织卸车的货物，到站应不迟于卸车完毕的次日内，向收货人发出催领通知并在货票内记明通知的方法和时间，以凭其计算货物免费保管期间。

收货人在到站查询所领取的货物未到时，到站应在领货凭证背面加盖车站日期戳证明货物未到。

货物运抵到站，收货人应及时领取。拒绝领取时，应出具书面说明，自拒领之日起，3d 内到站应及时通知托运人和发站，征求处理意见。托运人自接到通知次日起，30d 内提出处理意见答复到站。

（2）货物暂存。对到达的货物，铁路义务提供一定的免费保管期间。免费保管期间规定为：承运人组织卸车的货物，收货人应自承运人发出催领通知的次日（不能实行催领通知或会同收货人卸车的货物为卸车的次日）起算，两日（铁路局规定一日的为一日）内将货物搬出，不收取保管费。超过此期限未将货物搬出，对其超过的时间核收货物暂存费。

根据各地具体情况，铁路局可以缩短免费保管期间 1d，也可自收该费的第 4 日起上浮货物暂存费率，但上浮幅度最大不得超过规定费率的 2 倍，并报铁道部备案。车站站长可以适当延长货物免费暂存期限。

（3）货物交付。货物交付包括票据交付和现货交付。

收货人持领货凭证和规定的证件到货运营业室办理货物领取手续，在支付费用和在货票丁联盖章或签字后，留下领货凭证，在运单和货票上加盖到站交付日期戳，然后将运单交给收货人，凭此领取货物。如收货人在办理取货手续，而领货凭证未到或丢失时，机关、企业、团体应提出本单位的证明文件；个人应提出本人居民身份证、工作证或户口簿或服务所在单位（或居住单位）出示的证明文件。用本人的居民身份证、工作证或户口簿作证件时，车站应将姓名、工作单位名称、住址及证件号码详细记载在货票丁联上；用证明文件时，应将领取货物的证明文件粘贴在货票丁联上。

货物在运输途中发生的费用（如包装整修费、托运人责任的整理或换装费、货物变更手续等）和到站发生的杂费，在到站应由收货人支付。

现货交付即承运人向收货人点交货物。收货人持货运营业室交回的运单到货物存放地点领取货物，货运员向收货人点交货物完毕后，在运单上加盖交付戳记，并记明交付完毕的时间，然后将运单交还给收货人，凭此将货物搬出货场。

交付完毕的时间规定为：承运人组织卸车的货物，向收货人点交货物完毕；收货人组织卸车的货物，在货车交接地点交接完毕，即为交付完毕。

（4）货物的搬出。收货人持加盖货物已交付戳记的运单将货物搬出货场，门卫对搬出的货物应认真检查品名、件数、交付日期与运单记载是否相符，经确认无误后放行。

4. 无法交付的货物及其处理

经铁路承运后，由于各种原因，虽经承运人多方寻找，仍未能交给正当收货人或未能退还托运人的货物称为无法交付的货物。

无法交付的货物包括：

（1）超过规定期限无人领取的货物。即从承运人发出催领通知次日起（不能实行催领通知时，从卸车完毕的次日起）经过查找，满30d（搬家货物满60d）仍无人领取的货物或收货人拒领，托运人又未按规定期限提出处理意见的货物。

（2）车站发现的无票货物。运单上的收货人、托运人姓名不清、地址不详，经查询仍无法查明的货物。

（3）运输途中拾到的无标记的货物。

（4）公安部门破获盗窃案件中收回的找不到货主的运输物资。

（5）车站清理场库时收集整理的货物。

（6）进口货物在口岸站按提货单向收货人或其代理人交清运出后，经过核实多出的无法查明收货人或无人领取的货物。

（7）根据规定按无法交付货物处理的货物。

对无法交付的货物应坚持"妥善保管、物归原主、合法移交"的处理原则，并认真做好以下工作：

① 应建立台账，在发生或发现无法交付货物的当日，进行登记，编制货运记录，妥善保管，不得乱动。

② 在保管期间要千方百计寻找线索，采取互通情报、交换资料等方法，努力使物归原主。

③ 对无法交付货物中的鲜活、易爆、易燃、剧毒、放射性等货物，车站应单独开列清单，立即报当地县（含县）以上发改委批准处理，在当地发改委作出处理决定前，车站如发现货物有变质、燃烧、爆炸和泄漏等危险时，可先行处理，事后报告。

④ 各站对上述以外的其他无法交付的货物也应及时开列清单，按事故货件回送铁路局指定的集中处理站。由铁路局批准后，报地（市）以上（含地、市）发改委有关部门（交委、交办）审核批准处理。

⑤ 无法交付货物由车站向有关物资单位移交，但进口货物要先有偿交给外贸部门。军事物资、历史文物、珍贵图书、重要资料和违禁物品等，应分别向省（军）级的军事、公安、文化等主管部门无价移交，不得交给其他单位。

物资主管部门接到移交通知后，一个月内完成接收工作。过期不接收时，经县（含县）以上发改委批准，由车站负责处理。

⑥ 无法交付货物由当地发改委有关部门本着按质论价原则进行处理。对价格有不同意

见时由当地物价部门裁决。

⑦ 处理无法交付货物所得货款应先扣除该货物的运输、装卸、储存、清扫、洗刷、广告及其他劳务费用；对处理或销毁无法交付的危险货物和变质货物所发生的入不敷出的金额，可在处理无法交付货物总收入中扣除，扣除各项费用外，剩余部分可提取不超过 3% 的专项奖励基金（由铁路局集中掌握）奖励有关人员，其余款项就地交入金库。

2.3 铁路集装箱运输管理

2.3.1 集装箱运输基本条件

1. 集装箱运输按一批办理的条件

（1）集装箱运输每批必须是同一箱型、同一箱主、同一箱态、同一吨位的集装箱；铁路集装箱与自备集装箱一般不能按一批办理，但使用承运人提供的回空自备集装箱装运货物时，按铁路集装箱办理。

（2）集装箱运输每批至少一箱，最多不得超过一辆铁路货车所能装运的箱数，集装箱总重之和不得超过货车的容许载重量。

2. 集装箱办理站规定

集装箱应在集装箱办理站间进行运输。

铁路集装箱办理车站在《货物运价里程表》中公布，作为车站办理集装箱运输的依据。目前铁路办理集装箱运输业务的车站已发展到 400 多个，遍及全路各个铁路局（集团公司）。其中有些车站办理所有箱型的集装箱运输业务，有的车站只办理某几种箱型集装箱的运输业务。

自备集装箱可以在经铁路局批准的专用线发送和到达，铁路集装箱不在专用线办理运输。特殊情况需要办理时，集装箱办理站的专用线应经铁路局批准，非办理站的专用线应经铁道部批准。

3. 铁路通用集装箱货物办理规定

铁路通用集装箱对下列货物的运输不予办理：

（1）易于污染和腐蚀箱体的货物，如水泥、炭黑、化肥、盐、油脂、生毛皮、牲骨、没有衬垫的油漆等。

（2）易于损坏箱体的货物，如生铁块、废钢铁、无包装的铸件和金属块等。

（3）鲜活货物（但经铁路局确定，在一定季节和一定区域内不易腐烂的货物除外）。

(4) 危险货物（另有规定者除外）。

4. 托运重量的规定

由托运人确定货物重量，并承担责任，每箱总重不得超过该集装箱的标记总重。在对集装箱总重有限制规定的办理站运输时，不得超过限制总重。集装箱内单件货物的重量超过 100kg 时，应在运单"托运人记载事项"栏内注明。

5. 集装箱的施封

集装箱的装箱和施封由托运人负责，铁路不代理施封委托，以便责任的确定。

6. 集装箱不办理军事运输

2.3.2 集装箱的发送作业

集装箱的发送作业流程见表 2-12。

表 2-12 集装箱发送作业流程

顺序	项目	作业内容
1	托运	发货人向车站货运营业室提出已审定的货物运输服务订单、提交货物运单
2	受理	货运营业室根据批准的月度运输计划核对运单填写是否正确并符合有关规定，如确认可以承运，即予签证，并指定货物搬入日期、地点
3	取空箱	发货人从集装箱办理站取回空集装箱
4	装箱	发货人装箱
5	进箱和验收	发货人将重箱搬入车站，货运员按照运单验收货物并发货证给发货人
6	制票和承运	制票核算货运员填制货运票据，核收运输费用，在运单上加盖站名日期戳，承运开始
7	保管	集装箱在装车前的保管
8	装车	集装箱的装车
9	送票	货运营业室整理货运票据并送达车站运转室

1. 托运

发货人向车站货运营业室提出已审定的货物运输服务订单及货物运单，如发货人使用自备集装箱或要求在专用线卸车时，应在"托运人记载事项"栏记明"使用×吨自备箱"或"在××专用线卸车"。发站应在运单右上角加盖"×吨集装箱"戳记。

发货人持经车站受理货运员核准的运单，向车站领取空箱，车站应根据批准的集装箱运输计划及时向托运人拨配箱体技术状态良好的适货集装箱。

2. 进箱和承运

发货人将重箱搬入车站指定地点后，货运员在收箱验收时，对发货人确定的货物重量和品名应进行抽查。发现集装箱总重超过其标记总重或限制总重时，在发货人减载后方可收箱。需要开箱检查货物时，应通知发货人到场。经验箱符合运输要求后，货运营业室制票核算货运员填制货运票据，核收运输费用，在运单上加盖站名日期戳后，车站承运开始。

3. 集装箱的装运组织

按照"合理集结、多装直达、均衡运输、减少回空"的原则，集装箱办理站应根据制定集装箱配装计划，组织集装箱运输。

（1）1t 集装箱的装运要求。1t 集装箱的装运可与普零混装，按零担车的装运条件组织装车，按照《铁路零担货物运输组织规则》的规定办理。

（2）5t 集装箱的装运要求。

① 到达同一到站或同一中转站的集装箱满 6 箱时，应组织一站集装箱车装运。

② 同一径路上的两个到站间距离不超过 250km，且到达第二到站的集装箱不少于 4 箱时，可组织两站集装箱车装运，每车装满 6 箱；如第一到站为该型集装箱中转站，第二到站是其中转范围时，可不受距离限制。第一到站卸箱后，不得增加新到站。

③ 发站在同一日内、中转站在同一次作业中，不得向同一卸车站组织两辆及其以上的两站集装箱车。发站在 7d 内通过中转组织到同一到站或同一中转站的集装箱不得超过 6 箱。

④ 按《五、十吨集装箱中转组织办法》组织中转。

（3）10t 集装箱的装运要求。

① 一般情况下应组织一站集装箱车装运，每车装满 4 箱（集装箱专用平车为 5 至 6 箱）。

② 发站在 7d 内通过中转组织到同一到站或同一中转站的集装箱不得超过 4 箱。

③ 10t 集装箱与 5t 集装箱可拼装一站集装箱车。

④ 10t 箱或 10t 箱与 5t 拼装一车时，一般不得组织两站集装箱车，但装至中转站的集装箱车中，当其中中转到同一到站的箱数超过该车最大装载箱数的 60%（即为 4 个 5t 箱、3 个 10t 箱、1 个 5t 箱 2 个 10t 箱 2 个 5t 箱 1 个 10t 箱）时，即可组织同一路径的两站集装箱车装运。

⑤ 集装箱车应按《五、十吨集装箱中转组织办法》中规定的到站组织装运。

（4）20ft、40ft 集装箱的装运要求

① 20ft、40ft 集装箱应组织一站集装箱车装运。

② 20ft、40ft 集装箱可与 5t、10t 集装箱拼装一站集装箱车

（5）集装箱的装载要求。集装箱不得与笨重货物、散装货物装在一辆货车内；1t 集装

箱可与普零货物配装一车。1t 集装箱使用棚车装运时,靠近车门处最外层集装箱箱门应朝里码放,并要做到不至于集装箱倒塌,保证到站后两侧车门都能进行卸箱作业。使用敞车装运 1t 集装箱时,要事先征得到达站的同意,并且,为了保证运输安全,所使用的敞车侧板高度不应低于 1 600mm,应装满或配足车容,必须组织直达集装箱车;5t 以上集装箱使用敞车装运时,集装箱箱门应朝向相邻集装箱(5t 箱其中一箱可朝向侧板),箱间距离不大于 150mm。使用集装箱专用平车装运时,5t 集装箱和 20 英尺集装箱箱门应朝向相邻集装箱。两站集装箱车第二站的集装箱应装于货车两端,且使第一到站卸车后外层集装箱箱门朝向相邻集装箱;20ft、40ft 集装箱使用普通平车装运时,应进行加固。

(6) 拼箱运输。拼箱运输是指把多批到达同一到站的零担货物组织起来,装在一个集装箱内运至到站的集装箱运输方式。1t 集装箱办理站均可办理 1t 集装箱拼箱到发业务。其他箱型集装箱组织拼箱运输时,应事先征得到站的同意。

铁路拼箱运输的货物按零担货物运输条件办理承运和交付。危险货物不组织拼箱运输。

4. 集装箱的交接方法

集装箱按交接的地点可分为货场交接和专用线交接两种方法。

(1) 车站货场交接。承运人与托运人或收货人互相交接集装箱时,重箱凭箱号、封印和箱体外状交接,空箱凭箱号和箱体外状交接。

车站货场交接时,当箱号、封印号码与运单记载一致,施封有效,箱体没有发生会危及货物安全的变形或损坏时,箱内货物由托运人负责。

(2) 专用线交接。由承运人组织装车,收货人组织卸车(到站派员至卸车地点会同收货人卸车)或由发货人组织装车(发站派员至装车地点会同托运人装车)承运人组织卸车时,重箱凭箱号、封印和箱体外状交接,空箱凭箱号和箱体外状交接;由托运人组织装车收货人组织卸车时,车站与托运人、收货人商定交接办法。

5. 集装箱交接问题的处理

(1) 发站在接收托运的重箱时,检查发现箱号或封印内容与运单记载不符,未按要求关闭箱门、拧固和施封以及箱体损坏的,应由托运人改善后接收。

(2) 收货人在接收集装箱时,应按运单核对箱号、检查施封状态、封印内容和箱体外状。发现不符或有异状时,应在接收当时向车站提出。

(3) 到站向收货人交付重箱时,对封印脱落、失效、站名或号码不符、箱体损坏危及货物安全的集装箱应向收货人出具货运记录,并按记录交点货物。

(4) 在交接中发现铁路集装箱损坏,涉及托运人或收货人责任时,由托运人或收货人在集装箱的破损记录上签认。发现自备箱丢失或损坏时,承运人应编制货运记录。

(5) 铁路集装箱由于发货人或收货人责任造成丢失、损坏及无法洗刷的污染时,应由发货人或收货人负责赔偿。自备箱由于承运人责任造成类似后果时,应由承运人负责赔偿。

6. 集装箱"门到门"运输组织

集装箱"门到门"运输,是指货物从发货人的工厂或仓库装箱,通过铁路、公路或其他运输方式,直接运送到收货人的工厂或仓库进行掏箱的一种运输组织方式。

集装箱"门到门"运输,是集装箱运输的重要组成部分,只有最大限度地实现"门到门"运输,才能充分发挥集装箱运输的优越性。

集装箱"门到门"运输组织原则如下:

(1)铁路车站实行的"四优先"原则。即优先计划、优先配箱、优先进货、优先装运。

(2)公路运输实行的"三固定"原则。即车队固定、车辆固定、人员固定。

(3)货源单位实行的"三集中"原则。即货源集中、仓库集中、去向集中。

铁路集装箱"门到门"运输涉及地方的运输等部门,为了提高运输效率,降低运输成本,减少不必要的作业环节,铁路开展集装箱"门到门"运输组织的车站,应与地方相关部门积极沟通、协调、合作,真正发挥出集装箱"门到门"运输的优势。

7. 集装箱"门到门"运输组织形式

按联运方式划分,集装箱"门到门"运输组织形式主要有:

(1)铁路、专用线之间的"门到门"运输。货物运送流程为:发货人→专用线→铁路(发站)→铁路运输→到站→专用线→收货人。

(2)铁路、公路集装箱"门到门"运输。货物运送流程为:发货人→汽运→铁路(发站)→铁路运输→到站→汽运→收货人。

(3)铁路、公路、水路集装箱"门到门"运输。货物运送流程为:发货人→汽运→铁路运输→水运→铁路运输→汽运→收货人。

8. 集装箱运输主要考核指标

集装箱运输考核指标主要有集装箱发送箱数和吨数、集装箱在车站平均停留时间、"门到门"运输比重以及箱普比重等。

(1)集装箱发送箱数和吨数。集装箱发送箱数是指在一定时期内,铁路集装箱办理站所发送的包括铁路集装箱和企业自备集装箱在内的箱数的总和。发送吨数是指在一定时期内,铁路集装箱办理站通过铁路集装箱和企业自备集装箱所发送的货物吨数的总和。

铁路集装箱箱数统计是按不同箱型分别统计的,最后换算成标准箱数(CTU)。

(2)集装箱在车站平均停留时间。集装箱在车站平均停留时间是指自集装箱在到站卸车完了时起至再次装车时止在车站的全部运用停留时间。集装箱在车站平均停留时间是分析集装箱办理站集装箱运用效率的主要质量指标,是集装箱周转时间的一个组成部分。该指标只对铁路集装箱进行考核。

计算公式为:

$$平均停时 = 总停时 / \{(发出铁路重箱数 + 发出铁路空箱数) \times 24\} \quad (d) \qquad (2-6)$$

（3）集装箱"门到门"运输比重。集装箱"门到门"运输比重是指集装箱"门到门"运输的发送、交付箱数占集装箱发送、交付总箱数的百分比。

计算公式为：

$$门到门比重 = \{(门到门发送箱数 + 门到门交付箱数) / 发送、交付总箱数\} \times 100\% \qquad (2-7)$$

（4）箱普比重。箱普比重是指集装箱发送吨数占普零发送吨数与集装箱发送吨数之和的比重。它是衡量适箱货物集装箱化程度的重要指标。

计算公式为：

$$箱普比重 = \{集装箱发送吨数 / (普零发送吨数 + 集装箱发送吨数)\} \times 100\% \qquad (2-8)$$

2.4 铁路易腐货物运输管理

2.4.1 易腐货物运输概述

1. 易腐货物

易腐货物是铁路鲜活货物中的一大类。它是指在一般条件下保管运输时，极易受到外界气温与湿度的影响而腐败变质的货物。其主要包括肉、鱼、奶、鲜蔬菜、鲜水果、冰、鲜活植物等。按其热状态又分为冻结货物、冷却货物和未冷却货物三种。

冻结货物是指经过冷冻加工成为冻结状态的易腐货物。按《铁路鲜活货物运输规则》规定，冻结货物的承运温度应在 $-10°C$ 以下（冰块除外）；冷却货物是指经过预冷处理后，货物温度达到可承运温度范围之内的易腐货物。按《铁路鲜活货物运输规则》规定，冷却货物的承运温度在 $0 \sim 7°C$ 间（香蕉、菠萝为 $11 \sim 15°C$ 间）；未冷却货物是指没有经过任何加工处理，完全处于自然状态下的易腐货物。如采摘后就交与运输的鲜瓜果、鲜蔬菜之类。

2. 易腐货物运输要求

易腐货物本身的特点是新鲜易变质，为了保证易腐货物的新鲜度这个基本要求，运输易腐货物时应做到：

（1）具备必要的运输设施、设备。如装运易腐货物的冷藏车，为运输易腐货物而设置的制冷、制冰、加盐设备、机械冷藏车保温段等。

（2）保持适宜的温度和湿度。大多数易腐货物在储存和运输中，都需要保持适宜的温度和湿度。冻结货物，如冻肉最适宜的温度为 $-18°C \sim -15°C$，湿度为 $95\% \sim 100\%$；大白菜的温度为 $-0.5°C \sim 0°C$ 湿度为 $80\% \sim 95\%$；香蕉、菠萝的温度为 $11 \sim 15°C$，湿度为 $80\% \sim 85\%$。

（3）有良好的卫生和通风条件。在运输中卫生和通风条件良好，就可以减免微生物的侵占，保证货物运输安全不变质。

（4）快速运输。在一定的时间限度内，易腐货物的新鲜特质可以得到保持，反之，其新鲜特质就很难保持。故铁路在运输易腐货物时，要做到优先安排运输计划、优先承运、优先装车、优先挂运的"四个优先"原则。

2.4.2 易腐货物运输组织

1. 易腐货物的承运

易腐货物的承运是铁路保证发货人货物运输安全的首要一关，其对整个运输过程的各个环节的影响是直接的，因此，应按相关规定严格把关，按标准作业。

（1）按一批托运的规定。不同热状态的易腐货物以及易腐货物与非易腐货物，不得按一批托运。

按一批托运的整车易腐货物，一般限运同一品名。不同品名的易腐货物，如在冷藏车内保持或要求的温度上限（或下限）之差不超过 3℃时，允许拼装在同一冷藏车内按一批托运。此时，托运人应在运单"托运人记载事项"栏内记明"车内保持温度（或途中加冰掺盐）按××品名规定的条件办理"。

例：用机械冷藏车装运红色的未冷却番茄和未冷却大白菜，车内的温度分别要求保持在 2℃～6℃和 0℃～3℃，其温度下限差 2℃、上限差 3℃，但未超过 3℃，按规定，这两种货物可以拼装在同一车内，按一批货物托运。如果是未冷却的青番茄，车内的温度要求保持在 10℃～15℃间，则青番茄和上述两种货物均不能拼装在同一车内作为一批货物托运。

（2）运输票据填写的要求和注意事项。承运易腐货物时，除按普通货物的要求填写检查运单外，还应注意以下几点。

① 托运人应在运单"货物名称"栏内填写货物的具体名称，并按照"易腐货物运输条件表"。

② 托运人应在运单"托运人记载事项"栏内注明要求使用的车种，如果使用冷藏车运输时，还应注明服务方法，如"途中加冰"、"途中制冷"、"途中加温"、"途中通风"、"途中不加冰"、"途中不制冷"、"不加冰运输"等字样，以及注明易腐货物容许运输期限（日数）。易腐货物的容许运输期限至少须大于铁路规定的货物运到期限 3d，发站方可承运。

③ 途中需要加冰的冷藏车，发站应在运单"经由"栏内按加冰所分工依次填记应加冰的各加冰所站名。绕路运输时，同样依次填记绕路经由的各加冰所站名。

发站承运易腐货物后，应在运单、货票、封套上分别填记红色标记△（△表示须快速挂运的货车）。发站、编组站、区段站要将△符号转记在"列车编组顺序表"内。

(3) 易腐货物的质量、温度、包装和选用车辆。易腐货物的质量、温度、包装和选用的车辆，都须符合"易腐货物运输条件表"和"易腐货物包装表"的规定。承运货物的质量、包装及安全防护用品是否符合规定，由承运人抽查确定；使用机械冷藏车装运时，由发站会同机械冷藏车乘务员对承运货物的温度和质量进行抽查。

不按规定条件运输和组织试运的易腐货物，车站与托运人应签订运输协议。货物质量由托运人负责。

使用机械冷藏车时，要通知乘务组，并在"乘务报单"和"机械冷藏车作业单"内注明。

(4) 托运禽、畜产品和鲜活植物规定。托运人托运需要检疫运输的禽、畜产品（包括生毛皮、毛、牲骨、蹄等）以及鲜活植物，为了避免病疫的传播，按国家有关规定应提出县级以上卫生防疫站出具的检疫证明，并在运单"托运人记载事项"栏内注明其名称和号码，粘贴于运单背面，车站凭此办理运输。

2. 易腐货物的装车

(1) 装车注意事项。经过预冷的冷藏车在装车时应采取保温措施，保持车内温度。在装（卸）作业中应使用不致损坏车内设备的工具，并不得挤碰循环挡板，上层货物距离循环挡板最少应留出 50mm 的空隙。开关车门时，严禁乱砸硬撬。采取保温、防寒、防湿等措施时，严禁以钉钉等方式损坏冷藏车车体。

(2) 装卸时间。车站和托运人、收货人应加强装（卸）车的组织工作，缩短装卸时间。加冰冷藏车每车装卸车作业时间不得超过 3h。机械冷藏车组装货车为 8 车以上的，每组装卸车作业时间不得超过 12h；装货车为 4 车的，每组装卸车作业时间不得超过 6h。由于托运人、收货人的责任，超过装卸作业时间要求，应核收货车延期使用费。机械冷藏车还要核收制冷费。车辆送到后，由于托运人责任取消托运时，车站应向托运人核收空车回送费。已经预冷的冷藏车，还要核收制冷费。

(3) 填记装车通知单和作业单。使用机械冷藏车运输易腐货物，发站在机械冷藏车到达后，应将装车时间、地点、货物品名、吨数、到站等事项填记在"机械冷藏车装车通知单"内。通知单一式两份，一份自站存查，一份于装车前 12h 交乘务组，作为准备装车的通知。装（或卸）车完毕后，作业单位要填写"加冰冷藏车作业单"或"机械冷藏车作业单"。

2.5 铁路危险货物运输管理

危险货物是指凡具有爆炸、易燃、毒害、腐蚀、放射性等特性，在铁路运输、装卸以及储存保管过程中，易造成人身伤亡及财产损失而需要进行特别防护的货物。

我国铁路把危险货物分为九类，即爆炸品；压缩气体和液化气体；易燃液体；易燃固体、自燃物品和遇湿易燃物品；氧化剂和有机过氧化物；毒害品和感染性物品；放射性物品；腐蚀品；杂类。

2.5.1 危险货物的装卸保管注意事项

1. 爆炸品

（1）爆炸品的分项：整体爆炸物品；抛射爆炸物品；燃烧爆炸物品；一般爆炸物品；不敏感爆炸物品。

（2）装卸保管注意事项。

① 装卸作业时，开关车门、车窗不得使用铁撬棍、铁钩等铁质工具，必须使用时，应采取防火花涂层等防护措施。装卸搬运时，不准穿铁钉鞋；使用铁轮、铁铲头推车和叉车时应有防火花措施；禁止使用可能发生火花的机具设备；照明使用防爆灯具；作业时应轻拿轻放，不得摔碰、撞击、拖位、翻滚。整体爆炸物品和燃烧爆炸物品的装载和堆码高度不得超过 1.8m。车、库内不得残留酸、碱、油脂等物质。发现跌落破损的货件不得装车，应另行放置，妥善处理。

② 爆炸品必须存放于库内，库房应有避雷装置、防爆灯及低压防爆开关。仓库应由专人负责保管。库内应保持清洁，并隔绝热源与火源，在温度 40℃以上时，要采取通风和降温措施。爆炸品的堆垛间及堆垛与库墙间应有 0.5m 以上的间隔。要避免日光直晒。

③ 发现撒漏的爆炸品应及时用水润湿，撒以松软物后轻轻收集，并通知公安和消防人员处理。禁止将收集物品装入原包件中。

2. 压缩气体和液化气体

（1）压缩气体和液化气体的分项：易燃气体；不燃气体；有毒气体。

（2）装卸保管注意事项。

① 装卸作业时，应使用抬架或搬运车，防止撞击、拖位、摔落、滚动。防止气瓶安全帽脱落及损坏瓶嘴。装卸机械工具应有防止产生火花措施。气瓶装车时应平卧横放。装卸搬运时，气瓶阀不要对着人身。装卸搬运工具、工作服及手套不得沾有油脂。装卸有毒气体时，应配备防护用品，必要时使用供氧式防毒面具。

② 气瓶应存放于库内阴凉通风场所，防止日晒、油污，隔绝热源与火种，当库内温度超过 40℃时，应采取通风降温措施。

气瓶平卧放置时，堆码不得超过 5 层，瓶头要放在同一方向上，瓶身要填塞妥实，防止滚动；立放时要放置稳固，防止倒塌。

③ 气瓶着火时，应向钢瓶浇洒大量冷水，或将气瓶投入水中使之冷却，同时将周围气瓶和可燃物搬离现场，当发现阀门松动漏气应立即拧紧，若无法关闭时，可将气瓶浸入冷水或石灰水中（氨气瓶只能浸入水中）。液化气瓶破裂时，应将裂口部位朝上。

3. 易燃液体

（1）易燃体液体分项：低闪点液体；中闪点液体；高闪点液体。

（2）装卸保管注意事项。

① 装卸作业前应先通风，开关车门、车窗时不要使用铁制工具猛力敲打，必须使用时应采用防止产生火花的防护措施。作业人员不准穿铁钉鞋。装卸搬运中，不能撞击、摩擦、拖位、翻滚。装卸机具应有防止产生火花的措施。装载钢桶包装的易燃液体，要采取防磨措施，不得倒放或卧放。

② 应存放于阴凉通风场所，避免日晒，隔绝热源和火种，堆放要稳固，严禁倒置。库内温度超过40℃时，应采用通风降温措施。容器受热膨胀时，应浇洒冷却，必要时应移至安全通风处放气处理。

③ 发生着火时不宜用水灭火，对比重大于水的易燃液体，可用雾状水或开花水灭火，但应防止液体被冲散而扩大着火范围。

容器渗漏时，应及时移至安全通风处更换包装。渗出的液体可用沙土等物覆盖后扫除干净。

4. 易燃固体、自燃物品和遇湿易燃物品

（1）易燃固体、自燃物品和遇湿易燃物品的分项：易燃固体；自然物品；遇湿易燃物品。

（2）装卸保管注意事项。

① 装卸作业不得摔碰、撞击、拖位、翻滚，防止容器破损。特别注意勿使黄磷脱水，引起自燃。装卸机具应有防止产生火花的措施。雨雪天无防雨设备时，不能装卸遇湿易燃物品。

② 应存放于阴凉、通风、干燥场所，防止日晒，隔绝热源和火种，与酸类、氧化剂必须隔离存放。严禁露天存放遇湿易燃物品。黄磷宜在雨棚中固定货位存放。

③ 本类中一些金属粉末、金属有机化物、氨基化合物和遇湿易燃物品着火时，禁止用水、泡沫、二氧化碳和酸碱灭火剂灭火。扑救浸油的棉、毛、麻类制品火灾时，要注意防止复燃。扑救火灾，还应有防毒措施。

对撒漏物品，应谨慎收集妥善处理。撒漏的黄磷应立即浸入水中，硝化纤维素要用水润湿；金属钠、钾应浸入煤油或液体石蜡中，电石、保险粉等遇湿易燃物品撒漏收集后另放在安全处，不得并入原货件中。

5. 氧化剂和有机过氧化物

（1）氧化剂和有机过氧化物的分项：氧化剂；有机过氧化物。

（2）装卸保管注意事项。

① 装车前，车内应打扫干净，保持干燥，不得残留有酸类和粉状可燃物。卸车前，应先通风后作业。装卸搬运中不能摔碰、拖位、翻滚和剧烈震动。搬运工具上不得残留或沾有杂质。拖盘和手推车尽量专用，装卸机具应有防止发生火花的防护措施。

② 应存放于阴凉通风场所，防止日晒、受潮，远离酸类和易燃物，特别要远离硫磺、硝化棉、发孔剂H、金属粉末等还原性物质。亚硝酸盐类与其他氧化剂应分库或隔离存放。堆码不宜过高过大，注意通风散热。库内应保持清洁，对搬出后的货位应清扫干净。

③ 氧化剂撒漏时，应扫除干净，再用水冲洗。收集的撒漏物品，不得倒入原货件内。过氧化钠等着火时，不能用水扑救。其他氧化剂用水灭火时，要防止水溶液流至易燃、易爆物品处。

6. 毒害品和感染性物品

（1）毒害品和感染性物品的分项：毒害品、感染性物品。

（2）装卸保管注意事项。

① 装卸车前应先行通风。装卸搬运时严禁肩扛、背负。要轻拿轻放，不得撞击、摔碰、翻防止包装破损。装卸易燃毒害品时，机具应有防止发生火花的措施。作业时必须穿戴防护用品，严防皮肤破损处接触毒害品。作业完毕及时清洁身体后方可进食、饮水、吸烟。

② 应存放在阴凉、通风、干燥的仓库内，不得露天存放。与酸类物品应隔离存放，严禁与食品同库存放。必须加强管理，严防丢失和发生误交付。

③ 固态毒害品撒滑时，应谨慎收集；液态毒害品渗漏时，可先用沙土、锯末等吸收，妥善处理。

7. 放射性物品

（1）放射性物品的形式：低比活度放射性物质（LSA）；表面污染物体；带有放射性物质的仪器或仪表等制品；放射性同位素；易裂变物质；其他放射性物质。

（2）装卸保管注意事项。

① 装卸车前应先行通风，装卸时尽量使用机械作业，严禁肩扛、背负、撞击、翻滚，作业时间应按规定要求控制。堆码不宜过高，应将辐射水平低的放射性包装件放在辐射水平高的包装件周围。皮肤有伤口、孕妇、哺乳妇女和有放射性工作禁忌症（如白血球低于标准浓度等），不能参加放射性物品的作业。在搬运Ⅲ级放射性包装件时，应在搬运机械的适当位置上安装屏蔽物或穿防护围裙，以减少人员受照剂量。

装卸、搬运放射性矿石、矿砂时，作业场所应喷水防止飞尘，作业人员应穿戴工作服、工作鞋，戴口罩和手套。作业完毕应全身清洗。

② 存放放射性物品的仓库（或专用货位）应通风良好、干燥、地面平坦。仓库应有专

人管理，放射性包装件必须按规定码放。

遇到燃烧、爆炸可能危及放射性货物安全时，应迅速将放射性货物转移至安全位置，并派专人看管。

③ 运输中发生货包破裂、内容物撒漏时，应立即向有关部门报告，由安全防护人员测量并划出安全区，悬挂明显标志。

当人体受污染时，应在防护人员指导下，迅速进行去污。若人员受到过量照射时，应立即送医院救治。放射性矿石、矿砂的包装件破裂时，应换包后方可继续运输，撒落的矿砂等应收集后交托运人处理。

8. 腐蚀品

（1）腐蚀品的分项：酸性腐蚀品；碱性腐蚀品；其他腐蚀品。

（2）装卸保管注意事项。

① 装卸作业前应穿戴耐腐蚀的防护用品，对易散发有毒蒸气或烟雾的腐蚀品，还应备有防毒面具。卸车前先通风。货物堆码必须平稳牢固。严禁肩扛、背负、撞击、拖拉、翻滚。车内保持清洁，不得留有稻草、木屑、碎布等可燃物。

② 应存放在清洁、通风、阴凉、干燥场所，防止日晒、雨淋。堆码要牢固。应保持堆放处清洁，不得残留有可燃物、氧化剂等。

③ 发现液体酸性腐蚀品撒漏应及时撒上干砂土，清除干净后，再用水冲洗污染处；大量酸液溢漏时，可用石灰水中和。

9. 杂类

杂类货物系指在铁路运输中呈现的危险性质且不包括在上述第1至第8类中的危险性物品。本类货物品名及运输条件由铁道部另行制定公布。

2.5.2 危险货物运输组织

1. 托运和承运

危险货物的托运和承运，除应遵守普通货物的规定外，还应严格执行《铁路危险货物运输规则》（简称《危规》下同）的规定。

（1）运单的填写。

① 品名的填写。"货物名称"栏内填写《危险货物品名索引表》内列载的品名和编号。危险货物的品名编号是判断货物是否危险货物的重要标志，是办理承运、配装、确定运输条件的主要依据，一旦发生事故，还是判定货物性质、采取施救措施的依据；《危险货物品名索引表》内列载具体名称的，应填写具体名称，具体名称附有别名的，可填写其中之一，

属于概括名称的，先填写具体名称，再注明所属概括名称，不能填写《危险货物品名索引表》内未列载的名称（按危险货物新产品运输除外），同一货物如有《危险货物品名索引表》内未列载的其他名称，根据托运人的需要可以在品名的下面以括号注明其他名称；允许混装在同一包装内运输的危险货物，托运人应分别写明货物的名称和编号。

托运人托运危险货物时，应在运单的右上角，用红色戳记标明危险货物的类项名称。如金属钠，加盖"一级遇湿易燃物品"红色戳记。

② 到站的填写。到站应填写运价里程表内办理危险货物运输的营业站。危险货物不办理中转作业。

（2）危险货物运输包装。危险货物包装根据其内装物的危险程度划分为三种包装类别：具有较大危险性的Ⅰ类包装；具有中等危险性的Ⅱ类包装和具有较小危险性的Ⅲ类包装。

压缩气体和液化气体及放射性物品的包装应分别按国家《气瓶安全监察规程》、国务院《锅炉压力容器安全监察条例》规定和《放射性物质安全运输规定》办理。

危险货物运输包装的要求如下：

① 包装材料的材质、规格和包装结构应与所装危险货物的性质和重量相适应。

② 包装容器与所装货物不得发生危险反应或削弱包装强度。

③ 充装液体危险货物，容器应留有足够的空隙。

④ 液体危险货物要做到液密封口；对可产生有害蒸气及易潮解或遇酸雾能发生危险反应的应做到气密封口；对必须装有通气孔的容器，其设计和安装应能防止货物流出及杂质、水分进入，排出的气体不致造成危险或污染；其他危险货物的包装应做到严密不漏。

⑤ 包装应坚固完好，能抗御运输、储存和装卸过程中正常的冲击、震动和挤压，并便于装卸和搬运。

⑥ 包装的衬垫物不得与所装货物发生反应而降低安全性，应能防止内装物移动和起到减震及吸收作用。

⑦ 包装表面应清洁，不得沾附所装物质和其他有害物质。

⑧ 包装上应有规定的危险货物专用标志和储运指示标志并有与运单相同的危险货物品名。

（3）危险货物试运包装规定。托运人要求改变危险货物运输包装时，应填写改变运输包装申请表，并应首先向发站提出经县级以上（不包括县）主管部门审查同意的包装方法、产品理化特性及经包装检测机构出具的包装试验合格证明。

发站对托运人提出的改变包装的有关文件确认后，报铁路局批准，在指定的时间和区段内组织试运。跨局时由主管铁路局通知有关铁路局和车站。危险性较大的货物，应进行可行性研究后，方可试运。试运前承运人、托运人双方应商定安全运输协议。试运时，托运人应在运单"托运人记载事项"栏内注明"试运包装"字样。试运时间1~2年。试运结束时托运人应会同车站将试运结果报主管铁路局。铁路局对试运结果进行研究后，提出试运报告报铁道部。铁道部根据试运报告进行必要的复验，达到要求后正式批准。未经批准或超过试运期限未总结上报的,必须立即中止试运。

(4) 进出口危险货物的包装规定。

① 托运的货物,在《国际海运危险货物规则》、国际铁路联运《危险货物运送规则》等有关国际运输组织的规定中属危险货物,而我国铁路按非危险货物运输时,可继续按非危险货物运输,但包装和标志应符合上述有关国际运输组织的规定。托运人应在运单托运人记载事项栏内注明"转海运进(出)口"或"国际联运进(出)口"字样。

② 托运的货物,我国铁路规定为危险货物,而上述国际运输组织的规定中属非危险货物时,按我国《危规》规定办理。

③ 同属危险货物但包装方法不同时,进口的货物,经托运人确认原包装完好,符合安全运输要求,并在运单"托运人记载事项"栏内注明"进口原包装"字样,经请示铁路局同意后,可按原包装方法运输。出口的货物,按试运包装办理。

(5) 使用旧包装装运危险货物要求。使用旧包装容器装运危险货物时,在符合"对危险货物包装的要求"条件下,在运单"托运人记载事项"栏内注明"使用旧包装,符合安全运输要求"后方可承运。

(6) 装过危险货物空容器的运输。装过危险货物的空容器,口盖必须封闭严密;装过有毒、易燃气体的空钢瓶,装过黄磷、一级毒害品(剧毒品)、一级酸性腐蚀性物品的空容器必须按原装危险货物的运输条件办理;其他危险货物空容器,经车站确认已卸空、倒净,可按普通货物运输,但托运人应在运单"货物名称"栏内注明"原装×××,已经安全处理,无危险"字样。

危险货物按普通货物条件运输时,经铁路局批准可在非危险货物办理站发运。托运人应在运单"托运人记载事项"栏内注明"×××,可按普通货物运输"。

(7) 危险货物新产品的运输。托运《危险货物品名索引表》内未列载的危险货物时,托运人在托运前向发站提出经县级以上(不包括县)主管部门审查同意的"危险货物运输技术说明书",铁路部门据以确定运输条件组织试运。

"危险货物运输技术说明书"经铁路局批准后,发站、路局各存查一份,一份报铁道部,一份交托运人,一份随运单交收货人。试运时,托运人在运单"托运人记载事项"栏内注明"危险货物新产品试运",按"试运包装"试运办法办理。

(8) 过度敏感或能自发反应引起危险的物品运输。

① 禁止运输过度敏感或能自发反应引起危险的物品。凡性质不稳定或由于聚合、分解在运输中能引起剧烈反应的危险货物,除《危险货物品名索引表》另有规定外,托运人应采取加入稳定剂或抑制剂等方法,保证运输安全。对危险性大,如易于发生爆炸性分解等反应或需控温运输的危险货物,托运人应提出安全运输办法,报铁道部审批。剧毒品、爆炸品(装入爆炸品保险箱的和配装表中配装号为第1、2号所列品名除外)限按整车办理。

② 托运爆炸品时,托运人应提出《危险货物品名索引表》内规定的许可运输证明(公安机关的运输证明应是收货单位所在地县、市公安部门签发的爆炸品运输证),同时在运单

"托运人记载事项"栏内注明名称和号码。发站应确认品名、数量、有效期和到达地是否与运输证明记载相符。

（9）按一批和同一包装运输条件。性质或消防方法相互抵触，以及配装号或类项不同的危险货物不能按一批托运。

性质或消防方法相互抵触，以及配装号或类项不同的危险货物不得混装在同一包装内。

（10）特殊事项核查要求。发站受理和承运危险货物时，应认真核查托运人提供的证明文件是否符合规定；确认运单内品名、编号、类项、包装等填写是否正确、完整，并核查《危险货物品名索引表》第11栏内有无特殊规定；严格遵守《危规》中对禁运以及对整车、零担、集装箱运输的限制和规定；检查包装是否符合规定，各项标志是否清晰、齐备、牢固。

2. 危险货物的配装

由于危险货物品类众多，特性各异，甚至有些危险货物发生危险时与消防方法相互抵触，造成在同一车内装载多品种危险货物的特殊困难。通过危险货物配装表中确定的配装号和配装符号，可以确认不同的危险货物是否能配装在同一车内。考虑是否可以配装的因素主要包括危险货物的性质、包装条件、铁路运输条件和运输为生产服务的思想。

配装的条件是：

① 可以配装。配装表中为空白，即无配装符号。表示该两种不同配装号的危险货物可以配装在同一车内。

② 隔离配装。配装表中的配装符号为"△"，表示该两种不同配装号的危险货物可以配装在同一车内，但在车内相互间至少应隔离2m。

③ 不能配装。配装表中的配装符号为"×"，表示该两种不同配装号的危险货物不能配装在同一车内。

3. 装载危险货物车辆的隔离

装载危险货物的车辆有调车作业限制、编组隔离限制和需要停止车辆制动机作用时，应分别符合"铁路禁止溜放和限速连挂的车辆表"、"车辆编组隔离表"及《危险货物品名索引表》第11栏中的要求。

在同一车内装有编组隔离不同要求的危险货物时，应按隔离车数最多的危险货物作为隔离标准。整装零担车应在封套上记明其类项。

特殊防护事项在货车上（插表示牌）、票据上应有明确的表示，并应在列车编组顺序表上做相应记载。

2.6 铁路超限货物运输管理

2.6.1 铁路限界

铁路限界包括建筑接近限界、机车车辆限界、各级超限限界和特定区段装载限制等。建筑接近限界和机车车辆限界是铁路限界中两种基本限界。

（1）机车车辆限界。机车车辆限界是指机车车辆不同部位自钢轨顶面算起的高度和其不同高度处距线路中心线的水平宽度不得超过的轮廓尺寸线。它是新造和使用中的机车车辆，除电力机车升起的受电弓外，任何部位在任何情况下都不得超过的轮廓尺寸。使用平车或敞车装载货物时，除超限货物或另有规定者除外，不得超过此轮廓尺寸。所以，机车车辆限界也是一般货物的装载限界。

（2）建筑接近限界。建筑接近限界是指除机车车辆以及同它有相互作用的设备（如电气化铁路接触网、车辆减速器等）外，其他设备和建筑物不得侵入的轮廓尺寸线。

（3）特定区段装载限界。特定区段装载限界（简称为特定区段）是指小于《超规》中规定的建筑接近限界的个别区段对货物装载的限制。使用敞车类货车装载一般货物时，要注意高度和宽度不能超过机车车辆限界。如到达或通过某些区段还受到建筑物特点的限制，应按照特定装载限界区段表的规定装载。此外，因个别区段线路的质量或桥梁强度较差，对重车总重作了一定的限制。

2.6.2 超限货物概念

1. 超限货物定义

超限货物是指一件货物装车后，停留在平直线路上，货物的任何部位的宽度或高度超出了机车车辆限界或超出了经过特定区段的特定区段货物装载限界的货物。

一件货物装车后在平直线路上虽不超限，但在行经半径为 300m 的曲线线路时，货物上有任何部位的计算宽度仍然超限，同属于超限货物。一件货物装车后，在上述情况下虽然不超限，但要经过特定区段时，该车在该特定区段运行时按超限货物办理，不在特定区段运行时，则按一般货物办理。

2. 超限种类和等级

（1）超限种类。
① 超限货物按线路中心线可以分为：一侧超限和两侧超限两种。
只有货物的一侧超限时，称为一侧超限。一侧超限按发站列车运行方向又可分为左侧超限和右侧超限两种。货物的两侧均超限时，称为两侧超限。

② 超限货物按超限部位自钢轨顶面起算的高度不同可分为：
下部超限——货物的超限部位自轨面在 150mm～1 250mm 高度内。
中部超限——货物的超限部位自轨面在 1 250mm～3 600mm 高度内。
上部超限——货物的超限部位自轨面起算高度超过了 3 600mm。
（2）超限等级。根据超限货物超出机车车辆限界的程度，中部超限和上部超限分为：一级超限、二级超限和超级超限。由于下部超限比较危险，故只有二级和超级超限两个等级。
划分超限等级的目的主要是为了便于组织超限货物的安全运输。

2.6.3 超限货物的运输组织

1. 超限货物的托运

托运人托运超限货物，除按一般货运手续办理外，还应随同运单提出下列资料：
① 托运超限货物说明书，货物外形尺寸的三视图，并须以"+"符号标明货物重心的位置。
② 托运自轮运转的超限货物，应有自重、轴数、轴距、固定轴距、长度、转向架中心销间距离、制动机形式以及限制条件。
③ 必要时应附有计划装载、加固计算根据的图纸和说明书。

2. 超限货物的受理

发站在受理超限货物时，应对托运人提出的有关技术资料进行认真审查，必要时组织有关部门共同研究，及时对货物进行装车前的测量，与托运人提供的资料进行核对，发现不符合时按实际测量尺寸改正。

3. 装载方案的确定

计划装载方案应根据货物的外形情况、尺寸及其重心的位置，结合我国平车的类型及特点选择顺装、横装、立装、斜装等装载方法，确定出最优方案作为计划装载方案。
最优计划装载方案应达到：合理地利用车辆的载重力，尽量选用普通平车装载，尽量降低超限等级或程度，尽量降低重车重心高度。

4. 请示装运办法

发站受理超限货物以后，应根据实测尺寸，以文电向上级请示装运办法。
（1）请示范围。
① 到站为自局管内的各级超限货物和各局间运输的一、二级超限货物；到站为跨及三局的超限货物，应向铁路局请示。

② 到站为跨及四局以上及通过电气化区段的超级超限货物，其装车后的高度超过期 5 150mm 和装后的高度虽在 5 000～5 150mm 间，但其左侧或右侧宽度超过 750mm 的超限货物均应报送铁路局，由铁路局审核后向铁道部请示。

（2）请示文电内容。为了给上级确定装载方案、超限等级和运行条件提供足够的依据，请示文电内容应包括以下内容。

① 到达局和到站、收货人、品名、件数和重量。

② 货物外形（包括固定包装和加固装置）尺寸包括：全长、支重面长度和宽度；中心高度和宽度，每一不同侧高度和宽度，圆形货物，应说明直径的尺寸；重心位置。

③ 跨装时，说明跨装支距长度、突出支点两端的长度和宽度，以及所用货物转向架的高度。

④ 突出装载时，应说明横垫木的高度。

⑤ 自轮运转的超限货物，应有自重、轴数、轴距、固定轴炬、长度、转向架中心销间距离，制动机形式，以及限制条件。

超限车辆变更到站时，受理变更的车站，应按上述请示范围及文电内容重新请示。并在文电中注明原批准单位、命令号码、新到站及车号。

5. 超限货物装运办法的批示

铁道部、铁路局接到请示装运办法的文电后，应确定装载方案和超限等级，根据货物的超限程度和经由线路建筑接近限界的实际情况确定运行条件，并以文电向有关单位批示装运办法。铁道部向发局、经由局、到达局批示；铁路局应向发站和自局管内有关站段批示，并抄经由局和到达局。

批示文电的内容应包括使用车辆的类型，货物的超限等级，装后的尺寸，重心高度，重车重心高，加固注意事项，运送、会车条件，限速要求等。需要安装货物检查架、需要改变建筑物和固定设备时，也应在批示文电中详细指示。

6. 超限货物的装车

受理车站在接到上级装运办法的批示文电后，应严格按照其详细指示内容装车，并注意以下事项。

（1）严格按照批示文电中详细指示内容选择车辆。

（2）认真做好装车前的准备工作。检查车辆的技术状态；加固材料和加固装置是否符合方案要求；标划装载线并检查无误。

（3）组织装车。在标划装载线并检查无误后，按装载线将货物装在车辆上，然后进行测量和加固。

（4）装车后的复测与填写记录。装车后以批示文电指示的内容为依据，按照装车后的测量方法进行复测，对测量的各部位尺寸仔细与批示文电核对是否相符，如有不符之处应尽最大能力，使其符合，否则应重新请示。车站会同工务、车辆等部门确认复测结果及运输有关事项与实际无误，填写"超限货物运输记录"。

（5）标画检查线、书写超限等级、插挂禁止溜放表示牌及超限货物检查牌。

（6）发站在运输票据上注明"超限货物"字样，若以连挂车组方式运输时，注明"连挂车组不得分摘"字样，限速运行时，注明"限速××公里"字样。

7. 运行和检查

最后，根据超限车辆的挂运方案，由铁路局调度员指挥和组织车站挂运。在运输途中的技术站和指定的检查站都必须进行认真的检查，确保超限货物车辆运行安全。

2.7 复习思考题

1. 铁路货物运输种类有哪些？限制条件分别是哪些？
2. 铁路零担货物有哪几种？整零车有哪几种？
3. 按一批托运的货物应具备的条件是什么？各种货物按一批托运时有何规定？
4. 货物的运到期限如何计算？
5. 铁路货物运费是如何计算的？
6. 整车货物、零担货物及集装箱货物发送作业流程是怎样的？整车货物、零担货物发送作业流程的区别在哪里？
7. 货物运单和货票的作用分别有哪些？
8. 货物的途中作业和到达作业分别有哪些？
9. 铁路集装箱运输按一批办理的条件是什么？
10. 铁路集装箱货物运输有何规定？
11. 铁路集装箱门到门的组织形式有哪些？
12. 铁路易腐货物的运输要求是什么？
13. 铁路危险货物分哪几类？铁路危险货物运输包装有什么要求？

【练习题】

1. 下列几种货物能否按零担办理？简要说明理由。
（1）服装（289箱，40kg/件，0.80m×0.60m×0.45m）
（2）蜜蜂（80箱，35kg/件）
（3）冻鸡（3箱，30kg/件）
（4）电动机（1箱，500kg/件）

(5）钢柱（1件，600kg/件，长20m）
  (6）铣床（1箱，2 200kg/件）
 2．甲站在7月8日收到到站为丁站的集装箱4箱（其中5t箱2个，10t箱2个）的运费，该4箱集装箱于7月10日18点前装车完毕。已知甲—丁间运价里程为961km。问：
  （1）该4箱货物是否可按一批托运，为什么？
  （2）该4箱货物应在同年哪月哪日前必须卸完才没逾期？
 3．8月15日甲站承运发至庚站的普通整车货物和危零货物各一批，运价里程为2 510km。问：
  （1）两批货物的运到期限各为多少天？
  （2）如整车和危零货物分别于8月28日和8月31日到站卸完，是否逾期违约？
 4．由甲站发往戊站按快运办理的易腐货物一批，运价里程为1 782km，运行途中经过两次补冰盐作业，问其运到期限应是多少天？

案例分析　　承运人未按规定把货物发送至货主指定到站

 1994年×月，发货人（同时又是收货人）在陕西西安×供应商处订购一批教学模拟设备，准备通过铁路整车将该批设备以棚车装运至山东。发货人填写在货物运单"到站"栏内的到站名称是济南铁路局"黄台"站，发货人在办理完托运手续，并在发站交付完一切费用后，带上"领货凭证"返回原单位，等待催领通知。×日，当收货人在运到期限过后还没有接到催领通知时，便打电话询问黄台火车站货运室，在得知黄台火车站根本没有该批货物的情况下，收货人便又打电话给该批货物的发站进行查询。通过发站和收货人的共同努力，终于查到了这批货物的下落。原来，这批货物被发送到了湖北"黄石"火车站。在收货人的催促下，被运送到湖北"黄石"火车站的这批货物，最后终于到达了其该到的"黄台"火车站。收货人在经历了一场虚惊后最终收到了这批价值几十万人民币的货物。但货物的运到期限比正常运到期限延长了18天。让收货人感到纳闷的是该批货物怎么会被发送到方向完全不同的湖北"黄石"火车站去的呢？

  试问：1．该批货物被错发到站的可能原因有哪些？
　　　 2．如收货人追究逾期违约，应如何计算逾期违约金？

第 3 章 水路货物运输管理

本章提要
- 水路运输概述；
- 内河货物运输管理；
- 远洋货物运输管理。

3.1 水路货物运输概述

3.1.1 水路运输发展过程

水路运输的发展过程，按照船舶所采用的驱动力的不同可分为以下几个阶段。

（1）水及人工动力阶段。这一阶段船舶的动力主要靠人力采用外部工具，如船桨、船篙、纤绳等带动船舶及其上所搭载的人及货物在水上移动或是使船舶顺水而动。这一阶段可追溯到石器时代，并在某些地区一直与其他阶段并存并沿用至今。

（2）风动力阶段。在这一阶段产生了帆船，通过风力吹鼓风帆使船舶顺风而行。但在逆风向上的航行还要靠水动力及人工动力补充才能完成。据记载，古埃及远在 4 000 年以前就有了帆船，在我国也可以追溯到公元前。15 到 19 世纪是帆船的发展黄金时代，这一时代帆船已经应用于远洋航行甚至是环球航行。15 世纪初，我国明代郑和下西洋，15 世纪末哥伦布发现新大陆，其船队都由帆船组成的。19 世纪中叶，美国的飞剪式快速帆船，则是帆船发展史上的最后一个高潮。

（3）蒸汽机动力阶段。蒸汽机的发明标志着第二次工业革命的开始，同时也使船舶有了新的动力来源。1807 年美国人富尔顿制造了世界上第一艘蒸汽动力船舶并试航成功，从此机械动力替代了自然动力使水运也从此进入了蒸汽时代。

（4）柴油机动力阶段。柴油机船问世后由于其高效的热效率及能源利用率等优势逐渐得取代了蒸汽机船。第二次世界大战结束后，随着工业化国家经济的迅速恢复和发展，国际间的经济往来日益加强，使船舶的需求量迅速增加，而这期间的新增船舶普遍采用柴油机作动力。第二次世界大战期间，为了适应战时运输的需要，美国建造的 2 610 艘自由轮（万吨级使用燃油锅炉和蒸汽机的杂货船）是最后建造的一批往复式蒸汽机远洋运输船舶。

（5）随着和核能的利用和发展，1962 年，美国制造出了世界上第一艘核动力船，开辟了船舶能源的新天地。现在核潜艇已成为一个国家海上军事力量的一个重要方面。

3.1.2 水路运输系统的组成

水路运输是交通运输的重要组成部分。从水路运输方式来看,水路运输可以分为内河运输和海洋运输两大类。而海洋运输又可以分为沿海运输和远洋运输两大类。水路运输系统由船舶、港口、各种基础设施与服务机构等组成。

1. 船舶

(1) 船舶的主要种类。船舶按用途分类,可以分为货船和客船。

货船是专门用于货物运输的船舶。安装在货物的不同主要有杂货船、集装箱船、散货船、液货船、滚装船、载驳船、冷藏船等几种。

杂货船是定期行使于货运繁忙的固定航线港口,以装运零批件货或装运不能集装箱化的杂货为主要业务的货船。为满足在没有配备货物装卸装置的小型港口的装卸货物要求,这种船舶大都自身带有装卸装置。由于其装运的货物大小不等,船体的大小也不等,排水量从几吨到 1~2 万吨,海上杂货船载重量在 2 000~15 000 吨左右。

散货船是专门运输粮食、盐、矿砂、化肥、煤炭及散装水泥等大宗散装货物的船舶。这种船舶目前在各类船舶的总吨位中占据第二位。其特点是:单层甲板,舱口宽阔,舱内平直,船体肥胖,航速低,通常单程运输,线路固定,品种单一。通常载重量 3 万吨左右,最大载重量也有 40 万吨的,如韩国 1987 年建成的散货船,最大载重量 36.5 万吨。

集装箱船是载运统一规格的标准箱的货船。集装箱船由于其装卸效率高,经济效益好等优点,而得到迅速发展。标准集装箱通常有 20ft(8ft×8ft×20ft)和 40ft(8ft×8ft×40ft)两种,20ft 的集装箱被定为统一的标准箱(Twenty-foot Equivalent Unit 简称为 TEU),并被作为衡量集装箱港口吞吐量的单位。集装箱船的特点是船型尖瘦,舱口尺寸大,便于装卸。船速较高。

液货船是运送散装液体的船,如油船、液体化学品船、液化气船等。由于防污染的要求,国际海事组织规定从 1996 年 6 月 6 日以后交付使用的载重量在 5 000 吨以上的油船要求双壳双层底,油船是各类船舶中载重量最大的,最大的达 55 万吨。液体化学品船是专门运输有毒、易挥发及属危险品的化学液体的船舶。结构上除双层底外,货舱区均为双层壳。货舱有透气系统和温度控制系统,根据需要还有惰性气体保护系统。液化气船分为液化石油气船,液化天然气船和液化化学气船,运输时主要采用常温加压方式或冷冻方式,加压方式适用于小型船舶,载重量在 4 000 吨以上的船舶以冷冻方式运输较多。

滚装船类似于汽车与火车渡船,它将载货的车辆连货带车一起装船,到港后一起开出船外。这种船适用于装卸繁忙的短程航线。也有向远洋运输发展的趋势。这种运输方式的优点是避免了车船转运的麻烦,提高了装卸搬运的效率。

载驳船也叫子母船,有一大型船舶运载一批驳船,驳船内装货或集装箱。母船到港后,驳船队从母船卸到水中,由拖船或推船将其带走;母船则再装载另一批驳船后返航。

冷藏船是运送冷冻货物的船。它的吨位较小,航速较高。一般在货舱内装有调节空气温度与湿度的冷藏机器与设备，货舱壁及甲板、舱盖等均加装隔热保温材料，以保持舱内温度平衡。

客船与客货船。凡以载运旅客为主要业务的船舶称为客船。凡搭载旅客超过12人的船舶，一般称为客船。客船的建造应符合以快速性、安全性、耐波性、操纵性等要求。快速性要求船体具有较好的线形，推进器具有较高的效率；安全性要求船舶具有较高的强度，良好的抗沉性、防火结构及其他安全设施；耐波性可以保证旅客有较平稳的旅行环境；操纵性要求客船选用先进的舵型、性能良好的主机遥控装置，一般采用双螺旋桨，并尽可能地增加螺旋桨轴间的距离。

客货船是指兼运旅客和货物的船的统称。一般为中小型船舶。其所载货物多为杂货。客货船必须符合客船的技术要求，而且还需要合理安排货舱位置。

（2）船型的主要尺度。船型的主要尺度有船长（L）、型宽（B）、型深（H）、吃水（F）如图3-1。

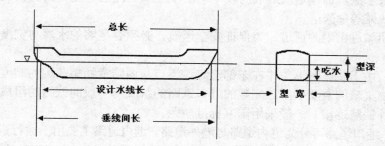

图3-1 船型主要尺度

船长有三种表示方法：总长、垂线间长、设计水线长。总长指船艏至尾部的最大距离；垂线间长指首垂线至尾垂线的距离，又称两柱间长；设计水线长指设计水线平面与船型首位交点之间的水平距离。一般情况下船长指垂线间长或设计水线长。

型宽（B）船形舯部设计水线两肋骨外缘之间的水平距离。

型深（H）船舯点处，沿舷侧龙骨上缘至上甲板下缘的垂直距离。

吃水（F）船舯部，从龙骨上缘至设计水线的垂直距离。

干舷（T）指在船长中点处由干线甲板上表面至满载水线的垂直距离。

2. 港口

（1）港口的分类。港口按用途可以分为商港、渔港、工业港、军港、避风港。商港主要指用于货物装卸作业、中转作业和旅客上下的港口；渔港指专供渔船停靠、装卸渔货、供应淡水、燃料及其他各类给养物资的港口；工业港是由企业自行投资建设的专为企业自身服务的码头；军港指专为军舰服务的港口；避风港是专供船舶躲避风浪太大的恶劣天气停泊的港口。

按地理位置可分为海港、河口港、内河港。

按其水运地位和重要性分为国际性港、国家性港、地区性港。国际性港是为世界各地的船舶提供服务，国家性港主要为国内船舶服务，地区性港主要为国内某一地区的船舶提供服务。

（2）港口设施与设备。港口设施与设备主要包括港池、航道、锚地、港口铁路、港口道路、仓库、港口机械、港口给排水系统、港口供电系统等。

港池一般指码头附近的水域。它需要有足够的水深与足够宽广的水域，以供大吃水船舶的靠离港操作。对于河港或河口港一般不需要修筑防波堤，如上海黄浦江内的各港区和天津海河口的港口。但对于开敞式的海港，如青岛、烟台、大连等，都必须修建防波堤，以阻挡海上风浪与泥沙的影响，保持港内水面的平静与水深。

锚地是供船舶抛锚候潮、等候泊位、避风、办理进出口手续、接受船舶检查或过驳装卸等停泊的水域。锚地要有足够的水深，使抛锚船舶即使由于较大风浪引起升沉与摇摆时仍有足够的富余水深。锚地地质一般为较平坦的沙土或亚泥土，使锚具有较大的抓力，而且远离礁石、浅滩等危险区。

航道是指船舶进出港的通道。为保证安全通航，必须有足够的水深与宽度，不能弯曲度过大。

港口铁路。由于我国海港集中在东部沿海，港口与内陆货物集疏运的难度较大，因此铁路运输是货物集疏的重要手段。完整的港口铁路的组成与一般的铁路的组成几乎一致，为了便于与港外铁路连接，一般采用国家标准轨距。

港口道路。港口道路可分为港内道路与港外道路。港内道路主要用于通行进行货物装卸搬运的载货汽车与作业机械，港内道路行车速度较低，一般为 15km/h 左右。港外道路主要连接港区与城市道路或公路，如通行一般的运输车辆，其功能及技术条件与普通道路相同。

仓库。港口是车船换装的地方，为保证进出口货物的集散和安全检查、理货等作业，港口必须有足够容量的仓库与堆场，以保证港口的进出口作业的顺利进行。按仓库所在位置分为前方仓库和后方仓库。前方仓库位于码头前沿地带，用于临时存储准备装船或从船上卸下的货物；后方仓库用于较长期存储货物，位于码头较远处。

港口机械。港口机械是完成港口货物装卸的主要工具，用于完成船舶与车辆的装卸、货物的堆码、拆垛与转运等。港内流动装卸机械有较大型的轮胎起重机、履带式起重机、叉车等；固定装卸机械有门座起重机、岸壁起重机、集装箱起重机；各种连续输送机械，如带式输送机、气力输送机。

港口给水与排水系统。港口给水系统是为船舶和港口的生产、生活、消防提供用水。港口排水系统的任务是及时地排除港区的生产水、生活污水与地面雨水。

港口供电。港口供电的对象主要是装卸机械、维修设备、港口作业的辅助设施、照明、通信与导航设施等。

船舶基地。为保证港口生产与安全。需要有各种辅助船舶，如拖船、供水船、燃料船、起重船、垃圾船、巡逻船、搜救船等。

港口通信。港口通信系统主要用于船舶与港口间的联系与通信，是保证港口与船舶高效安全生产的重要手段。目前已广泛应用的有各类无线、有线通信与计算机网络通信等手段，主要用于港口生产、调度、安全保障等方面。

（3）现代港口的特征。拥有大量的舶位。舶位多少是港口规模的标志。舶位多则同时停泊的船舶较多，一定时期内港口能够同时装卸货物的船舶多，港口的吞吐量大。

具有深水航道和深水港区。航道和港区的深度决定了可以进出港口的船舶的最大吨位。现代化的大规模的港口都具有大量的深水航道和深水港区，以便大吨位的船舶的进出。

具有高效率、专业化的装卸设备。现代化的港口由于其泊位众多，停泊的船舶吨位巨大，货物吞吐量大，需要高效率、专业化的装卸设备进行货物的装卸作业，才能满足货物的高效周转的需求，以防止货物装卸作业成为港口作业的瓶颈。

具有畅通的集疏运设施。现代化港口由于其货物吞吐量巨大，需要有高效的路上货物集疏运系统，需要有货物外运时货物向港口的及时集结，有货物入港时货物向陆地的及时疏散。

3.1.3　水运的技术经济特点

水路运输在各种运输方式中是最为便宜的运输工具，但运输速度最慢，其系统特性主要反映在以下几方面：

（1）运输量大。船舶货舱与机舱的比例比其他运输工具都大。因此，可以供作货物运输的舱位及载质量均比陆运或空运庞大。以国际最大的超巨型油轮而言，其每次载运原油的数量可以高达 56 万吨，而最大的集装箱船，每次可装载集装箱 10 000～15 000TEU。

（2）能源消耗低。运输 1 吨货物至同样距离而言，水运（尤其是海运）所消耗的能源是最低的。

（3）单位运输成本低。水运的成本约是铁路运输的 1/25～1/20，公路运输的 1/100。因此水运（尤其是海运）是最低廉的运输方式，适于运输费用负担能力较弱的原材料及大宗物资的运输。

（4）投资省。海上运输航道的开发几乎不需要支付费用，内河虽然有时需要花费一定费用以疏浚河道，但比修筑铁路的费用少得多。开发内河航道每公里投资仅为铁路旧线改造的 1/5 或新线建设的 1/8，而且航道建设还可以结合兴修水利和电站，发挥综合效益。

（5）劳动生产率高。由于船舶载运量大，配备船员少，因而其劳动生产率高。一艘 20 万吨的油轮一般只需要配备 20 名左右的船员，平均每人运送货物 1 万吨。例如 1996 年我国直属水上运输的全员劳动生产率为 7 923 千换算吨公里/人，而铁路仅为 844 千换算吨公里/人。

（6）续航能力大。一艘商船出航，所携带的燃料、粮食及淡水，可历时数十日，其他运输工具是难以比及的。且商船具有独立生活的种种设备，如发电、制造淡水、储藏大量粮食的粮仓、油槽等，能够独立生活。

（7）航速低。由于大型船舶体积大，水流阻力高，因此航速一般较低。低航速行使所需克服的阻力小,能够节约燃料;航速增大所需克服的阻力直线上升,例如航速从 5km/h 增加到 30km/h,所受的阻力增大到 35 倍。因此一般船舶行驶速度只能达到 30km/h 左右。

(8)受天气和商港限制,且可及性低。商船在海上行驶,遇风暴需要躲避;遇大雾需要按避碰章程办理,以防损害,这都是气候对水路运输的限制。另外,商船到达商港,常因港湾水深或装卸设备的缺乏,而限制商船的入港及作业。再者,水路运输的可及性不高(尤其是海运),往往需要地面运输方式的配合才能完成客货运输过程。

3.2 内河货物运输管理

3.2.1 我国主要内河水运资源的分布

我国幅员辽阔,大江大河横贯东西、支流沟通南北,江河湖海相连,构成了天然河网。流域面积在 100 平方公里以上的河流有 5 万多条。约 43 万公里长,大小湖泊 900 多个,大多水量充沛,常年不冻,为发展内河航运提供了优越的自然条件。我国内河航道主要分布在长江、珠江、黑龙江和松花江等水系以及京杭运河。

长江是我国内河通航的最大河流,整个水系有通航支流 3 500 多条,通航里程长约 7 万多公里,占全国内河航道总里程的 70%。长江干流沿岸有上海、南京、武汉、重庆等大中城市和工业重镇,赣江、汉江、湘江等支流沟通众多中小城市,货运资源充足。通航能力上长江干流南京至长江口可通行万吨级巨轮。

珠江是我国仅次于长江的第二大通航河流。珠江水系现有通航河流 988 条,水流丰富,河汊众多,总通航里程 1.3 万公里。珠江干流和其支流西江、北江、东江都有较长的通航里程。

京杭运河连通了黄河、淮河、海河、长江、珠江、钱塘江五大水系,年运输能力超过京沪铁路,总通航里程为 1044km,主要同通航河段集中在江苏和浙江境内,山东境内通航河段主要集中在梁山以南。

黑龙江水系由黑龙江、松花江、第二松花江、嫩江、乌苏里江、石喀河等组成,黑龙江是主流。黑龙江通航里程 1 890km,每年封冻期长约 180~200 天。其他各条河流只能季节性分区段通航,不能全流域通航。

3.2.2 内河航道

《中华人民共和国航道管理条例》第三十条对航道的定义为:航道指中华人民共和国沿海、江河、湖泊、运河内船舶、排筏可以通航的水域。

我国《水运技术词典》对航道的定义:在江河、湖泊、水库、渠道及港湾的水域中,供一定标准尺度的船舶通航的航道。

在日常工作中对航道比较通俗的定义是:航道是指具有一定的深度、宽度、净空高度,有航标标示的,供一定标准尺度的船舶航行的水道。

1. 航道尺度

航道尺度包括航道深度、航道宽度、弯曲半径三种尺度。航道深度:指航道范围内从水面到河底部的垂直距离。航道宽度:指航道两侧界限之内,垂直于航道中心线度量的水平距离。航道弯曲半径:指航道中心线的曲率半径。

2. 航道种类

国家航道。国家航道主要指:构成国家航道网、可以通航 500 吨级以上船舶的内河干线航道;跨省、自治区、直辖市,可常年(不包括封冻期)通航 300 吨级以上(含 300 吨)船舶的内河干线航道;可通航 3 000 吨级以上(含 3 000 吨)海船的沿海干线航道;对外开放的海港航道;国家指定的重要航道。

地方航道。地方航道主要指:可以常年通航 300 吨级以下(含不跨省可通航 300 吨级)船舶的内河航道;可通航 3 000 吨级以下的沿海航道及地方沿海中小港口间的短程航道;非对外开放的海港航道;其他属于地方航道主管部门管理的航道。

专用航道。由军事、水利电力、林业、水产等部门以及其他企事业单位自行建设、使用的航道。

3. 内河航道满足通航的技术要求

内河航道必须满足下列基本技术要求:

(1) 足够的航道深度。为保证船舶的正常航行,航道上应有足够的航道深度,航线上在枯水期所应有的保证船舶通航的最小深度称为最小通航水深,全航线通航水深与某些关键区域如暗礁和浅滩及船型有关。一般水深在 2.5~3m 时,可通过 1 500~2 000t 驳船。一般按深度将航道划分为不同等级。

$$最小通航深度=船舶满载吃水+富余水深$$

富余水深是保证船舶安全正常通过浅滩航段所需要的富余深度。

(2) 足够航道宽度。最窄航道宽度应保证双向船队相向航行时能够安全通过,所以数值上要等于双向船队宽度之和再考虑一定的富余宽度,其中富余宽度的大小要视河流宽度、水流速度、岸形等因素不同而定。

(3) 最小转弯半径。最小转弯半径是航道中心线的最小曲率半径。内河航道要保证足够的转弯半径,以利于船舶航行,防止发生于其他船舶或岸壁的碰撞事故,在某些急转弯的航道只能实行单向通航。

(4) 允许范围内的水流速度。航道水流速度过大对航行船舶有极大影响,对不同船型均有不同的最大允许流速,超过许可流速必须停航。流速过大,上水船动力不足,若增加柴油机马力,经济上又不合算;下水船受水流影响,船速过快,船舶不易控制,更加危险。

(5) 要有最低的通航高度。各种跨江河航道的建筑物降低了航道的净空高度，限制了通航船舶的吨位和高度。通航最低高度应是最高水位时，跨江河建筑物下檐至水面的距离，要保证船舶空船时能够通过。

4. 内河航道设施

我国内河航道设施主要包括助航标志（航标）、航道整治建筑物、通航建筑物和测量设施等。

（1）内河航标。内河航标是船舶在内河安全航行的重要助航设施。内河航标的主要功能是标示内河航道的方向、界限和碍航物，指示有关航道信息，为船舶航行指出安全经济的航道。其种类主要有航行标志、信号标志、专用标志。

航行标志是标示航道方向、界限和碍航物的标志，有过河标、沿岸标、导标、过渡导标、首尾导标、侧面标、左右航道标、示位标及桥涵标等。

信号标志主要有通航标、鸣笛标和界限标。通航信号标，设在上下行船舶相互不能相互通视、同向并驶或对驶有危险的狭窄、急弯航段及施工禁行等需要通航控制的河段，利用信号控制上行或下行的船舶单向顺序航行和禁止通航；鸣笛标，设在航道控制河段或上下不能相互通视的急转弯航道的上下游两端河岸上，指示船舶鸣笛；界限标，设在通航控制河段的上下游，标示通航控制河段的上下界限。

专用标志是为标示沿、跨河道的各种建筑物或为标示特定水域所设置的标志，其主要功能不是为了助航，而是指示有关航道信息。

（2）航道整治建筑物。航道整治建筑物通常包括丁坝、顺坝、锁坝、潜坝、护岸、转流屏、鱼嘴和岛尾工程等。

丁坝是常用的整治建筑物，丁坝根与河岸连接，坝头伸向河心，坝轴线与水流方向正交或斜交，在平面上与河岸构成丁字形，它是横向阻水的整治建筑物。它的主要作用是：未淹没时束紧河槽，提高流速冲刷浅滩，增加航道水深；淹没后造成环流，横向导沙，调整分岔河道的分流比，控制分流、淤高河滩、保护河岸、排除主流以防顶冲河岸和堤防等。

顺坝是一种坝轴线沿水流方向或与水流交角很小的建筑物，起到引导水流束紧河床的作用，又称导流坝。

锁坝是从一岸到另一岸横跨河槽及串沟的建筑物，又叫堵坝。一般用于堵塞分汊支流，使分汊流归入主航道。

采用石料、混凝土块等材料保护河岸的措施称为护岸。

（3）通航建筑物。通航建筑物主要有船闸、升船机等。

船闸是船舶为克服航道水位落差的一种通航建筑物，利用船闸使水位升降时船舶安全通过拦河大坝等水利枢纽。

升船机。升船机和船闸一样，都是用来克服航道上的集中落差，将上下连接成一个连续的航道，以使船舶通过的建筑物。

二者的不同点是船闸直接借闸室的水面升降，使闸室内的船舶完成垂直运动；升船机则是利用机械方法，升降装载船舶承运箱，来克服集中落差。

（4）测量设施。航道测量是航道维护工作的基础。航道测量设施既有测量过程中使用的仪器设施，也包括固定的测量标志和控制点等。航道测量仪器设备如标杆、测深仪、流速仪、测量船等，测量标志如各种等级的天文点、重力点、水准点、三角点等标志物。

5. 影响航道通过能力的因素

航道通过能力是指在一定的船舶技术性能和一定的运行组织方法条件下，一定航道区段在单位时间（昼夜、月、年或航期）内可能通过的货吨或船吨数，它取决于各困难航道的通过能力及相互影响。

影响航道通过能力的因素很多，它包括航道和船舶的技术性能、经济因素、自然因素以及运行组织方法等方面。

航道和船舶的技术性能方面包括：

（1）天然航道区段的通航尺度（深度、宽度、弯曲半径）和人工运河及船闸的尺度与设备；

（2）航道通航及枯、中、洪水位的水深，历期的流速；

（3）天然航道的航标设置和过滩设备能力；

（4）航道困难地段（如急流、浅滩、单行水道）的长度、数量及分布；

（5）船舶尺度（长、宽、吃水）；

（6）船舶和船队的速度。

经济因素主要是指航区的客货流结构及船舶性能与货物性能的适应情况。

自然因素是指风、雨、雾等自然气象因素。

运行组织因素包括所采取的发船方法及船舶（船队）通过困难地段的方法和驾驶人员的技术水平。

上述四个因素中，前三者属于客观条件，后者主要取决于人的因素。因此，提高管理人员素质，充分发挥人的积极因素，对提高航道通过能力也有重要意义。

3.2.3 内河水运的运输组织流程

1. 询价与报价

托运人需要运输货物时向承运人询问运输的基本情况和运输价格的行为称为询价。为保证能够得到价低质优的运输服务，托运人可以向多家承运人询价，了解多家承运人所提供的运输服务和运输价格的基本情况。

承运人在接到托运人的询价后，向托运人发出的关于运输时间、数量、运输价格和其他运输条件的回答就称为报价。

询价与报价的形式可以采用书面形式，如信件、传真、电子邮件，也可以采用电话等口头形式。

2. 托运

当托运人与承运人对运输的价格达成一致时，托运人就可以向承运人提出具体的托运请求。托运通常采用书面形式，如合同书、格式合同、货物运单（见表 3-1）等；当采用合同书时需要承托双方就合同的内容双方商定，但采用格式合同或货物运单时，则表明托运人已接受其中所标明的各项规定和条件。托运时托运人向承运人提交托运单证，托运单证中要注明运输货物的名称、数量、包装方式、识别标志、货物运输时限、运到时限或运期、起运港、到达港、收货人等运输事项。

表 3-1 水运货物运单（格式）

水路货物运单

交接清单号码：　　　　　　　　　月　　日
运单号码：

船名		起运港			到达港			到达日期承运人（章）	收货人（章）
托运人	全　称			收货人	全　称				
	地址、电话				地址、电话				
	银行账号				银行账号				

发货符号	货号	件数	包装	价值	托运人确定		计费重量		等级	费率	金额	应收费用		
					重量(t)	体积(m³)	重量(t)	体积(m³)				项目	费率	金额
												运费		
合　计														

运到期限（或约定）		托运人（公章）月　日	总计
			核算员
特约事项		承运日期起运港承运人（章）	复 核 员

说明：1. 此货物运单主要适用于江、海干线和跨省运输的水路货物运输。2. 水路货物运单、货票一式六份。顺序如下：
第一份：货票（起运港存查联）。
第二份：货票（解缴联）起运港→航运企业。
第三份：货票（货运人收据联）起运港→托运人。

第四份：货票（船舶存查联）起运港→船舶。
第五份：货票（收货人存查联）起运港→船舶→到达港→收货人。
第六份：货物运单（提货凭证）起运港→船舶→到达港→收货人→到达港存。
3. 除另有规定者外，属于港航分管的水路运输企业，由航运企业自行与托运人签订货物运输合同的，均使用航运企业抬头的水路货物运单。4. 货物运单联需用厚纸印刷，货票各联用薄纸印刷，印刷墨色应有区别：解缴联为红色，收据联为绿色，其他各联为黑色。5. 要印控制号码或固定号码。6. 到达港收费，另开据收。7. 规格：长19cm，宽27cm。

3. 承运

承运人在接收到托运人递交的托运单后，需要对托运单进行审核，检查托运单所填内容是否符合事实、是否填写完整和符合要求。如符合要求则可接受进行承运。如不符合要求或存在问题和疑问，就应要求托运人进行解释；对于托运人的不合理要求，承运人可提出修改意见；对无法办到的托运事项，承运人可以拒绝或要求托运人改变要求；对于违反国家法律或损害国家和他人及公共利益的要求，承运人要坚决拒绝。承托双方对于运输单证内容协商一致后，承运人签署托运单证，运输合同即告成立，对于特殊托运要求与特别协定可记录在特约事项栏中。

4. 货物配积载

承托双方在订立运输合同后，要安排船舶对所承运货物进行运输，此过程中最重要的就是对船舶的配积载，制作货物清单和货物交接单。

船舶配载是为船舶的某一具体航次选配货物，即承运人按照托运人提出的货物托运合同要求和计划，将向通航线和相同装船期限的货物安排给同一艘船舶运输，并编织一张船舶配载图就是船舶配载。它所解决的是某一艘船舶应该"装什么"的问题。

船舶积载是指对货物在船上的配置和堆装方式作出合理的安排，由载货船舶的大副或船长，在货物配载的基础上确定货物在各舱各层配装的品种、数量与堆码的方法与工艺，并编织一张积载图。它所解决的是船舶配载的货物应该"如何装"的问题。

5. 托运人向承运人交货

承托双方在订立运输合同后，托运人应尽快准备好货物，在规定时间、规定地点交付承运人。在交货之前托运人应根据托运合同或有关水运货物包装的要求，在保证货物运输及中转、装卸搬运安全的原则之上，对货物进行包装；并在货物包装上粘贴必要的运输标志、指示标志等货运标志。承运人在接收货物前要对货物验收，验收时要根据运输合同检查货物的品名、数量、件数、重量、体积等是否与运输合同一致，如一致则可接受货物。承运人接受货物后，货物的风险和责任由承运人来承担。

6. 货物装船与核收运费

装船时，可以由托运人将货物运至船边直接装船，也可以将货物运至港口，由港方集中装船。如果船舶在承运人港口、码头则装船有承运人负责进行，在公共码头时则由港方负责，但承运人应做好船舶监装工作，包括监督港方是否按照积载图装货，货物的数量是否发生溢多短少，货物包装及标志是否不符要求。货物装船后，承运人要向托运人签发货物收据，在国内通常是货物运单，以证明货物的交付。

承运人在接受承运后，就可按照约定的运费及运量或验收时的计费运量核算运费，并向托运人收取。对于约定由收货人付运费的，需要到达目的地后向收货人收取。目前常用的是部分预付费的方式，即先由托运人付部分运费，货到目的港后再由收货人付其余运费。

7. 货物交接和续航

货物装船完毕后，托运人要与承运人或是港方办理货物的交接手续。由托运人直接装船的，由承运人签发运单；由港方装船的，港方和承运人在货物交接单上签章。此外船舶还要根据货物装船的实际情况编制船舶实载图或分仓单，以供到货港卸安排时使用。船舶开航前，承运人要将相应的货物运单、货物交接清单、实载图等其他单证随船装运。

船舶航行时，应该按照船期表的安排，按照约定的时间、约定的航线将货物运到目的地。对于未约定到达时间的，应在合理的时间内将货物运到目的地；对于未约定航线的，要尽量按照习惯的或者合理的航线航行。

8. 承运人发出到货通知和收货人办理提货手续

船舶到港后的 24 小时内，承运人应向运单上记载的收货人发出到货通知，以通知收货人及时办理提货。收货人收到到货通知后，到承运人处领取货物运单的收货人存查联和提货凭证，收货人凭此向船舶或港方提货。

9. 船舶卸货和向收货人交货

货物到达目的港后需要卸货，除了在承运人本人的码头或约定由收货人自行卸货外，承运人都要委托港方进行卸货。卸货时承运人要将货物运单、货物交接清单、船舶实载图交予港方作卸货参考。同时承运人或船方要对卸货过程进行现场监督及指导。

收货人提货后要与承运人办理货物交接手续，在货物交接清单或提货单上签字，并交回承运人。这样就完成了整个货物运输过程。

3.3 远洋货物运输管理

3.3.1 我国的远洋运输航线

我国的远洋运输航线以沿海各港口为起点，可分为东、西、南、北四个主要方向。东行航线：从我国沿海各港口出发，经日本、横渡太平洋抵达北美、南美和拉丁美洲诸国。西行航线：从我国沿海各港口先南行至新加坡，再西行穿越马六甲海峡进入印度洋后，可达西亚诸国，如要到欧洲和非洲各港口，可有两条路线进入大西洋：一条经好望角，另一条经苏伊士运河、地中海、直布罗陀海峡。南行航线：由我国沿海各港南行，可通达东南亚、澳洲等国港口。北行航线：从我国沿海各港北行，可达日本、朝鲜、俄罗斯东部港口。

3.3.2 班轮运输

班轮运输是当今国际海洋运输中的主要运输方式之一。班轮运输又称定期船运输，它是指固定船舶按照公布的船期表在固定航线和固定港口间运行的运输组织形式。从事班轮运输的船舶称为班轮。所谓班轮（Liner），是指按预定的时间、在固定的航线上以既定的港口顺序经常的从事航线上各港口之间往返载货的船舶。

班轮运输有如下特点：

（1）船舶按照固定的船期表（Sailing Schedule），沿着固定的航线和港口来往运输，并按相对固定的运费率收取运费。以上特点可以总结为"四固定"。

（2）由船方负责配载装卸，装卸费包括在运费中，货方不再另附装卸费，船货双方也不计算滞期费和速遣费。

（3）船货双方的权利、义务与责任豁免，以船方签发的提单条款为依据。

（4）班轮承运货物的品种、数量比较灵活，货运质量较有保证，且一般采取在码头仓库交接货物，为货主提供了更为便利的条件。

1. 班轮运费的计算

在海运运费的计算中，主要是指班轮运费的计算。班轮运费具有多种计收标准，根据不同商品，通常采用以下几种：

（1）按货物实际重量计收运费，称为重量吨（Weight Ton），运价表中以"W"表示。

（2）按货物的体积/容积计收，称为尺码吨（Measurement Ton），运价表中以"M"表示。

（3）按重量或体积计收，由船公司选择其中较高的作为计费吨，运价表中以"W/M"表示。

（4）按商品价格计收，即从价运费，运价表中以"A.V"或"Ad.Val"表示。从价运费一般按货物的FOB价格的百分比计收。

（5）按货物重量、体积或价值三者较高的一种计收，运价表中以"W/M or Ad. Val"表示。

（6）按货物重量或体积计收，然后另加一定百分比的从价运费，运价表中以"W/M plus A.V"表示。

(7) 按货物的件数计收，一般只对包装固定，包装内的数量、重量、体积也是固定不变的货物使用。

(8) 由货主和船公司临时议定，这种方法通常是在承运粮食、豆类、矿石、煤炭等运量大、货价较低、装卸容易、装卸速度快的农副产品和矿产品时采用。运价表中以"Open"表示。

2. 班轮运费的组成

班轮运费包括基本运费和附加运费两部分。前者是指货物从装运港运到卸货港所应收取的基本运费，它是构成全程运费的主要部分；后者是指对一些需要特殊处理的货物，或者是由于突然事件的发生或客观情况变化等原因，而需另加收的费用。附加费通常有下列几种：

(1) 超重附加费（Extra Charges on Heavy Lifts）。它是指由于货物单件重量超过一定限度而加收的一种附加费（每件毛重超过 3 吨）。

(2) 超长附加费（Extra Charges on Over Lengths）。它是指由于单件货物的长度超过一定限度而增收的一种附加费（每件长度超过 9 米）。

(3) 选卸附加费（Additional on Optional Discharging Port）。对于选卸货物（Option Cargo）需要在积载方面给予特殊安排（甚至有时会发生翻仓）而追加的费用，称为选卸附加费。

(4) 直航附加费（Additional on Direct）。如一批货达到规定的数量，托运人要求将该批货物直接送达非基本港口卸货，船公司为此加收的费用，称为直航附加费。

(5) 转船附加费（Transshipment Additional）。对于需要转船运输的货物，船公司必须在转船港口办理换装和转船手续，因此而增加的费用就称为转船附加费。

(6) 港口附加费（Port Additional）。由于某些港口的情况较复杂，装卸效率低或港口收费较高等原因，船公司为此而加收的费用。

除上述各种附加费外，船公司有时还会根据实际情况临时决定增收某种费用，如燃油附加费、货币附加费、绕航附加费等。

3. 班轮运费计算步骤

班轮运费通常是按照班轮运费表（Liner's Freight Tariff）的规定计收的。运价表包括在不同航线上的不同货种的单位运费率，计算运费的规则和规定，如运价的使用范围，货物的分类和分级，计费标准，计费的币种及各种附加费的计算和费率等。

班轮运费的计算步骤如下：

(1) 先根据商品的英文名称在货物分级表中查出该商品所属的等级及计费标准。如棉布及棉制品的货物等级为 10 级，计费标准为 M。说明棉布及棉制品按尺码吨计费，计费等级为 10 级。

（2）根据商品的等级和计费标准，在航线费率表中查处此种商品的基本费率。如上例中棉布及棉制品到东非港的 10 级费率为 443.00 元。

（3）查出该种商品本身所经航线和港口的有关附加费率。

（4）该商品的基本费率和附加费率之和即为该商品每一运费吨的单位运价。

【例】 上海运往肯尼亚蒙巴萨港口门锁（小五金）一批共计 100 箱。每箱体积 20cm×30cm×40cm，每箱重量为 25kg，当时燃油附加费为 40%，蒙巴萨港口拥挤费为 10%。航行过程中经过的基本港口：路易港（毛里求斯）、达累斯萨拉姆（坦桑尼亚）、蒙巴萨（肯尼亚），计算该货物的运费。

【解】 查货物分级表，门锁属小五金类，其计收标准为（W/M），等级为 10；

计算货物的体积和重量：100 箱的体积为：$20cm \times 30cm \times 40cm \times 100 = 2.4m^3$

100 箱的重量：$25kg \times 100 = 2.5$ 吨；

因为计费标准为 W/M，所以选取重量体积中较大者，所以计费标准为重量；

查阅"中国——东非航线等级费率表"，10 级费率为 443 元，则基本运费为：

$443 \times 2.5 = 1107.5$ 元

附加费为：$1107.5 \times (40\% + 10\%) = 553.75$ 元

所以应付总运费为 $1107.5 + 553.75 = 1661.25$ 元

4. 杂货班轮运输操作流程

（1）揽货。揽货是指经营班轮运输的船公司为使自己所经营的班轮运输船舶的载重量和舱容能得到充分利用，以获得最好的经营效益而从货主那里争取货源的行为。揽货时，班轮公司首先要为自己所经营的班轮航线，船舶挂靠的港口及其到、发时间制定船期表并分送给已经建立起业务关系的原有客户，或刊载在有关的航运期刊上，使客户了解公司经营的班轮运输航线及船期情况，以便联系安排货运，争得货源。

（2）订舱。订舱是指托运人或其代理人向承运人，即班轮公司或它的营业所或代理机构等申请货物运输，承运人对这种申请给予承诺的行为。承运人与托运人之间先是以口头或订舱函电进行预约，只要船公司对这种预约给予承诺，并在舱位登记簿上登记，即表明承托双方已建立有关货物运输的关系。

（3）装船。装船是指托运人将其托运的货物送至码头承运船舶的船边并进行交接，然后由承运人或港方将货物装到船上。装船作业也分为直接装船和集中装船方式。

（4）航运。船舶按照固定的船期表，按照规定的航线，在约定的时间，将货物送到规定的到达港。

（5）卸货。卸货是指将船舶所承运的货物在卸货港从船上卸下。船公司在卸货港的代理人根据船舶发来的到港电报，一方面编制有关单证联系安排泊位和准备办理船舶进口手续，约定装卸公司，等待船舶进港后卸货，另一方面还要把船舶预定到港的时间通知收货人，以便收货人及时作好接受货物的准备工作。在班轮运输中，为了使分属于众多收货人的各种不同的货物能在船舶有限的停泊时间内迅速卸完,通常都采用集中卸货的办法,即由船公司所指定的装卸公司作为卸货代理人,总揽卸货以及向收货人交付货物的工作。

(6) 交付货物。实际业务中,就是船公司凭提单将货物交付给收货人的行为。具体过程是收货人将提单交给船公司在卸货港的代理人,经代理人审核无误后,签发提货单交给收货人,然后收货人再凭提货单前往码头仓库提取货物并与卸货代理人办理交接手续。

3.3.3 租船运输

租船运输又称不定期船运输(Tramp)。租船运输没有固定的船期表,所有有关船舶所行使的航线、停靠的港口、运输的货物种类、航行的时间等,都要按照船租双方签订的租船合同,由船舶所有人确认而定。租船运输的方式主要有三种。

1. 航次租船

航次租船又称定程租船,简称程租船。它是由船舶所有人负责提供船舶,在指定港口之间运行一个航次或数个航次,承运指定货物的租船运输。

(1) 航次租船的特点。在航次租船形式下,船舶的营运调度工作由出租人负责,船舶的成本,如固定成本及所有的航次运营成本包括燃料费、港口使用费等也都由出租人负责。承租人负责按照合同支付运费及相关的费用。

航次租船的租期取决于完成一个或数个航次所需的时间,航次结束租期即结束。对于出租人最关心的是租期,租期越短对自己越有利。所以在签订租船合同时双方都会对装卸的速度、装卸时间如何起算及滞期费和速遣费进行约定。

航次租船的运费费率通常是根据航次的航程远近及航线的特点(如港口状况、航线的风险等)及货物的批量大小等来确定。也有的只规定航次租船的总运价,即包干运价(Freight in Lump Sum)的。

(2) 航次租船的类型。航次租船就其租赁方式不同可分为:

单程租船:即只租用一个单航次的租船方式。出租人负责将承租人指定的货物由装运港运到目的港,在目的港卸完货整个租期即结束。大多的程租船采用的是这种方式。

来回航次租船:即租用一个往返航次的租船方式,船舶在完成一个单航次后,再在上一航次的卸货港或其附近港口装货运回原装港口或其附近港口,租期才结束的租船方式。承租人在有返程货物的情况下通常会采用此种方式。这种方式出租人也比较乐意接受,因为可以保证回航时有货。

连续航次租船:通常是在连续若干个单航次或来回航次上进行的租船方式,完成规定的航次后租期即结束。在上述租船运输方式下,可以按照一个单航次或往返航次各订立一个租船合同,也可订立一个包括了各个航次的整的租船合同。在连续单航次租船形式下,经承租人同意,出租人可以在回程时自行揽货,否则只能自费空驶回原装港,这样会使整个航程的运费提高,出租人为提高盈利空间必然会提高租船的费用。

包运合同:包运合同是指承运人承诺将一批货物分期分批运到目的港的运输方式。包运合同适用于大批量货物的运输,合同中只规定货物品种和数量、装卸港、装卸速度、承运期和运费等,一般不限制船舶的类型,承运人可以自行选择具体的船舶,但必须将每一航次使用的具体船舶事先通知货方。承运人可以使用不同的船舶的好处是可以在一定时期内获得充分的货源,而对运托运人和收货人来说也具有舱位确定运费低廉等好处。

(3)航次租船的操作流程。仔细研读租船合同。租船合同订立以后,仔细研读合同条款,理清各方的关系,理清各方的责任和权限,作为租船人在此合同中的地位,义务,责任及权限,分析各条款之利弊,形成整体航次操作概念。

向船长发航次指示。向船长发航指示,告知航次期租合同相关条款,交还船时间地点,并通知船长下航次任务,告知该船长需配合租家在此航次的履行中的责任和义务,要求船长每天报告船舶动态,并递交船舶抵港离港报告,如果船舶在交船后马上就抵装港,则需要求船长报告预计的船舶积载计划及预计最大的载货量,即要求船长宣载。

委托气导。气导是海洋气象导航的简称,指船舶在海洋里的整个航运过程中,根据气象导航公司提供的气象导航数据,充分利用一切有利于航行的气象和海洋方面的条件为船舶取得最安全和最有利的航行过程。进行气象导航后,能够保障船舶航行安全;缩短整个航程所用的时间;减少船舶的损失,提高船舶的使用效率;降低货损率;节省燃料。委托一家倾向于自己的气导公司,以报告航行途中天气情况,分析航次耗油及航速,也是航次履行重要的一步。

交船。如果在租船合同里没有规定交还船的检验,则均以船长的船舶为依据,如果在合同里规定交还船的检验,则先委托检验公司,以检验公司出的检验报告为依据。交船时最重要的是要注意交船的燃油数量,交船时间,交船地点,交船时船舶状态是否符合租约规定。

到达装港前的准备。首先要委托代理,关注装港情况。若装港代理为航次合同中租家指定,应及时向租家索取代理资料,及早联系索取港使费明细,港使费一般包括引航费,泊位租用费,各项检验费,代理费等等,需仔细审核比较。若租家没有在航次合同中指定代理,则应自己及早联系当地有实力的代理索取港使费明细,仔细审核,仔细比较,拒绝不合理的港口使费。使费审核完毕后,安排支付港使费,一般在船舶到达装港前把汇款支付到代理指定账户。其次要关注船舶每天动态,注意天气情况,结合我们预计的到达时间,发现船舶是否延误,向租家发出合同规定的船舶预计到达装港的通知。特别要注意合约里对船舶到期的规定,如果预计船舶无法在船舶到期时间内到达装港,为了不让租家取消此航次则应适当合理地提前一点时间报告实际到达时间,以免租家提前找船,即使船舶真的超过滞期到达装港,租家也不会轻易取消此航次,因为再找船会延误很长时间,而不一定能很快找到合适的船舶,只好被迫接受这条晚到的船。当然这也要结合市场情况而定。

抵达装港装货。从船舶驶离上一卸港时起,应每天与代理保持联系,询问港口泊位情况、天气情况等，以便通知船长合理安排航速，以保证船舶及时到达；船舶到港时，装港代理和船长都会发装港报告过来，观察进港是否顺利，如有哪些时间不合理，需及时向代理或船长询问；密切联系装港代理及船长，关注装货情况，若在装货过程中出现任何问题，应及时解决，使装货最快完成。

装港装货后到达卸港前的运输过程。收集各种装货单证，审核提单，注意签发提单的方式，是由代理签提单还是由船长签提单。若提单的运费是依据租船合同支付，则和大副收据核对无误方可释放提单，并注意签单时间，大副收据上的批注；若提单的运费为预付，则需等收到运费之后才能释放提单；对于运费则按租船合同运费费率计算，总运费扣除佣金、老船加保费（如果有），向租家收取运费，要求租家在合同规定的期限内支付；对于装卸时间，速遣费、滞期费的计算，如果租船合同规定装货速率为按照港口习惯尽快装货和卸货，则无速遣，滞期，如果租船合同中定有装卸率，则应按照租船合同相关条款计算速遣费及滞期费，其中最重要的是起算和止算及中间的停装的原因；关注船报及气导报告，关注船舶在航行中航速，耗油是否正常，及预计到达卸港时间；对于中途加油应根据船舶上航次存油情况，考虑航线、卸港目前泊位、吃水情况，计算是否需要在中途加油，必要时即使油价贵也可考虑在装港直接加油；委托卸港代理，支付卸港港使费，港使费审核完毕后，应及早安排港使费，保证船到卸港前，代理能收到港使费。注意卸港情况，了解泊位情况；一般外国船舶到达中国港口都需要准备吨位证书，因此，如果卸港为中国的港口时，在还未到达卸港前应准备好所需的吨位证书，使船舶安全靠卸港卸货；发出合同规定的预计的还船通知，计算预计的第二期租金的支付。

到达卸港。递交装卸准备就绪通知书，与代理及船长密切联系，关注卸货情况，敦促代理尽快卸完货物。船离卸港后，及时向代理索取装货单据，计算装卸时间、速遣、滞期。如果租船合同中定有装卸率，则应按照装卸进度、时间以及租船合同相关条款计算速遣费及滞期费；收取剩余运费。如果租船合同规定先付95%运费，按一般规定，航次结束几十天后，在扣除卸港速遣费（如有），并支付完其他所有费用后，应及时索取剩余运费；如果提单在船舶已经到达卸港仍未提交，则租家会提供保函给船东，这在实务中是很常见的，而船东则需要向原船东递交自己的保函，要求原船东同意凭保函卸货，因为船长在这种情况下只会听从原船东的指示，当原船东同意凭保函卸货，船长才会同意凭保函卸货。

还船。注意还船时间和地点，还船时的船上剩下的燃油，并扣除停租费、燃油超耗费等和船东结算最后的租金。

整理归档。所有装卸港港使费单据，仔细审核是否有误，将有关原船东费用整理出来与原船东结算。如果在代理那里有港使费节余应及时索取，如果还结欠代理港使费，经核实无误后则应及时安排支付给代理，收集所有的正本单证，做最后的航次结算。

2. 定期租船

定期租船是指船舶所有人将船舶出租给承租人，供其使用一定时期的租船运输，承租人在此期间也可以将此期租船充作班轮或承租船使用。定期租船有期租船与程租船两种方式。

期租船与程租船的不同之处主要在以下几方面：

（1）期租船是按航期租用船舶，而程租船是按航程租用。船舶关于船租双方的责任和义务，前者以定期租船合同为准，后者以定程租船合同为准。

（2）期租船的船方，仅对船舶的维护、修理及其正常运转和船员工资给养负责，而船舶的调度、货物运输、船舶在租期内的营运管理费如燃油、港口费、税捐及货物装卸搬运、理舱等费用均由船方负责。程租船的船方直接负责船舶的经营管理，他除负责船舶航行、驾驶和管理外还应对货物运输负责。

（3）期租船的租金一般是按租期每月每吨若干金额计算；而程租船的租金或运费，一般按装运货物的数量计算，也有按包干运费计算的。同时，采用期租船，船租双方不规定装卸率和滞期费、速遣费；而采用程租船，要规定装卸期限和装卸率，凭此计算滞期费和速遣费。

3．光船租船

（1）光船租船的概念。光船租船又称船壳租船，它指船舶出租人向承租人提供不配备船员的船舶，在约定期间内由承租人占有、调度使用，并向出租人支付租金的租船方式。

（2）光船租船的特点。光船租船不同于一般的租船形式，它具有财产租赁的性质。船舶所有人指向承租人收取租金，不负责船舶的营运，更不负责任何费用，甚至船舶在出租期间的正常维护保养费用都是由承租人负担的。在这种租赁形式下，船长、船员都由承租人雇佣，承租人掌握对船舶的实际占有权和支配权。光船租船导致了船舶对第三者责任的赔偿责任关系发生了变化，承租人以船东的名义承担船舶对第三者责任的赔偿责任。例如船舶在运输过程中，由于船员人为因素导致货损货差从而造成第三者损失的，赔偿责任应当由承租人承担，而非船东。

以上航次租船、定期租船、光船租船是不定期租船运输的三种形式，而班轮运输形式就可称为定期租船形式。

3.4 复习思考题

1．水路运输的特点有哪些？
2．港口的水域及陆域设施有哪些？
3．内河航道满足通航的技术条件有哪些？
4．内河水运的运输组织过程有哪些？

5. 班轮运费的计收标准通常有哪些?
6. 杂货班轮运输的操作流程是什么?
7. 航次租船的操作流程是什么?

【练习题】

1. 从我国到欧洲汉堡港运送罐头一批共 10 尺码吨,查运费表得知,罐头为 M8 级,欧洲航线每尺码吨的运费率为人民币 91 元,燃油附加费率为 13%,计算其运费。

2. 深圳粮油进出口公司向英国客商交运食品罐头 1 000 箱,每箱体积为 49×32×19cm,毛重 28kg,目的港为伦敦,经香港转船。查运费表罐头为 M8 级,深圳至香港的运费率为人民币 22 元,附加费率 17%;香港至伦敦的运费率为 237 港币,附加费率 13%,计算其运费。

3. 某公司出口货物一批,共重 19.6 吨,14.9 立方米,由上海装船经香港转运至温哥华。经查,上海至香港,该货运费计算标准为 W/M,8 级,基本运费率为每运费吨 20.5 美元;香港至温哥华运费标准计算同上,基本运费率为每运费吨 60 美元,另收香港中转附加费每运费吨 13 美元。计算该批货物的总运费。

案例分析　　宜昌化工厂委托承运化肥发现货损货差

1989 年 11 月 15 日,宜昌化工厂与宜昌轮船公司以运单形式签订水路货物运输合同,由宜昌轮船公司所属宜昌 301、208 拖船顶推铁甲 16、02、19 号驳装载碳铵(化肥)1 050 吨,计 21 000 袋,由湖北宜昌云池港运至四川忠县港。因宜昌 301 拖船在四川省金龟碛水域不慎将左螺旋打坏,不能继续上驶,于 1989 年 11 月 30 日与经协公司签订代办运输协议,并将全部货物交给该公司。

货物在奉节卸岸待运达 40 天。后经协公司与重庆轮船公司签订水路货物运输合同。1990 年 1 月 10 日和 1 月 18 日由重庆轮船公司所属甲字 01259 驳装 16 000 袋 800 吨化肥和 0314 驳装 5 000 袋 250 吨化肥受载继续上驶,于 1 月 19 日和 2 月 20 日抵达忠县港。收货方视货物破包严重拒收,并立即电告宜昌化工厂。收货方接到宜昌化工厂立即组织卸船避免扩大损失的回电后于 2 月 2 日将甲字 01259 驳所装 16 000 袋 800 吨货物全部卸完,2 月 21 日将甲字 0314 驳所装 5 000 袋 250 吨货物卸载完毕并办理了交接手续,注明差 10 袋,空袋 14 个。由于货物在奉节货场堆放时间过长,质量受损,只能降价处理,损失 10 374 元。

各方争议

宜昌化工厂认为:宜昌轮船公司所属船队承运我厂化肥,从宜昌云池港运往四川忠县港,因承运人原因,中途几经周折,逾期到达目的港,致使货物发生严重损失,我厂要宜昌轮船公司赔偿我厂的经济损失。

宜昌轮船公司认为：我公司承运宜昌化工厂货物的船队，航行到四川金龟碛时，因拖船宜昌 301 旋桨打坏不能继续行驶，与经协公司签订了代办运输协议，并将宜昌化工厂自理装船的货物全部交给了经协公司，我公司不应承担赔偿责任。

经协公司认为：我方委托重庆轮船公司甲字 01259 驳、甲字 0314 驳承运，按规定交接手续清楚，货物损失与我方无关。

重庆轮船公司认为：经协公司以件数交接，我方仍以件数交接，按规定交接手续完备，我公司不承担责任。

经法院审理后认定：

宜昌化工厂、宜昌轮船公司签订的水路货物运输合同有效。宜昌轮船公司在承运船舶发生海损事故，货物不能运抵到达港时，未及时通知托运人或收货人提出处理意见，单方改变承运关系应负违约责任，赔偿宜昌化工厂 116 700 元。

宜昌轮船公司未经托运人同意与经协公司签订代办运输协议，而经协公司又超出经营范围，该协议无效。宜昌轮船公司与经协公司对无效合同共同负有责任。

重庆轮船公司应对甲字 0314 在交接时出现的空袋 14 个负有赔偿责任。

宜昌化工厂单方确定的 148.3 吨货物损失，因无货运记录，证据不足，依法不予保护。

处理结果：

在法院主持调解下，各方自愿达成协议：

1．宜昌轮船公司赔偿宜昌化工厂货物损失 5 187 元。
2．经协公司赔偿宜昌化工厂货物损失 5 187 元。
3．本案诉讼费 3 844 元，宜昌化工厂承担 44 元，宜昌轮船公司承担 1 650 元，经协公司承担 1 650 元，重庆轮船公司承担 500 元。

试从水运组织管理角度分析发生事故的原因。

第4章 公路货物运输管理

本章提要
- 公路运输概述；
- 公路货物运输业务组织及管理。

4.1 公路运输概述

公路运输是综合运输体系的重要组成部分，公路货物运输是利用可以载货的货运汽车（包括敞车、集装箱车、厢式货车、特种运输车辆）、机动三轮货运车、人力三轮货运车、其他非机动车辆，在道路（含城市道路和城市以外的公路）上，使货物进行位移的道路运输活动。

公路运输是一种机动灵活、简捷方便的运输方式，在短途货物集散运转上，它比铁路、航空运输具有更大的优越性，尤其在实现"门到门"的运输中，其重要性更为显著。尽管其他各种运输方式各有特点和优势，但或多或少都要依赖公路运输来完成最终两端的运输任务。例如铁路车站、水运港口码头和航空机场的货物集疏运输都离不开公路运输。公路运输业的重要性，在物流运输与配送活动中，公路运输以其机动灵活的特点，发挥着重要作用，是其他运输方式不可替代的。

据统计，2005年我国公路运输客运量总计为168.4亿人，与2004年同期相比，增长了3.4%，公路旅客周转量总计为9 241.7亿人公里，与2004年同期相比，增长了6%；2005年我国公路货运量总计为131.4亿吨，与2004年同期相比，增长了8.3%，公路货运量周转量总计为8 475.8亿吨，与2004年同期累计相比，增长了11.2%。

由于目前我国运输业瓶颈效应尚未消除，而陆上运输方式中铁路运力增长有限，因此公路运输将是全社会物流量大幅增长的主要受益者。公路运输随着"治超"的深入以及降低大吨位车辆路桥通行费等政策措施的落实，运价水平回落，货运量将保持较快的增长。

4.1.1 公路运输的特点

公路运输具有交通运输业的共同特性，还具有其个性特征，主要表现在以下几方面。

1. 机动灵活，适应性强

公路运输网的密度一般比铁路、水路网的要大十几倍，分布面广，因此公路运输车辆可以"无处不到，无时不有"。货运汽车按用途分有通用汽车、专用汽车；按道路适应分有普通汽车、越野汽车；在汽车技术功能设计上，一般汽车都能在山区及高原地带、严寒酷暑季节、风雪与雾中运行，受地理条件、天时气候、洪旱水位等限制较小，较之铁路、水路、航空有适应性强，运行范围广的特性。

公路运输的机动性比较大，汽车的载重吨位有小（0.25t～1t 左右）有大（200t～300t 左右），既可以单个车辆独立运输，也可以由若干车辆组成车队同时运输，这一点对抢险、救灾工作和军事运输具有特别重要的意义。单位运量小，运输灵活，在运用上既可完成小批量运输任务，又能随时集结承担大批量突击性运输；同时车随站点分布，线路交织成网，车辆来去方便，车辆可随时调度、装运，各环节之间的衔接时间较短。

2. 可实现"门到门"直达运输

由于汽车体积较小，中途一般也不需要换装，除了可沿分布较广的路网运行外，还可离开路网深入到工厂企业、农村田间、城市居民住宅等地，即可以把旅客和货物从始发地门口直接运送到目的地门口，实现"门到门"直达运输。在物流配送活动中，可以直接到达收货人的仓库卸货。

3. 有较高的运送速度

在中、短途运输中，由于公路运输可以实现"门到门"直达运输，中途不需要倒运、转乘就可以直接将客货运达目的地，因此，与其他运输方式相比，其客、货在途时间较短，运送速度较快，特别是高速公路网的建设，使公路运输的运送速度得到很大的提高，有时汽车进行长途运输的运送速度甚至可以超过火车。

运送速度快的意义在于加速资金周转，保证货物的质量不变，提高货物的时间价值，为生产企业、流通企业"零库存"的实现提供保障。所以高档、贵重、鲜活易腐货物及需急运输的货物多数采用汽车运输方式。

4. 原始投资少，资金周转快

公路运输企业的固定资产主要是车辆、装卸机械、汽车站（场），投资最大的公路，是由国家投资的，具有公用设施的性质，与铁、水、航运输方式相比，所需固定设施简单，车辆购置费用一般也比较低，因此，投资兴办容易，投资回收期短。

5. 掌握车辆驾驶技术较易

汽车驾驶技术比较容易掌握。汽车驾驶员的培训时间较短，仅几个月时间，而火车、轮船、飞机的驾驶技术则要数年才能掌握。汽车运输对驾驶员的各方面素质要求相对较低。

6. 运量较小，运输成本较高

汽车的单位工具载重量较铁路列车、船舶小得多，因此在人力的消耗和运输能力上远远小于铁路和水路运输。

目前，世界上最大的汽车是美国通用汽车公司生产的矿用自卸车，长20多米，自重610t，载重350t左右，但仍比火车、轮船的载重量少得多；由于汽车载重量小，行驶阻力比铁路大9～14倍，所消耗的燃料又是较高价格，因此，除了航空运输，就是汽车运输成本最高了。

7. 运行持续性较差

据有关统计资料表明，在各种现代运输方式中，由于受经济运距的影响，公路的平均运距是最短的，运行持续性较差。但其机动灵活，适应性强，可实现"门到门"直达运输等特点弥补了运行持续性的不足。

8. 安全性较低，污染环境较大

汽车运输的交通事故无论是在数量上，还是造成的损失总量，都较其他运输方式多。据历史记载，自汽车诞生以来，已经吞噬掉3 000多万人的生命，特别是20世纪90年代开始，死于汽车交通事故的人数急剧增加，这个数字超过了艾滋病、战争和结核病人每年的死亡人数。

汽车所排出的尾气和引起的噪声也严重地威胁着人类的健康，是大城市环境污染的最大污染源之一。为减少公害，各国都先后颁布法规予以限制，我国于1985年正式颁布了车辆废气排放标准。

4.1.2 公路运输设施与设备

运输设施与设备，是使运输对象进行空间场所移动的技术手段，公路运输设施与设备主要有运输车辆、公路、汽车站场组成。

1. 公路运输车辆

汽车是公路运输的最基本的工具，在物流领域中使用的汽车种类较多，以满足不同运输对象的要求。主要有：普通货车（轻型货车、中型货车、重型货车）、厢式货车、专用车辆（油罐车、散装水泥车、冷藏车等）、自卸车、牵引车和挂车。

2. 公路

公路是汽车运输的另一重要基础设施，包括路基、路面、桥梁、涵洞、防护工程、排水设施与设备、交通控制设备等部分组成。

2004年中国新增公路通车里程4.6万公里，总里程达185.6万公里；高速公路里程新增 4 400 公里,到 2004 年底,我国高速公路通车里程已超过 3.4 万公里,继续保持世界第二,这为公路运输业的发展提供了有力保障。

公路分为五个等级:高速公路,一级公路、二级公路、三级公路、四级公路,主要根据道路的通行能力划分的,不同等级的公路,路面路基质量、路面宽度、曲线半径、交通控制和行车速度有较大的差别,对运输质量、运输成本影响很大。

交通控制设备主要有交通标志、交通信号、路面标线和路标,其功能是对车辆、驾驶人员、行人起到限制、诱导、警告作用。

3. 汽车站(场)

汽车站(场)是公路物流活动的结点(接点),主要有货运站和停车场。

道路货物运输站(场),是以场地设施为依托,为社会提供有偿服务的具有仓储、保管、配载、信息服务、装卸、理货等功能的综合货运站(场)、零担货运站、集装箱中转站、物流中心等经营场所。

货运站(场)的主要功能是对汽车运输活动进行组织管理,为运输车辆提供后勤供应、技术保障。其主要工作是组织货源,受理托运,理货,编制车辆运行作业计划,车辆调度等。

4.1.3 公路运输的分类

公路运输的货物种类繁多,各有其特性。各种货物的运输、装卸和储存方法不尽相同。物流运输、仓储、管理人员等必须对货物有所了解,以便储运、管理、确定运价等。货物运输的分类根据一定的目的和要求进行,通常有以下几种。

1. 按货物性质不同

(1)普通货物:是指不需用特殊结构的车辆载运的货物运输。如钢材、木材、煤炭、日用工业品、矿物性建筑材料等货物的运输。

(2)特种货物:包括长大笨重货物、贵重货物、鲜活货物、危险货物四种,在运输、保管、装卸等环节,需要采取特别措施,以保证货物完好地送达目的地。

(3)轻泡货物:是指密度小于 $333kg/m^3$ 的货物。其体积按最长、最宽、最高部位尺寸计算。轻泡货物的密度低、体积大,堆码重心高,运输中的稳定性差。

2. 按运输形式不同

(1)零担运输:托运人一次托运货物计费重量 3 吨及以下的,为零担货物运输。

(2)整车运输:托运人一次托运货物计费重量 3 吨以上或不足 3 吨,但其性质、体积、形状需要一辆汽车运输的,为整批货物运输。

(3)大型特型笨重物件运输:据货物的体积、重量,需要大型或专用汽车运输的,为大型特型笨重物件运输。如锅炉、钢板、轻轨、行车架、打桩机等的运送。

（4）集装箱汽车运输：采用集装箱为容器，使用汽车运输的，为集装箱汽车运输。

（5）快件货物运输：在规定的距离和时间内将货物运达目的地的，为快件货物运输。

（6）特快件货物运输：应托运人要求，采取即托即运的，为特快件货物运输。

（7）危险货物汽车运输：承运具有自燃性、易燃性、爆炸性、毒害性、腐蚀性、放射性属性的货物，为危险货物汽车运输。

（8）出租汽车货运：采用装有出租营业标志的小型货运汽车，供货主临时雇用，并按时间、里程和规定费率收取运输。

（9）搬家货物运输：为个人或单位搬迁提供运输和搬运装卸服务的，并按规定收取费用。

4.1.4 货物的运输、包装标志

在运输过程中，为了避免多种货物互相混淆，并能清楚地表明货物的属性，货物必须有各种标志。

货物的标志是指用文字或图案印写在货物内、外包装上的符号。按照性质或用途，货物的标志分以下几种。

1. 商品标志

商品标志和商标都是由商品制造单位制定，烙印或粘贴在货物上，用以说明该货物的名称、特性、种类、型号、成分、功效、外形尺寸及质量等，有些商品标志还带有使用和保护方法的说明、出厂日期、生产制造单位等。

2. 发送标志

用来说明货物的品名、质量、件数、收发货人、送达地点等，由发货人制作，附在货物外部或直接书写在货物的外包装上。发送标志只适用于货物的本次运输，故其内容应与运单的记载相符。

3. 运输标志

由运输承运部门编制，一般包括发站、中转站、到站、发货人、收货人、货物运单号码、同一批货物的总件数及本件的顺序号码等内容，也称为货单，是货物承运、核对、清点、装车及卸交的依据。

4. 储运标志

又称运输包装指示标志，由生产单位在货物出厂前按照国家标准统一标印制。它是根

据货物的特性在储运过程中提出的怕湿、怕热、易碎等特殊要求的标志。

托运人应根据货物性质和运输要求,按照国家规定,正确使用运输标志和包装储运图示标志。常见的储运标志如图 4-1 所示。

图 4-1 货物储运标志

4.2 公路货物运输组织与管理

运输组织与管理是提高车辆运用效率,保证货物完整、及时、经济运送的关键。

4.2.1 公路货物运输业务流程及主要单证

公路汽车货运作业基本程序包括货物托运与承运、货物装卸、派车装货、运送与交货、运杂费结算等内容。货物运输一般业务流程如图4-2所示。

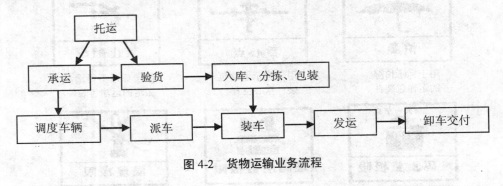

图4-2 货物运输业务流程

1. 托运

托运是货主（单位）委托运输企业为其运送货物，并为此办理相关手续的统称。在托运环节主要是明确物流运输企业与货主之间的承托关系，依据是运输合同的签订，运单的签发。

（1）运输合同。按《道路货物运输及站场管理规定》（交通部令2005年第6号），道路货物运输经营者和货物托运人应当按照《合同法》的要求，订立道路货物运输合同。汽车货物运输合同采用书面形式、口头形式和其他形式。书面形式合同种类分为定期运输合同、一次性运输合同、道路货物运单。

定期运输合同适用于承运人、托运人、货运代办人之间商定的时期内的批量货物运输。一次性运输合同适用于每次货物运输。

承运人、托运人和货运代办人签订定期运输合同、一次性运输合同时，运单视为货物运输合同成立的凭证；在每车次或短途每日多次货物运输中，运单视为合同。

（2）运单的主要内容及填写。对未签订定期运输合同或一次性运输合同的，运单由托运人填写，对已签订定期运输合同或一次性运输合同的，运单由承运人填写，但运单托运人签字盖章处须填写合同的序号。

运单的具体内容、格式各单位不完全相同，但基本内容与格式如表4-1所示。

运单的基本内容应明确以下事项：托运人和收货人的名称（姓名）和地址（住所）、电话、邮政编码；货物的名称、性质、件数、重量、体积以及包装方式；双方约定的其他事项。

道路货物运单是道路货物运输及运输代理的合同凭证，是运输经营者接受货物并在运输期间负责保管和据以交付的凭证，也是记录车辆运行和行业统计的原始凭证。运单确定了承运方与托运方在货物运输过程中的权力、义务和责任，是货主托运货物的原始凭证，也是运输单位承运货物的原始依据。

表 4-1 公路货物运单（格式）

××公司货物运单　　　　NO.01234567

托运人（单位）：　　电话：　　地址：　　　　　　托运时间：　年　月　日

发货人		电话		收货人		电话	
详细地址		邮政编码		详细地址		邮政编码	
装货地点				卸货地点			
支付方式		代收货款			约定起运时间	约定到达时间	
货物名称、规格及包装	件 数	单件体积 长×宽×高 (cm³)	实际重量(kg)	保价金额	计费重量(kg)	计费里程(km)	费用金额（元）
							运　　费
							装 卸 费
							配 送 费
							保 价 费
							代收货款手续费
							其他费用
合计（人民币大写）							费用合计
托运人记载事项				承运人记载事项			
备注						收货人签章	

托运人签字：　　　　制单员：

2. 承运

货物承运，是承运方对托运的货物进行审核、检查、登记等受理运输业务的工作过程。

运输企业的业务员应对货物实际情况、数量、重量、包装、标志以及装货现场等进行逐项仔细审查，确认符合货物运输规则的规定，方可办理交接手续；运输单位在运单上加盖承运章，自接受货物起至将货物交付收货人（包括按照国家有关规定移交给有关部门）止，货物处于承运人掌管之下的全部时间为承运责任期间。

3. 派车装货

首先由运输单位的调度人员根据承运货物情况和运输车辆情况编制车辆日运行作业计划，全面平衡运力运量及优化车辆运行组织，派车装货。货物装车时，驾驶员要在装货现场负责点件交接，保证货物完好无损和计量准确。路单的格式如表4-2所示。

表 4-2 公路货运路单式样

××公司货运路单　　　　NO.02234568

承运车辆：

起点	发车时间		止点	到达时间		装运货物名称及包装	件数	运量(T)	行驶里程（km）		
	日	时		日	时				总行程	重驶行程	空驶行程
合计	重驶里程（km）		运量（T）			周转量(t·km)			备注		

路单签发人：　　　　路单回收人：

4. 货物运送与到达交付

车辆在运送货物过程中，一方面，调度人员应做好车辆运行线路管理工作，掌握各运输车辆工作进度，及时处理车辆运输过程中临时出现的各类问题，保证车辆日运行计划的充分实施，另一方面，驾驶人员应及时做好货运途中的行车检查，保持车辆技术状况完好，保证保持货物完好无损、无漏失、准时到达收货地点。

货物运达收货地点，应正确办理交付手续和交付货物。整车货物运达时，收货人应及时组织卸车，驾驶员应同时对所卸货物计点清楚，卸车完毕，货物交接，收货人有关单证上签字。

承运人与收货人应当做好交接工作，发现货损货差，由承运人与收货人共同编制货运事故记录，交接双方在货运事故记录上签字确认。

5. 运杂费及其结算

（1）货物运输计费重量：

整批货物运输以 t 为单位，尾数不足 100kg 时，四舍五入；

零担货物运输以 kg 为单位，起码计费重量为 1kg，尾数不足 1kg 时，四舍五入；

轻泡货物每立方米折算重量 333kg；

按重量托运的货物一律按实际重量（含货物包装、衬垫及运输需要的附属物品）计算，以过磅为准；

由托运人自行装车的,应装足车辆额定吨位,未装足的,按车辆额定吨位收费;
统一规格的成包成件的货物,以一标准件重量计算全部货物重量;
散装货物无过磅条件的,按体积和各省、自治区、直辖市统一规定重量折算标准计算;
接运其他运输方式的货物,无过磅条件的,按前程运输方式运单上记载的重量计算;
拼装分卸的货物按最重装载量计算。

(2) 货物运输计费里程:以 km 为单位,尾数不足 1km 的,进为 1km。

计费里程以省、自治区、直辖市交通行政主管部门核定的营运里程为准,未经核定的里程,由承托双方商定;

同一运输区间有两条(含两条)以上营运路线可供行驶时,应按最短的路线计算计费里程,或按承托双方商定的路线计算计费里程;

拼装分卸的,从第一装货地点起至最后一个卸货地点止的载重里程作为计费里程。

(3) 结算方式:货物运杂费在货物托运、起运时一次结清,也可按合同采用预付费用的方式,随运随结或运后结清。

6. 货运事故处理

货物在承运责任期内,因装卸、运送、保管、交付等作业过程中所发生的货物毁损或灭失,称为货运事故,也称商务事故。

货运事故发生后应努力做好以下工作:

(1) 承运与托运双方都应积极采取补救措施,力争减少损失和防止损失继续扩大。
(2) 做好货运事故记录。
(3) 货物运输途中,发生交通肇事造成货物损坏或灭失,承运人应先行向托运人赔偿,再由其向肇事的责任方追偿。
(4) 查明原因、落实责任,事故损失由责任方按有关规定计价赔偿。

4.2.2 零担货物运输组织

汽车零担货物运输是汽车货物运输的重要组成部分,随着第三产业的迅猛发展,商品流通量与流通范围扩大,小批量货物托运越来越多,零担货物运输已成为公路运输企业经营的重要业务。零担运输是化零为整的一种高速高效率的运输方法。

1. 零担货物运输主要特点

货物批量小,品种繁多、托运批次多,托运时间和到站分散,一辆货车所装货物往往由多个托运人的货物汇集而成并由多个收货人接收。

零担货运具有安全、快速、方便、价廉、服务周到、运送方法多样的特点,但其计划性较差、组货渠道杂、单位运输成本比较高。

2. 零担货运作业流程

零担货物运输流程如图 4-3 所示。与整车货物运输作业流程相比较，应特别注意以下几点：

（1）加强仓库管理，货物进出仓库，都必须按照单据、货票相符；
（2）注意配载，充分利用车辆的容积和载重量；
（3）严格执行货物混装限制规定。

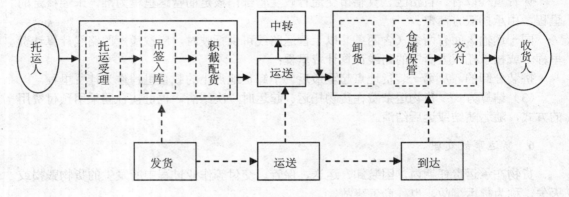

图 4-3　零担货物运输流程图

3. 公路零担货物运输的组织形式

零担货物运输由于集零为整，站点、线路较为复杂，业务繁琐，因而开展零担货运业务，必须采用合理的车辆运行组织形式，这些形式通常有以下几种：

（1）固定式。固定式也称"四定运输"，指车辆运行采取定线路、定班期、定车辆、定时间的一种组织形式。

这种组织形式要求根据营运区内零担货物流量、流向等的调查资料，结合历史统计资料和实际需要，在适宜的线路上开行定期零担货运班车。固定式零担运输组织形式为零担货主提供了许多方便，有利于他们合理地安排生产和生活，对汽车运输部门来讲，固定式也有利于实行计划运输。

（2）非固定式。非固定式是指按照零担货流的具体情况，根据实际需要，随时开行零担货车的一种组织形式。

这种组织形式由于缺少计划性，给运输部门和货主带来一定不便。因此只适宜于在季节性或在新辟零担货运线路上作为一项临时性的措施。

（3）直达式。直达式指在起运站，将各发货人托运到同一到达站而且性质适合配装的零担货物，同车装运直接送至到达站，途中不发生装卸作业的一种组织形式，如图 4-4 所示。

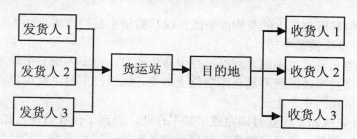

图 4-4 直达式零担运输组织形式

直达式零担运输的效果较好,但它受到货源数量、货流及行政区域的限制。

(4)中转式。中转式是指在起运站将各托运人发往同一去向、不同到达站、而且性质适合于配装的零担货物,同车装运到规定的中转站,另行配装,然后再继续运往各到达站的一种组织形式,如图 4-5 所示。

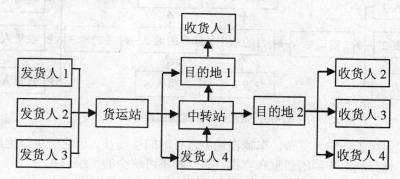

图 4-5 中转式零担运输组织形式

这只是最简单的中转形式,如运行线路很长,还可能发生多次中转。中转式可使那些运量较小、流向分散的货物通过中转及时运送。所以它是一种不可缺少的组织形式。但中转式耗费的人力、物力较多。作业环节也比较复杂。

零担货物的中转还涉及中转环节的理货、堆码、保管等作业,零担货物中转站必须配备相应的仓库等作业条件,确保货物安全、及时、准确地到达目的地。

零担货物的中转作业方法有三种:落地法、坐车法、过车法。

① 落地法(卸下入库,另行配装)。该方法是指将整车零担货物全部卸下交中转站入库,由中转站按货物的不同到站重新集结,另行安排零担货车装运,继续运到目的地。

这种方法简便易行,车辆载重量和容积利用较好,但装卸作业量大,仓库和场地的占用面积大,中转时间长。

② 坐车法。核心货物不动,其余货物卸下,另行配装。

这种方法部分货物不用卸车,减少了装卸作业量,加快了中转作业速度,节约了装卸劳动力和货位，但对留在车上的货物的装载情况和数量不易检查清点。

③ 过车法。直接换装中转。

该方法是指当几辆零担车同时到站进行中转作业时，将车内部分中转零担货物由一辆车向另一辆车上直接换装，而不到仓库货位上卸货。组织过车时，既可以向空车上过，也可以向留有核心货物的重车上过。

这种方法在完成卸车作业时即完成了装车作业，提高了作业效率，加快了中转速度，但对到发车辆的时间等条件要求较高，容易受意外因素干扰而影响运输计划。

（5）沿途式。沿途式是指在起运站将各个托运人发往同一线路、不同到站且性质适宜配装的各种零担货物，同车装运，按计划在沿途站点卸下或装上零担货再继续前进，运往各到达站的一种组织形式，如图4-6所示。

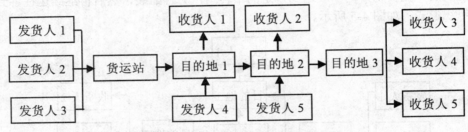

图4-6 沿途式零担运输组织形式

这种形式组织工作较为复杂，车辆在途中运行时间也较长，但它能更好地满足沿途各站点的需要，充分利用车辆的载重和容积，是一种不可缺少的组织形式。

4.2.3 特种货物运输组织

1. 危险货物运输组织

在运输过程中能引起人身伤亡和财产损失，在运输和装卸等环节中有特殊要求，为保证危险货物的安全运送，必须注意以下事项：

（1）掌握各类危险物品的性质，是做好危险货物运输的前提。

（2）运输单位：承运危险货物，须经有关部门批准，具有从事危险货物运输经营许可证。

（3）托运人：办理托运业务时，必须提交技术说明书。

（4）运单：危险货物托运单必须是红色的或带有红色标志，以引起注意。

（5）包装：危险货物的包装一般应单独包装，包装的种类、材质、封口等应适应所装货物的性质，每件包装上应有规定的包装标志及危险货物包装标志。

（6）车辆：选择技术性能良好的车辆，装车前要对车辆进行认真检查，严格执行有关安全防护措施，按指定路线、时间行驶，车辆运行应控制车速，保持和前车距离，严禁违章超车，确保行车安全。车前悬挂有危险字样的三角旗。

（7）驾驶员：从事危险品运输的驾驶人员必须取得危险品运输上岗证。

（8）装卸：在指定地点进行装卸，运输、装卸及货主单位必须密切配合，运达卸货地点后，因故不能及时卸货，在待卸期间行车和随车人员负责看管车辆和所装危险货物，同时，承运人应及时与托运人联系，妥善处理。

2. 大件货物运输组织

大件货物包括：长大货物、笨重货物两类。

长大货物：凡整件货物，长度在 6m 以上，宽度超过 2.5m，高度超过 2.7m 时，称为长大货物，如钢板、轻轨、行车架、打桩机等。

笨重货物：货物每件重量在 4t 以上（不含 4t），称为笨重货物，如推土机、挖掘机、压路机等。笨重货物可分为均重货物与集重货物，均重货物是指货物的重量能均匀或近乎均匀地分布于装载底板上；而集重货物系指货物的重量集中于装载车辆底板的某一部分。

承运长大笨重货物时，要采用相应的技术措施和组织措施。

（1）车站受理托运时，要按发货人提供的有关资料对货物进行审核。

（2）派专人观察现场道路和交通情况，研究装载和运送方案，按指定线路和时间中速或低速行驶。

（3）使用适宜的装卸机械，装车时应使货物的全部支承面均匀地、平稳地放置在车辆底板上，以免损坏车辆。

（4）用相应的大型平板车等专用车辆，除应仔细加固捆扎外，还应在货物最长、最宽、最高部位悬挂安全标志，日间挂红旗，夜间挂红灯，以引起往来车辆的注意。特殊的货物要由专门车辆在前方引路，以便排除障碍。

（5）装载集重货物，需要铺垫一些垫木，使重量能够比较均匀地分布于底板。

（6）货物重心应尽量置于车底板纵横中心交叉点的垂直线上，严格控制横向移位和纵向移位。重车重心高度应控制在规定限制内，若重心偏高，除应认真进行加载加固以外，还应采取配重措施，以降低其重心高度。

3. 鲜活易腐货物运输组织

鲜活易腐货物在运输过程中，需要采取一定措施防止货物死亡和腐烂变质，运送的时间性要求较高。

（1）承运时，承运方必须对货物的质量、状态进行认真检查，对已有腐烂变质象征的货物，托运前应做适当处理。对不符合规定质量的鲜活货物不能受理。

（2）受理托运鲜活货物，托运方应提供最长运输期限及途中管理、照料事宜的说明书，有关部门提供的动植物检疫证明和准运手续，对于运输途中需要饲养和照料的动、植物，托运人必须派人押运。对于易腐需冷藏保温的货物,托运人应告知货物的冷藏温度和提出在一定时间内的保持温度的要求。

(3) 承运方要根据货物的种类、运送季节、运送距离、运送方向以及托运方的要求和承运方的条件等情况,选择合适的车辆、确定货物的装载方法和沿途提供的服务等。鲜活、易腐货物原则上用专车专运,不得与其他货物混装。

(4) 装载时,水果、蔬菜、鲜活植物等,各货件之间应留有一定的间隙,使空气能在货件间充分流动。车厢底板最好有底格,装货时应使货件与车壁留有适当空隙,以便使经由车壁和底板传入车内的热量,可以由空气吸收而不至直接影响货物。

易腐货物,除冷冻货物应采用紧密堆码不留空隙(使货物本身积蓄的冷量不易散失),对本身不发热的某些冷冻货物(如冷冻鱼虾),虽可以采用紧密堆码法,但应防止过分紧压,以免损伤物体,影响质量。对于活口动物,如牛、马需用绳索拴牢在高栏板内,禽、兽及其他小动物须用集装笼或专用工具,固定在车厢内,保持平稳、妥当。

(5) 应运送及时,运行中不得随便紧急制动,并配合押运人定时停车照料。易腐货物要快速运输,压缩货物在途中时间,以保障货运质量。

4. 贵重货物的运输

贵重货物即价格昂贵、运输责任重大的货物。

(1) 受理托运贵重货物,托运人按货物实际价值,自行选择保险或保价的一种,在运单上准确填写投保货物的声明价格。

(2) 贵重货物包装必须完好、牢固,一张运单托运的件货,凡不具备同品名、同规格、同包装的,应提交物品的清单;对国家或地方政府规定禁运、限运以及需办理准运证明的,托运人应随同运单提交有关部门的文件或证明,方能受理。

(3) 为确保贵重货物运输安全,托运人应对物品属性以及运输、装卸、保管注意事项和运抵时间、期限等提出特约要求,要有托运方委派专门人员跟车押运。

(4) 整批量大的贵重货物,原则上受理后实行整车运送,安排适宜货物的、性能良好的货车或专用车直达运输;小批量零星贵重货物,拼装零担运输的应在运单上盖有"贵重货物"戳记,便于承运前、到达后的车站稳妥装卸和保管。

(5) 为确保货物安全,应尽可能实行快运,超长运距应配备双班驾驶员,日夜兼程。

4.3 复习思考题

一、选择题

1. 在下列货物中,容易造成堆码重心过高的货物是(　　)

A．普通货物　　　　B．特种货物　　　　C．轻泡货物
2．运输长大笨重货物时应悬挂明显的标志，白天悬挂（　　）
A．红旗　　　　　　B．绿旗　　　　　　C．红灯
3．凡具有自燃、易燃、易爆、腐蚀、毒害、放射性等性质的货物称为（　　）
A．普通货物　　　　B．危险货物　　　　C．特种货物
4．由运输主管部门编制的货物标志是（　　）。
A．商品标志　　　　B．包装标志　　　　C．运输标志
5．汽车零担货物是指托运人一次托运计费质量不足（　　）的货物。
A．3 500kg　　　　 B．3 000kg　　　　 C．2 500kg

二、判断题
1．货物的包装与货物安全运送没有直接关系。
2．在危险货物运输过程中，危险货物必须有标志。
3．运输危险货物必须配备专门人员押运。
4．只要货物的长度、宽度、高度中任何一部分超过了有关货运汽车载物的规定范围，都应按长大货物运输进行托运或承运。
5．运送鲜活货物须有人随车押运照料。

三、简答题
1．公路运输的特点有哪些？
2．公路货物运输一般分为哪几类？各有哪些特点？
3．公路货物运输作业的基本业务包括哪些环节？各环节的主要内容是什么？
4．零担货物运输的组织形式有几种，各有什么优缺点？
5．特种货物的种类有哪些？在各项作业中，必须做好哪些工作？

案例分析1　公路运输业牵手现代物流业——保定运输集团

从世界范围看，物流产业对经济发展起到巨大贡献，已被许多国家的实践所证实，而运输作为物流的重要环节，为实现低成本、高质量的物流服务，在整个物流过程中发挥着举足轻重的作用。

转型：公路运输业的一剂良药

现代物流理论认为，现代物流服务的核心目标是在物流全过程中以最小的综合成本来满足顾客的需求。因此现代物流具有以下几个典型的特征：一是信息化、二是网络化、三是自动化。

我国传统公路运输业要在发展现代物流业中扮演重要角色，成为物流业中的主力，就必须使公路运输业满足现代物流的要求：

首先，传统公路运输业要打破运输环节独立于生产环节之外的分业界限，通过供应链

的概念建立起对公路运输业供、产、销全过程的计划和控制；

其次，传统公路运输业要突破运输服务的中心是运力的观点，强调运输服务的宗旨是客户第一；

其三，公路运输业应着眼于运输流程的管理和高科技与信息化。

目前，国外的公路运输业与电子商务日益紧密地结合、共同发展；并通过企业之间的兼并与联盟，加速向全球的扩张、发展。而国内公路运输业在现代物流方面的现状是：体制落后、设备陈旧、物流服务意识落后、公路运输支持系统特别是公路运输所需的软件及硬件的开发和普及薄弱，缺乏统一规划和标准。

运输是物流的重要环节，公路运输更是以其机动灵活，可以实现门到门运输，在现代物流中起着重要作用。而要使我国公路运输业从目前的困境中走出，公路运输业必须融入现代物流，成为真正意义上的"第三方物流"，因为公路运输业经济效益取得的最佳渠道是现代物流服务，发展现代物流就是要改变公路运输业传统揽货方式，获取增值效益。

保运集团，距现代物流有多远？

问题一：业务组织形式单一，流程传统

经调研，保运集团目前主要沿用传统的作业程序，只是对经营业务活动的各项具体操作实现了计算机的管理，在具体作业环节上实现了无纸化作业，但是计算机的应用水平低，运输信息相互交流速度慢，各部门的计算机没有实现联网，故使得车辆的可控制性很低，车辆的回程时间不能得到控制。

而保运集团的货物运输组织形式主要是采用直线职能式，主要分为两种方式。

（1）零担运输组织形式

零担运输组织形式是指根据零担货物的特点，相应采取的车辆运行组织方式。根据零担运输的特点，汽车零担货运是按照流水线作业的一种生产方式。它的作业内容主要包括：受理托运、验货司磅、起票收费、吊签入库、配货装车、货物运送、到站卸货和货物交付等。

（2）整车货运商务作业

汽车整车货运商务作业的内容包括：货物托运与承运、装卸、起票、发车、运送与到达交付、运杂费结算、货运事故处理等。

目前对于零担运输而言从承运到核对装车的时间平均为 5 天，对于整车货运而言从承运到发车的时间平均为 4 天，这样大部分的时间都浪费在运输公司的货场中。

就整车货运的业务组织上看：承运业务的发生需要 0.5 天，验货需要 1 天，配运及调车需要 1.5 天（有时因车辆的回程时间不能控制，车辆不能及时到位，使得调车时间更长一些），装车及起票发车需要 1 天，而货车在运行中的时间表就更不能够被及时的监控，使得公路运输的准确到达率很难控制。

问题二：物流服务意识缺乏

经调研：保运集团中从事专业运输的人员中物流服务意识缺乏，企业的服务水平比较低。

除了传统体制的原因外,最主要的原因在于缺乏开放的物流服务观念,即服务意识缺乏。

服务意识缺乏集中表现在服务的被动性、波动性、短期性以及缺乏长期战略这样四个方面。缺少主动服务,这对保运集团企业来讲是相当被动的,大量的到达货物被铁路内部分流的人员和个体运输户抢走。

问题三:物流作业信息化程度低

经调研,保运集团长期以来从事专业物流的人员中,缺乏系统的专业培训。物流作业信息化程度低,信息交流速度慢,计算机应用水平低。其主要沿用的是以大量消耗资源和粗放经营为特征的传统发展战略,重视发展的速度和数量,轻发展的效益和质量;重视外延扩大再生产,轻视内涵扩大再生产。

发达国家面对的交通问题是我们必然会遇到的,有些已经提前到来,因此中国需要发展智能运输系统(Intelligent Transportation System)简称ITS,特别是面对即将到来的信息社会和知识经济,加快利用高新技术,改善我们的公路运输系统现状就显得更为紧迫了。

问题四:工作效率低下、人浮于事

经调研,保运集团的干部人员组织结构仍按照典型的国家事业部门的人员编制,这样就使管理人员在思想行为上表现出僵化,在处理业务上仍旧采用计划经济体制下的照本宣科进行管理,使工作效率低,缺乏规范的自律机制,造成人浮于事的现状。

对症下药:保运集团的转型建议

建议一:针对保运集团目前的货运业务组织状况,建议增加货运交易信息中心。

实现信息沟通和中介服务功能,及时向社会通达自己对车辆、货物的需求,加快货物运输的效率。针对保运集团目前的计算机的应用水平低,各部门互动性差的特点,建议加快实现计算机联网,成立交易信息中心,使客户不仅可以充分获取信息,直接进行组货或配载,同时还可以获得运管部门签发的路单,代办结算、保险、处理运输纠纷等服务。针对过去业务组织方面的缺陷,建议对其进行业务流程重组。

——建议成立信息核算中心,将三种涉及各种信息核算业务机构和岗位统一纳入到该系统中,统揽企业内所涉及的各种信息。

——建议成立运输经营中心,负责指挥公司运输生产的各方面。

——建议成立质量监督中心,负责货物运输业务过程中出现的各种货物损失所产生的事务。

就整车货运的业务流程重组后看:承运业务的发生和调车同时发生,验货业务和派车同时发生,验货同时所需车辆可以到位,这样原来的直链式业务就变成了两条并行的业务形式,可以使货物在货场所停的时间减少到2天。而成立的信息处理中心成为货运各部门的联络中心,它使以前相对独立的各部门计算机形成一个网络,加快了各部门的信息交流,使信息中心及时掌握公司的运行现状,从而保证了货物的按时装载和发送。而货车在运行的时间表可以采用GPS智能定位系统,就能够被及时的监控,使得公路运输的准确到达率和返回时间得以控制。

建议二：运输业除了要有服务的意识，还要有服务技术手段的支持。

运输业要提高服务意识，同服务对象结成战略伙伴协作关系，即看运输业在面对客户需求而自身资源有限时，是否能够积极地在市场上寻找其他合作伙伴，延伸供应链，整合市场资源为客户服务；是否能够主动地去了解供应商的供应商和客户的活动过程和运作要求，以至在物流服务的渠道结构发生变化的时候，为客户设计新的物流解决方案，建立新的市场竞争共同体。显然，电子商务条件为传统运输业向现代物流业的转变提供了有效的技术支持。

传统公路运输业在重新进行市场定位的时候，必须充分认识到以下三点：一是现有服务资源通过不同形式的重新配置，其价值实现可能完全不同；二是同样的服务资源在不同的人手中其价值实现也可能完全不同；三是资源的重新配置必须支付相应的成本。

传统公路运输业应主要掌握以下几个原则：

——"不熟不做"的原则。

——"集中一点"即专业化服务的原则。

——"客户是上帝"的原则。

——"重点客户，重点服务"的原则。

——"延伸服务"即服务品种创新的原则。

——"精益求精"即服务技术创新的原则。

针对保运集团的状况应该从企业经营形式和经营规模方面进行调整，在经营形式上，要根据公路运输业的特点进行调整。

——要突出特色服务，重点发展专业化运输，形成服务特色鲜明的专业化整车运输、零担运输、快件运输、冷藏运输、大件运输、危险品运输和液体运输业等，成为用户供应链中具有独特核心能力的专业运输业，以自己的运输服务优势为依托逐步发展和融入物流业。

——要向客户提供以运输为主的多元服务。要从运输本业出发，争取能够提供部分或全部的物流服务；要与用户建立长期合作关系，参与供应链的管理；要建立实时信息系统、GPS 系统、存货管理、电子数据交换等，为用户提供物流信息反馈。

——要实施技术创新，利用高新技术提高企业竞争力，调整发展战略。传统公路运输业应当通过信息和专业物流知识，以最低的成本提供客户需要的物流服务。从保运集团目前的情况看，无论是物流服务的硬件还是软件与提供高效率低成本的物流服务的要求还有较大的差距，信息的收集、加工、处理、运用能力，物流业的专门知识、物流的统筹策划和精细化组织、管理等能力都显不足。

建议三：保运集团现在急需要的是注入高科技和现代化管理，日新月异的信息技术，为汽车运输业的现代化提供保证。

在物流信息化方面建议保运集团：

——建立公路运输货物计算机辅助管理系统，包括决策支持、车辆调度、人事管理、财务管理、内部结算等系统，可以大大减少管理人员，提高管理精度和管理效率。

——开发应用 GPS 车辆跟踪定位系统、GIS 车辆运行线路安排系统等技术，促进运输生产的自动化。积极引进先进技术，建立 GPS 卫星定位系统，可精确地给车辆定位与导航，提高汽车的回程率；利用地理信息系统技术，卫星定位技术，电子数据交换技术优化车辆运行调度，提高车辆效率。

——利用现有的集团内部网络系统与全国统一的货运电子商务系统联网，提供全国的货源信息，统一调度，统一配载，传输和自动处理道路运输相关的信息和单证票据，建立智能运输系统提高运输效率。

建议四：针对保定交运集团在管理方面存在的问题，建议对其进行现代企业制度的改革。

——建立现代企业制度的观念，在汽车运输企业建立现代企业制度，从根本上说是要转变管理机制和经营机制，依法组织运输，依法进行管理。

——政企分开，彻底切断政府与企业的行政联系，政府不再任命企业领导人，政府只保留对企业所有权，将政府彻底从企业经营中退出。

——投资主体多元化，让民营资本进入传统公路运输业，这样才能使我国的公路运输法制体系得以迅速建立。

——提高传统公路运输业管理者的素质，因为高级管理人才在对于法律的认知程度上，有利于企业的法制化管理，这样才能发挥现代企业制度的作用。

转型：一个渐进的过程

物流产业作为现代经济的重要组成部分和工业化进程中最为经济合理的服务模式，正在我国得以迅速发展。而我国传统公路运输业作为物流产业中的典型产业，向现代物流业转型具有十分重要的意义。从发达国家的经验来看，我国的公路运输业向现代物流业转型还需要一段时间，要针对我国的实际国情来进行逐步的转变，我国公路运输业向现代物流的转型和发展任重而道远。

案例分析2　　　　中国台湾新竹货运案例分析

一、新竹货运公司概况

新竹货运创立于1938年，过去一直秉持着过去传统"苦干踏实、稳健成长"之经营哲学，积极致力于朝向"迅速、安全、确实、亲切"的服务原则，为运输物流业"货畅其流"的最大宗旨作了半世纪以来的最佳批注。

在已跨入21世纪的今天，面对信息领域快速成长的时代，本公司树立正确的经营理念并结合人力素质提升，简化作业流程及提高服务品质，与丹麦 MAERSK LINE 及荷商 TNT 战略联盟，完成海陆空整合联盟，更于2000年与日本佐川急便签订技术合作，以战略联盟及技术合作的方式提升专业化及国际化，使本公司成为首屈一指的专业运输公司。（我们的目标不只是成为业界第一，更是成为 only one。）

二、经营理念及目标

1. 经营理念

"致力于成为首屈一指的专业运输公司"

公司精神——用心服务,真诚实在,因为我们运载的不仅是货品,而是顾客对我们的信任与期望!

新竹货运的眼中,客户托寄的货品,不只是单纯的货件而已,我们看到了深藏在货品背后的每一位客户殷切期盼的心,不管是寄货人或收货人,都期待透过我们的完善服务,完成各自的目的。

为了要贯彻公司的精神,我们更加坚持要做到——"新形象高品质",希望推出更贴心的服务及商品,让大众体会新竹货运 SD(营业司机)的蜕变,同时也改变对传统运输业的印象。

迅速(组织目的)——因应产业变迁、通路改变,能快速反应(QR),调整组织运作,符合客户的需求安全(品质目标承诺)。

确实——能安全确实的完成客户物流、信息流、资金流的需求。

亲切(客户期望)——亲切的态度是客户满意的开始,也是客户满意的关键。

2. 发展目标

远景——成为台湾地区产业界最佳物流伙伴(3PL),发展并提供国际性全方位物流服务。

使命——以客户及市场需求为导向,建构一个持续成长与创新的组织环境,与客户共同成长,分享成果。

目标——成为您最佳的物流伙伴。

三、企业形象设计

1. 孙悟空造型

公司的企业造型采用孙悟空图样,是基于孙悟空为中国乃至全世界均熟悉的中国文化代表性人物,老少皆知,可代表本公司的知名度及永续发展精神。

这就是新竹货运令人印象深刻,深植大众脑海的"运货孙悟空"LOGO。孙悟空的每一个动作都是代表着新竹货运对客户的承诺:迈步快跑代表新竹货运送货"迅速";双手拿货以确保货物"安全";孙悟空西方取经不失约乃是新竹货运对客户的服务"确实";面带微笑以显示新竹货运的服务"亲切"。

2. HCT 字体由来及意义

以新竹货运三个英文字的首写字母,与企业独特的经营理念与精神文化相组合,使之具体的传达出来,透过蕴含深义的视觉符号及色彩,唤起大众的共鸣与认同。

(1)以稳重明朗的色彩表现新竹货运的前瞻与未来

(2)以 HCT 的群体组合表示货物进出绵延不绝

(3)25 度斜度是代表跨越世纪的稳健成长

(4)雄壮规律的线条是超越时代迎向未来的表征

3. 企业识别体系主要色彩

在新竹货运的识别系统及车辆中均可看到明亮的绿、蓝结合的代表色彩,绿色代表"乡村",蓝色代表"都市",也就是意味着从乡村到都市到处都可以看到新竹货运。

四、物流通路整体服务

报关——拖柜——仓储——加工——运输——配送——收款——金融 EDI 汇款——信息流。

服务项目

① 仓储管理服务:仓储场地规划、出货单据处理、保全与保险规划、产品批号管制、进货验收、先进先出管理分类储存、出货数据管理库存管理、循环盘点订单处理、退货处理电子拣货处理、管理报告。

② 配送服务:指定配送、夜间配送、假日配送、代收货款、回单作业、当日配送、退货回收。

③ 全新的物流系统、仓储管理系统、运输配送管理系统、销售分析、账务系统、行政管理等管理系统、其他信息管理需求。

④ 信息系统服务:物流信息系统设计。

配合客户的需求规划出仓储加工、配送流程及资讯系统,量身订做,协助客户建立完整的 QR/ECR 快速反应物流系统,让客户的产品胜过同业。

五、员工满意制度

1. 福利项目

节庆——端午节、中秋节礼品/礼金。

生日礼品——具有纪念价值的礼物。

劳动节礼品——具特色的实用性礼品。

婚庆礼金——代表公司的祝福。

亲属丧葬礼金、丧葬慰问金——代表公司的致哀之意。

员工旅游补助——每年提供员工旅游补助。

退休员工海外旅游补助——以海外旅游体恤并感谢员工的辛劳付出。

不定期举办商品特卖会——提供物美、优质的日常生活用品。

2. 其他项目

薪资制度——"高于业界平均的薪资待遇"

营业前三个月薪资 45 000 台币(含奖金),通过研修认可及绩效考评制度,薪资范围至 54 000~82 000 台币(含奖金),如担任营业主任,薪资将达 90 000 台币,年薪百万。

升迁制度——"营业体系:SD 营业司机→营业主任→营业经理"

对于身为运输业核心人员的 SD(营业司机),公司建构出完整的升迁制度,SD 可凭个人的营业考核,并搭配完整的培训计划,参与储备主管研修等研修课程,可晋升为管理职等,种种的升迁规划皆在协助公司员工的发展。

3. 培训制度

优秀精良的员工，是企业最终能赢得竞争的核心利器，在与日本佐川急便技术合作之后，新竹货运的教育训练制度主要目的在于培养出优质的现代化运输服务及营业人员，不仅兼具良好的服务品质，还具有丰富的专业知识，为顾客提供最适切的服务。

完整的训练制度——完整的规划从职前训练、在职训练、在职进阶训练、专业强化训练、专业管理训练等多层的训练，加上依各功能单位不同所设计的职能别训练，建构出严谨的内训制度。加上依组织需求及员工发展目标而进行的各项外训活动、海外研修及语言训练，形成一套完整的训练制度。

对员工品质的坚持——从招募过程的筛选，到新进人员的职前集中训练及基本独立作业认可，公司坚持未通过认可的员工，将无法为客户提供服务，需经一再的训练直至通过认可为止，才具有服务及营业的资格。

坚强的训练人员阵容——全省六位专任讲师的巡回授课，十位后勤支持工作人员，加上资深专业的各单位一级主管，组成一个实力坚强的训练工作团队，制作出内容充实的训练手册与教材，落实整个内训的内容。

完善的训练设备——研修训练中心设有教室、宿舍、餐厅、休息室等硬件设施，并装有最先进的训练相关器材设备，提供员工一个最佳的学习环境，同时提高整体训练品质，达到最佳训练效果。

六、崭新的未来

1. "不只是货运"的整体流通服务公司

1938年成立的新竹货运，以完整的运输通路、仓储物流及信息系统组成的金三角为客户提供整体服务。除了发展依客户需求而量身订做的专业物流设计能力外，随着电子商务时代来临，更配合金融EDI转账，完成物流、商流、信息流、资金流的整体服务，成为"不只是货运"的流通服务公司。

2. IT新流通时代——新竹货运与日本运输业前三大的佐川急便技术合作打造全流程E服务。

新竹货运以60余年物流经营的厚实基础，结合佐川急便强大的IT技术能力，预计建构一个结合供货端、物流、宅配、电子商务的全方位服务性公司，也将为台湾物流运输产业，带来新的里程与视野。

3. 构筑E-commerce服务模式

"实体"的EC服务配送能力+"虚拟"的IT技术

新竹货运以实体的E-commerce服务模式，结合佐川急便强大的IT技术能力，建构出一个结合供货端、物流、宅配、电子商务等上下网络的全方位流通服务性公司，为台湾地区物流运输产业带来新的里程与视野。

第 5 章 航空货物运输管理

本章提要
- 航空运输概述
- 航空运输业务组织及管理

5.1 航空运输概述

5.1.1 航空运输业发展与展望

1. 国际航空运输的发展

世界航空运输的发展起步较晚,是在 20 世纪初开始的。世界上第一架飞机是在 1903 年由美国莱特兄弟发明创造的。1909 年,法国最先创办了商业航空运输,随后德、英、美等国也相继开办。然而,航空运输作为一种货物运输方式,是在第二次世界大战以后才开始出现的,但发展十分迅速,在整个运输中所占的地位日益显著,航空货物运输量亦在逐步增大。目前,全球约有 100 余家航空公司,30 000 余个民用机场,6 000 余架民用喷气式飞机,货运量日渐增多,航线四通八达,遍及全球各地。

航空运输从发明到成熟,短短的几十年时间里,除了经济发展的需要外,航空运输技术的发展、管理水平的发展和政府对航空运输的管制水平对它的影响也很大。在初创阶段和发展阶段航空运输的技术水平发展很快,正是因为技术的支持,才有了成熟期航空运力、运量的显著增长。但是持续发展的势头一度被航空运输管制政策所遏制。直到 1978 年美国国会批准出台的《航空公司放松管制法》(The Airline Deregulation Act of 1978)减少了政府对航空运输的限制,才使航空运输又进入了蓬勃发展的时期。目前阶段航空运输业竞争激烈,是世界航空大联盟的阶段,竞争的手段更依靠高科技的发展。因此发展趋势之一是信息化。计算机技术广泛应用:航空公司的订座、收益管理、航材管理、航班管理、机场管理、常客管理等都离不开计算机技术。发展趋势之二是国际大联盟。通过联盟扩大规模经济效益,提高服务品质,是航空运输不可避免的发展趋势。

2. 我国航空运输的发展

我国民用航空运输业经历了曲折而艰苦的创业历程。1949 年新中国成立后在中国共产党的领导下，我国民航才开始发展起来。而我国民航运输真正发展的历史，只有从1977年至今短短20年左右的时间，而且在世界民航高速发展的时期，我国正值战乱和战乱恢复时期，错过了与世界航空运输同步发展的大好时光。20世纪90年代，随着我国的经济高速发展，正当航空运输发展的时期，又遇上世界航空运输的变革期间，而我国航空运输却缺乏变革的基础和经验，国外先进的技术和经验，不可能照搬，因此我国高速发展后航空运输陷入了十分尴尬的局面。

目前我国民航运输增长速度过低，旅客运输量已低于国民经济增长速度，这种状况限制了民航为国家经济建设和改革开放服务的能力。

我国民航全国机队和航线网络规模大致相当于航空发达国家的一家航空公司，年人均乘坐飞机出行次数仅为0.04，航空运输客运量在国家交通运输体系中仅占0.44%的比重，通航城市不足全国城市数的1/4，通航国家不足已与我国目前签署双边航空协定国家的一半，与我国的大国地位很不相称。虽然1998年行业大滑坡的亏损势头已得到遏制，但亏损的危机依然存在。

3. 国际航空运输的发展趋势

（1）管理自由化。航空管理自由化主要是指改革国际航空运输的管理体制和方法。在ICAO第五次运输大会上提到了自由化在管理方面的7个关键问题，即航空承运人的所有权和控制权、市场准入、公平竞争、消费者利益、产品分销、争端解决和透明度等。需要进一步说明的是，在一国范围内，在经济全球化和国际航空运输自由化的大环境里，应该树立"行业一体化"的观念，一荣俱荣，一损俱损。

（2）产权多元化。20世纪80年代，除北美洲以外，世界上绝大部分航空公司的所有权都是属于本国政府的。私有化是指航空公司的所有权从政府持有转让给公众所有。有的全部出让，有的政府仍保留一部分股份。但若航空公司所有权全部私有化，则不利于树立"行业一体化"的观念。而产权多元化则有利于寻找战略投资伙伴，可促进航空公司的自身发展，有利于航空公司之间更密切的合作。中国东方、南方等航空公司上市，标志着中国的航空承运人在产权多元化的道路上迈出了一大步。

（3）产品顾客化。产品顾客化是现代市场营销观念的体现，它要求航空公司各个部门都以市场为导向，为产品顾客化各尽其责。

（4）市场全球化。经济全球化必然导致航空运输市场全球化。任何一家航空公司的航线覆盖率都是有限的，但是市场是可以扩张的，通过扩张航空公司实现全球化战略。

（5）航线网络化。航线网络化是航线结构发展的第三个阶段。20世纪40年代到70年代，是管制市场下的点到点航线；80年代是放松管制下的枢纽辐射式；90年代是航空市场呈现全球化趋势，同时又出现了国际航空联盟，航线结构进入网络化时代。

（6）企业联盟化。航空公司双边联盟是双赢之路，为了扩大市场规模，提高竞争能力许多航空公司结成联盟集团，简化管理程序，突出联合销售、新产品开发和服务一体化，使联盟集团的优势得到进一步发挥。

（7）经营数字化。20世纪，航空公司之间的较量是以资本为主的较量，21世纪则是信息技术的较量。目前处在由传统经济向新经济转变的时期，新经济的特点之一就是数字化。航空运输本身是高科技行业，航空运输经济必须以信息技术为基础，实现数字化经营，包括营销系统、运行系统、财务和行政管理系统的数字化等。电子网络营销是航空运输业的第二次革命，彻底改变了传统的销售模式。

（8）公司虚拟化。由于互联网的应用，使未来将出现虚拟的航空公司。这种公司没有自己的飞机，没有机组人员，没有维修和商务人员，但他们可以通过商业化的方式解决上述问题，经营定期和不定期航班。

5.1.2 航空运输的特点

航空货物运输是指使用商业飞机或其他航空器进行货物运输的运输活动，是一种安全迅速的运输方式。与其他运输方式相比，航空货物运输的特点有以下几方面：

（1）速度快。这是航空运输的最大特点和优势。喷气式飞机的巡航时1 000km左右，且距离越长，所能节省的时间越多，快速的优势也很显著。因而航空运输适用于中长距离的邮件运输、精密贵重货物和鲜活易腐物品的运输。

（2）机动性大。飞机在空中运行，受航线条件限制的程度相对较小，可跨越地理障碍将任何两地连接起来。航空运输的这一优点使其成为执行救援、急救等紧急任务中必不可少的手段。

（3）安全准确。航空运输管理制度比较完善，货物的破损率低，可保证运输质量，如使用空运集装箱，则更为安全。飞机航行有一定的班期，可保证按时到达。

（4）基本建设周期短、投资少。发展航空运输的设备条件是添置飞机和修建机场。这与修建铁路和公路相比，建设周期短、占地少、投资省、收效快。修铁路的投资是开辟航线的1.6倍，在运输能力相同的情况下，修铁路周期为5~7年，回收期为33年，开航线周期为2年，回收期为4年。

航空运输的主要缺点是飞机机舱容量和载重量都比较小，运载成本和运价比地面运输高。飞机飞行往往要受气象条件限制，因而影响了飞行的正常和准点性。此外，航空运输速度快的优点在短途运输中难以发挥。

5.1.3 国际航空运输组织

目前，全球约有1 000余家航空公司，30 000余个民用机场，6 000余架民用喷气式飞机，货运量日渐增多，航线四通八达，遍及全球各地。

1. 国际民用航空组织（ICAO, International Civil Aviation Organization）

国际民用航空组织成立于1944年4月4日，是联合国所属专门机构之一，也是政府间的国际航空机构。其总部设在加拿大的蒙特利尔,现有成员国150多个。其大会是最高权力机构,常设机构是理事会,由大会选出的成员国组成。我国是该组织的成员国,也是理事国之一。该组织的宗旨是发展国际航空的原则和技术,促进国际航空运输的规划和发展,以保证全世界国际民用航空的安全和有秩序的增长。

2. 国际航空运输协会（IATA, International Air Transport Association）

国际航空运输协会是各国航空运输企业之间的联合组织,其会员必须是国际民用航空组织成员国的空运企业。该协会于1945年4月16日于哈瓦那成立。其最高权力机构是一年一度的全体大会,大会选举执行委员会主持日常工作,下设财会、法律、技术和运输等委员会。国际航空运输协会是一个自愿参加、非排他的、非政府的民间国际组织。其主要任务有：

（1）促进安全、定期和经济的航空运输,以利世界人们扶助发展航空运输业以及研究与此有关的问题。

（2）提供各种方式,以促进直接或间接从事国际空运业务的空运企业之间的合作。

（3）促进与国际民用航空组织和其他国际组织的合作。

3. 国际货物运输代理协会（FIATA，International Federation of Freight Forwarders Association）

国际货物运输代理协会于1925年5月31日成立于维也纳,其目的是解决日益发展的国际货运代理业务所产生的问题。国际货物运输代理协会的会员不仅限于货运代理企业,还包括海关、船务代理、空运代理、仓库、卡车、集中托运等部门,因为这些部门都是国际运输的一部分。国际货物运输代理协会下设10个技术委员会,其中之一为航空学会。它的主要任务是促进和维护货运代理在航空货运方面的利益以及协调在世界范围内各国货运代理协会的活动。

5.2 航空运输业务组织及管理

5.2.1 航空货物运输方式

1. 班机运输

班机是指在固定的航线上定期航行的航班,所以,班机运输（Cheduled Airline）固定始发站、目的站和途经站。按照业务对象不同班机运输可分为客运航班和货运航班。客运航班一般采用客、货混合型飞机,一方面搭载旅客,另一方面运送小批量货物。货运航班只承揽货物运输,一般使用全货机。但考虑到货源方面因素,货运航班一般只由一些规模较大的航空公司在货运量较为集中的航线上开辟。

班机运输具有以下特点:

(1) 迅速准确。由于班机运输具有固定航线、固定的始发目的港、中途挂靠港,并具有固定的班期,它可以准确、迅速地将货物送到目的港。

(2) 方便货主。收发货人可以准确掌握货物的起运、到达时间,对于贸易合同的履行具有较高的保障。

(3) 舱位有限。由于班机运输大多采用客货混合机型,随货运量季节的变化会出现舱位不足现象,不能满足大批量货物及时出运要求,往往只能分批运送。

近年来随着航空运输业的发展,航空公司为实现航空运输快速、准确的特点,不断加强航班的准班率,并强调快捷的地面服务,在吸引传统的鲜活货物、易腐货物、贵重货物、急需货物的基础上,又提出为企业特别是跨国企业提供后勤服务,正努力成为跨国公司分拨产品、半成品的得力助手。

2. 包机运输

当货物量较大,当班机运输不能满足需要时,则采用包机运输(Chartered Carrier)。包机可分为整包机和部分包机两类。

(1) 整包机。整包机即租整架飞机,是指航空公司或包机代理公司,按照与租机人双方事先约定的条件和费率,将整架飞机租给租机人,从一个或几个航空港装运货物到指定目的港的运输方式。

整包机的费用是一次一议的,它随国际市场供求情况变化而变化。一般是按每飞行一公里固定费率收取费用,并按每飞行一公里费用的 80% 收取放空费。因此大批量货物使用包机时,要争取来回程都有货载,这样费用会降低。

(2) 部分包机。部分包机是指由几家航空货运公司(或发货人)联合包租一架飞机,或者由航空公司把一架飞机的舱位分别卖给几家航空货运公司的货物运输方式。

相对而言,部分包机适合于运送 1 吨以上货量不足整机的货物,在这种形式下,货物运费较班机运输低,但由于需要等待其他货主备好货物,因此运送时间要长。

由于包机运输可以由承租人自行设定航程的起止点和中途停靠港,因此灵活性高,但由于各国政府为了保护本国航空公司利益,常对从事包机业务的外国航空公司实行各种限制,例如申请入境、通过领空和降落地点等复杂繁琐的审批手续,大大增加了包机运输的营运成本。

3. 集中托运

集中托运是指集中托运人将若干批单独发运的货物组成一整批,向航空公司办理托运,采用一份航空总运单集中发运到同一目的站,由集中托运人在指定的目的地代理收货,再根据集中托运人签发的航空分运单分拨给各收货人的运输方式，也是航空货物运输中开展最为普遍的一种运输方式。

与货运代理人不同，集中托运人的地位类似多式联运中的多式联运经营人。他承担的责任不仅仅是在始发地将货物交给航空公司，在目的地提取货物并转交给不同的收货人，而是承担了货物的全程运输责任，且在运输中具有双重角色。他对各个发货人负货物运输责任，地位相当于承运人，而在与航空公司的关系中，他又被视为集中托运的一整批货物的托运人。其各关系方承担的责任如图5-1所示。

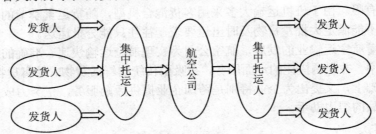

图5-1　空运当事人责任划分

集中托运作为最主要的一种航空货运方式给托运人带来了极大的便利，主要表现在：

（1）更为低廉的费率。由于航空运费的费率随托运货物数量增加而降低，因此，当集中托运人将若干小批量货物组成一大批出运时，能够争取到更为低廉的费率。集中托运人会将其中一部分支付目的地的代理费用，另一部分会返还给托运人以吸引更多的客户，其余的作为集中托运人的收益。

（2）更高的服务质量。集中托运人的专业性服务也会使托运人受益，这包括完善的地面服务网络、拓宽了的服务项目以及更高的服务质量。

（3）更快的资金周转。因为航空公司的主运单与集中托运人的分运单效力相同，集中托运形式下托运人结汇的时间提前，资金的周转加快。

但是，集中托运也有它的局限性，主要表现在：

（1）贵重物品、危险品活动物、外交信袋、一级文物等不能办理集中托运。

（2）由于集中托运的情况下，货物的储运时间不能确定，因此，不适合易腐烂变质的货物、紧急货物或其他对时间要求高的货物的运输。

（3）对可以享受航空公司优惠运价的货物来讲，使用集中托运的形式可能不仅不能享受到运费的节约，反而使托运人运费负担加重。

4. 航空快递

航空快递业务又称快件、快运或速递业务，是由专门经营该项业务的航空货运公司派专人用最快的速度，在货主、机场、用户之间传送急件的运输服务业务。

航空快递的主要业务形式。

(1) 门/桌到门/桌。门/桌到门/桌的服务形式是航空快递公司最常用的一种服务形式。首先由发件人在需要时电话通知快递公司,快递公司接到通知后派人上门取件,然后将所有收到的快件集中到一起,根据其目的地分拣、整理、制单、报关、发往世界各地,到达目的地后,再由当地的分公司办理清关、提货手续,并送至收件人手中。在这期间,客户还可依靠快递公司的电脑网络随时对快件(主要指包裹)的位置进行查询,快件送达之后,也可以及时通过电脑网络将消息反馈给发件人。

(2) 门/桌到机场。与前一种服务方式相比,门/桌到机场的服务是指快件到达目的地机场后,不是由快递公司去办理清关、提货手续并送达收件人的手中,而是由快递公司通知收件人自己去办理相关手续。采用这种方式的大多是海关有特殊规定的货物或物品。

(3) 专人派送。所谓专人派送是指由快递公司指派专人携带快件在最短时间内将快件直接送到收件人手中。这是一种特殊服务,一般很少采用。

以上三种服务形式相比,门/桌到机场形式对客户来讲比较麻烦,专人派送最可靠,最安全,同时费用也最高,而门/桌到门/桌的服务介于上述两者之间,适合绝大多数快件的运送。

航空快递的特点。

航空快递在很多方面与传统的航空货运业务、邮政运送业务有相似之处,但作为一项专门的业务,它又有独到之处。

① 收件的范围不同。航空快递的收件范围主要有文件和包裹两大类。其中文件主要是指商业文件和各种印刷品,对于包裹一般要求毛重不超过 32kg(含 32kg)或外包装单边不超过 102cm,三边相加不超过 175cm。近年来,随着航空运输行业竞争更加激烈,快递公司为吸引更多的客户,对包裹大小的要求趋于放松,而传统的航空货运业务以贸易货物为主,规定每件货物体积不得小于 5cm×10cm×20cm。邮政业务则以私人信函为主要业务对象,对包裹要求每件重量不超过 20kg,长度不超过 1m。

② 经营者不同。经营国际航空快递的大多为跨国公司,这些公司以独资或合资的形式将业务深入世界各地,建立起全球网络。航空快件的传送基本都是在跨国公司内部完成,而国际邮政业务则通过万国邮政联盟的形式在世界上大多数国家的邮政机构之间取得合作,邮件通过两个以上国家邮政当局的合作完成传送。国际航空货物运输则主要采用集中托运的形式,或直接由发货人委托航空货运代理人进行,货物到达目的地后,再通过发货地航空货运代理的关系人代为转交货物到收货人的手中。业务中除涉及航空公司外,还要依赖航空货运代理人的协助。

③ 经营者内部的组织形式不同。邮政运输的传统操作理论是接力式传送。航空快递公司则大多采用中心分拨理论或称转盘分拨理论组织起全球的网络。也就是快递公司根据自己业务的实际情况,在中心地区设立分拨中心,各地收集起来的快件按所到地区分拨完毕,装上飞机。当晚各地飞机飞到分拨中心,各自交换快件后飞回。第二天清晨,快件再由各

地分公司用汽车送到收件人办公桌上。这种方式可以减少中间环节，快件的流向简单清楚，减少了错误，提高了操作效率，缩短了运送时间。

④ 使用的单据不同。航空货运使用的是航空运单，邮政使用的是包裹单，航空快递业也有自己独特的运输单据——交付凭证。交付凭证一式四份：第一联留在始发地并用于出口报关；第二联贴附在货物表面，随货同行，收件人可以在此联签字表示收到货物（交付凭证由此得名），但通常快件的收件人在快递公司提供的送货记录上签字，而将此联保留；第三联作为快递公司内部结算的依据；第四联作为发件凭证留存发件人处，同时该联印有背面条款，一旦产生争议时可作为判定当事各方权益、解决争议的依据。

⑤ 航空快递的服务质量更高。主要体现在以下几个方面。

速度更快。一般洲际快件运送在1~5天内完成；地区内部只要1~3天。这样的传送速度无论是传统的航空货运业还是邮政运输都是很难达到的。

更加安全、可靠。在航空快递形式下，快件运送自始至终是在同一公司内部完成，各分公司操作规程相同，服务标准也基本相同，而且同一公司内部信息交流更加方便，对客户的高价值、易破损货物的保护也会更加妥善，所以运输的安全性、可靠性也更好。与此相反，邮政运输和航空货物运输因为都牵扯不止一位经营者，各方服务水平参差不齐，所以较容易出现货损货差的现象。

更方便。航空快递不止涉及航空运输一种运输形式，它更像是陆空联运，通过将服务由机场延伸到客户的仓库、办公桌，航空快递真正实现了门到门服务，方便了客户。此外，航空快递公司对一般包裹代为清关，针对不断发展的电子网络技术，又率先采用了EDI报关系统，为客户提供了更为便捷的网上服务，快递公司特有的全球性电脑跟踪查询系统也为有特殊需求的客户带来了极大的便利。

航空快递同样有自己的局限性，如快递服务所覆盖的范围不如邮政运输广泛。国际邮政运输综合了各国的力量，可以这样说，有人烟的地方就有邮政运输的足迹，但航空快递毕竟是靠某个跨国公司的一己之力，因此，各快递公司的运送网络只能包括那些商业发达、对外交流的地区。

5.2.2 国际航空货物运输业务

1. 出口货物运输流程及单证流转

航空货物出口程序是指航空货运公司从发货人手中接货到将货物交给航空公司承运这一过程所需通过的环节、所需办理的手续以及必备的单证，它的起点是从发货人手中接货，终点是货交航空公司。其操作流程如图5-2所示。

（1）托运受理。托运人即发货人。发货人在货物出口地寻找合适的航空货运公司，为其代理空运订舱、报关、托运业务。航空货运公司根据自己的业务范围、服务项目等接受托运人，以此作为委托与接受委托的依据，同时，提供相应的装箱单、发票。

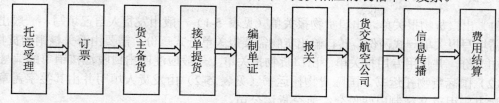

图 5-2　出口货物流程

（2）订舱。航空货运公司根据发货人的要求及货物本身的特点（一般来说，非紧急的零散货物可以不必预先订舱），填写民航部门要求的订舱单，注明货物的名称、体积、质量、件数、目的港、时间等，要求航空公司根据实际情况安排航班和舱位，也就是航空货运公司向航空公司申请运输并预订舱位。

（3）货主备货。航空公司根据航空货运公司填写的订舱单安排航班和舱位，并由航空货运公司及时通知发货人备单、备货。

（4）接单提货。航空货运公司去发货人处提货并送至机场，同时要求发货人提供相关单证，主要有报关单证，例如报关单、合同副本、商检证明、出口许可证、出口收汇核销单、配额许可证、登记手册、正本的装箱单、发票等。

对于通过空运或铁路等其他运输方式从内地运往境外的出口货物，航空货运公司可按发货人提供的运单号、航班号及接货地点、接货日期代其提取货物。

（5）缮制单证。航空货运公司审核托运人提供的单证，缮制报关单，报海关初审。

缮制航空货运单，要注明收货人和发货人名称、地址、联络方法、始发港及目的港，货物的名称、件数、质量、体积、包装方式等并将收货人提供的货物随行单据订在运单后面。如果是集中托运的货物，要制作集中托运清单、航空分运单，一并装入一个信袋，订在运单后面。将制作好的运单标签粘贴或拴挂在每一件货物上。

（6）报关。持缮制完的航空运单、报关单、装箱单、发票等相关单证到海关报关放行。海关将在报关单、运单正本、出口收汇核销单上盖放行章，并在出口产品退税的单据上盖验讫章。

（7）货交航空公司。将盖有海关放行章的航空运单与货物一起交给航空公司，由其安排航空运输，随附航空运单正本、发票、装箱单、产地证明、品质鉴定书等。航空公司验收单、货无误，在交接单上签字。

（8）信息传递。货物发出后，航空货运公司及时通知国外代理收货。通知内容包括航班号、运单号、品名、数量、质量、收货人的有关资料等。

（9）费用结算。最后是费用结算问题。费用结算主要涉及发货人、承运人和国外代理三个方面与发货人的结算，即向发货人收取航空运费、地面运费及各种手续费、服务费，向承运人支付航空运费并向其收取佣金，可按协议与国外代理结算到付运费及利润分成。

2. 出口业务主要单证

（1）出口货物报关单。出口货物报关单（见表 5-1）一般由发货人自己填写。一般出口货物需填写报关单一式两份，转口输出货物需要报关单一式三份，需要由海关核销的货物，则增加一份，并使用专用报关单。出口货物报关单上一般应注明出口收汇核销单的编号。

（2）国际货物托运书。国际货物托运书（见表 5-2）由发货人填写并由其签字盖章，该托运书需用英文缮制出两份交给航空货运公司。

表 5-1　出口货物报关单

中华人民共和国海关出口货物报关单（格式）

预录编号：					海关编号：	
出口口岸		备案号	出口日期		申报日期	
经营单位		运输方式	运输工具名称		提运编号	
发货单位		贸易方式	征免性质		结汇方式	
许可证号		运抵国（地区）	指运港		境内货源地	
批准文号		成交方式	运费	保费	杂费	
合同协议号		件数	包装种类	毛重（kg）	净重（kg）	
集装箱号		随附单据	生产厂家			
标记唛码及备注						
项号	商品编号	商品名称	规格号	数量及单位	最终目的国（地区）	单价　总价　币制　征免
税费征收情况						
录入员　录入单位		兹声明以上申报无讹并承担法律责任		海关审批批注及旅行日期（签章）		
				审单	审价	
				征税	统计	
报关员				查验	放行	
单位地址		申报单位（签章）				
邮编　电话		填制日期				

表 5-2 国际货物托运书

中国国际航空公司
AIRCHINA
国际货物托运书（格式）　　　货运单号码：

托运人姓名及地址 SHIPPER'S NAME AND ADDRESS	托运人账号 SHIPPER'S ACCOUNT NUMBER	供承运人用 FOR CARRIER USE ONLY	
		航班/日期 FLIGHT/DAY	航班/日期 FLIGHT/DAY
收货人姓名及地址 CONSIGNEE'S NAME AND ANDRESS	收货人账号 CONSIGNEE'S ACCOUNT NUMBER	已预留吨位 BOOKED	
		运费 CHARGES	
代理人的名称和城市 Issuing Carrier Agent Name and City		ALSO notify:	
始发站 AIPPORT OF DEPARTUER			
到达站 AIPPORT OF DESTINATION			

托运人声明及价值 SHIPPER'S DECLARED VALUE		保险金额 AMOUNT OF INSURANCE	所附文件 DOCUMENTS TO ACCOMPANY AIR WAYBILL
供运输用 FOR CARRIAGE	供海关用 FOR CUSTOMS		

处理情况（包括包装方式货物标志及号码等）
HANDLING INFORMATION（INCl.ME THOD OF PACKING IDENTIFYING MARKS AND NUMBERS.ETC）

件数 NO.OF PACKAGES	实际毛重（kg） ACTUAL CROSS WEIGHT（kg）	运价类别 RATE CLASS	收费重量（kg） CHARGEABLE WEIGHT（kg）	费率 RATE/CHARGE	货物品名及数量（包括体积或尺寸） NATURE AND QUANTITY OR GOODS（INCl.DIMENSIONS OF VOLUME）

托运人证实以上所填全部属实并愿遵守承运人的一切载运章程
THE SHIPPER CERTIFIES THAT THE PARTICULARS ON THE FACE HEREOF ARECORRECT AND AGEES TO THE CONDITIONS OF CARRIAGE OF THE CARRIER

托运人签字 SIGNATURE OF SHIPPER	日期 DATE	经手人 AGENT	日期 DATE

（3）装箱单及发票。装箱单上应注明货物的唛头、体积、质量、数量及品名等。

发票上应注明收货人和发货人名称、地址，货物的品名、单价、总价、原产国家等。装箱单和发票都必须由发货人签字盖章。

（4）航空运单。航空运单分为航空总运单和分运单两种，是航空运输中最重要的单据。它是承运人或代理人出具的一种运输合同，但不能作为物权凭证，是一种不可议付的单据。

（5）商检证明。出口货物的商检分为法定商检（表5-3）和合同商检（表5-4）。法定商检是指国家为维护出口商品质量，而规定某些商品出口必须经过商检机构商检并出具检验证书；合同商检是指进口商为保证商品质量而要求出口方出具的商检证书。

表5-3 商检证明（出口）

中华人民共和国出入境检验检疫

出境货物通关单（格式）

编号：

1. 发货人		5. 标记及号码
2. 收货人		
3. 合同/信用证号	4. 输往国家或地区	
6. 运输工具名称及号码	7. 发货日期	8. 集装箱规格及数量
9. 货物名称及规格	10. H.S.编码	11. 申报总值	12. 数/重量.包装数量及种类

13. 证明

上述货物业经检验检疫，请海关予以放行。

本通关单有效期至　　年　月　日

签字：　　　　日期：　　年　月　日

14. 备注

C　7923718　　　　　①货物通关　　　　　[2-2（2000.1.1）]

表5-4 商检证明（出口）

中华人民共和国进出口商品检验局
BEIJING IMPORT & EXPORT COMMODITY INSPECTION BUREAU OF THE PEOPLE'S REPUBLIC OF CHINA

检验证书（格式）
INSPECTION CERTIFICATE

地址：　　　　　　　　　　　　　　　　　　NO.
Address:　　　　　　　　　　　　　　　　　日期
电报：　　　　　　　　　　　　　　　　　　Date
Cable:

电话：
TEL.

受货人：
Consignor:

品名：
Commodity:

报验数量/重量：
Quantity:/Weight

申报价格：
Declared:

运输：
Transportation:

进口日期：
Date of Arrival:

卸毕日期：
Date of Completion of Discharge:

发票号：
Invoice No.:

合同号：
Contract No.:

标记及号码：
Mark&No.:

商检证书是出口业务中十分重要的单证，使用范围广泛，几乎每票出口货物都需要。常见的检验证书有：品质检验证书、质量检验证书、数量检验证书、卫生检验证书、兽医检验证书、防毒检验证书、产地检验证书等。

（6）出口许可证。凡出口国家限制出口的商品均应向出境地海关交验出口许可证。我国实行出口许可证管理的商品主要有：珍贵稀有野生动植物及其制品、文物、金银制品、精神药物、音像制品等。

（7）出口收汇核销单。我国出口收汇管理办法于1991年1月1日起实施。出口收汇核销单由出口单位向当地外汇管理部门申领，出口报关时交出境地海关审核。核销单上需加盖外汇管理部门的"监督收汇章"和出口单位的公章。

（8）配额许可证。我国自1979年以来，先后与美国、加拿大、挪威、瑞典、芬兰、奥地利以及欧盟签订了双边纺织品贸易协定，这些国家对从我国进口纺织品的数量和品种进行限制。因此，凡向上述国家出口纺织品必须向外经贸部申领纺织品配额许可证。

（9）登记手册。凡以来料加工、进料加工和补偿贸易等方式出口的货物，均需向海关交验《登记手册》。

3. 进口货物运输流程及单证流转

航空货物进口程序是指航空货物从入境到提取或转运的整个过程中所需通过的环节、所需办理的手续以及必备的单证。航空货物入境后，要经过各个环节才能提出海关监管场所，而每经过一道环节都要办理一定的手续。同时，出具相关的单证，例如商业单据、运输单据及所需的各种批文和证明等。在入境地海关清关的进口货物，流程如图5-3所示。

（1）到货。航空货物入境后，即处于海关监管之下，相应的货物存在海关监管仓内。同时，航空公司根据运单上的收货人发出到货通知。若运单上的第一收货人为航空货运公司，则航空公司会把有关货物运输单据交给航空货运公司。

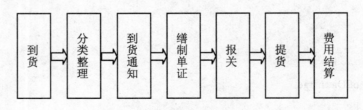

图 5-3 进口货运流程

（2）分类整理。航空货运公司在取得航空运单后，根据自己的习惯进行分类整理，其中集中托运货物和单票货物、运费预付和运费到付货物应区分开来。

集中托运货物需对总运单项下的货物进行分拨，对每一分运单的货物分别处理。分类整理后，航空货运公司可对每票货物编上公司内部的编号，以便于用户查询和内部统计。

（3）到货通知。航空货运公司根据收货人资料寄发到货通知，告知其货物已到港，催促其速办报关、提货手续。

（4）缮制单证。根据运单、发票及证明货物合法进口的有关批文缮制报关单，并在报关单的右下角加盖报关单位的报关专用章。

（5）报关。将制作好的报关单连同正本的货物装箱单、发票、运单等递交海关，向海关提出办理进口货物报关手续。海关在经过初审、审单、征税等环节后，放行货物。只有经过海关放行后的货物才能提出海关监管场所。

（6）提货。凭借盖有海关放行章的正本运单到海关监管场所提取货物并送货给收货人，收货人也可自选提货。

（7）费用结算。货主或委托人在收货时，应结清各种费用，如付运费、报关费、仓储费、劳务费等。

4. 进口业务主要单证

（1）进口货物报关单。进口货物报关单与出口货物报关单格式大体相同。报关单是货物办理报关手续时的必备文件。

（2）装箱单、发票。与出口业务的装箱单、发票相同。

（3）航空运单。

（4）进口许可证。凡进口国家限制进口的商品，均需申领进口许可证。我国属于进口许可证管理的商品很多，可参阅中国海关总署公布的"实行进口许可证商品目录"。

（5）商检证明。凡进口属于法定商检的商品均需向海关交验国家商检机构及有关检验部门出具的检验证书。

（6）其他单证。对于其他特殊货物或特殊情况应依海关规定提交不同的文件、证明、单证，如无线电管委会证明、登记手册、减免税证明、保证函、赠送函、接收函等。

5.2.3　国内航空货物运输业务

1. 航空货物托运

（1）托运手续。托运人托运货物应填写《国内货物托运书》，并持有单位介绍信和个人身份证。托运活体动物、植物须事先办妥卫生检疫等与运输有关的手续。鲜活易腐物品、动物紧急办理托运手续。托运部门规定限制运输的货物以及需经公安、检疫等有关部门检查和检验的货物，应当随附有效证明。为了保证航空运输安全，中国各航空公司工作人员有权对托运人交运的货物进行安全检查。

（2）包装。货物的包装要坚固、完好、轻便，符合全程运输要求。动物、鲜活易腐物品、贵重物品等特种货物的包装应符合对各种货物特定的要求。每件货物的外包装应详细注明收货人和托运人的姓名、地址、储运要求，原有的旧标志须清除干净。

（3）体积与重量。货物重量按毛重计算，计量单位为 kg。重量不足 1kg 的尾数四舍五入。每张航空货运单的货物重量不足 1kg 时，按 1kg 计算。贵重物品按实际毛重计算，精确到 0.1kg。非宽体飞机载运的货物，每件货物重量一般不超过 80kg。体积一般不超过 40cm×60cm×100cm。宽体飞机载运的货物，每件货物重量一般不超过 250kg，体积一般不超过 100cm×100cm×140cm，超过以上重量和体积的货物，承运人可依据机型及出发地和目的地机场的装卸设备条件，确定可收运货物的最大重量和体积。每件货物的长、宽、高之和不得小于 40cm。每千克货物体积超过 6 000cm^3 的为轻泡货物。轻泡货物以每 6 000cm^3 折合 1kg 计重。

2. 航空货物的交付

（1）货物提取。货物到达目的站后，中国各航空公司货运部门根据货运单所列收货人姓名、地址，用到货通知单或电话通知收货人提货。收货人凭单位介绍信、到货通知单或货运单联和本人有效身份证件到各公司指定的提货地点办理提货手续。如收货人委托他人提货时，须凭到货通知单或货运单联和货运单指定的收货人及被委托人的居民身份证或其他有效身份证件提货。收货人在提取货物前须付清相关费用（如到付运费、保管费等）。

发现货物短缺、损坏时，应当会同收货人当场查验，必要时填写货物运输事故记录，并由双方签字或盖章。收货人提货时，对货物外包装状态或重量如有异议，应当场提出查验或者重新过秤核对。收货人提取货物后并在货运单上签收而未提出异议，则视为货物已经完好交付。

危险物品自发出到货通知的次日起免费保管三日，超过免费保管期限的，按货物的重量，每日每千克收取保管费 0.50 元，保管期不足一日按一日计算。每份货运单最低收取保管费 10.00 元。

凡需冷藏的鲜活易腐、低温、冷冻物品，自航班到达后，免费保管 6h，超过 6h 的按货物的计费重量，每日每千克收取保管费 0.50 元，保管期不足一日按一日计算。每份货运单最低收取保管费 10.00 元。

（2）无法交付货物及其处理。货物自发出到货通知的次日起 14 日无人提取，到达站应当通知始发站，征求托运人对货物的处理意见；满 60 日无人提取又未收到托运人的处理意见时，按无法交付货物处理。对无法交付货物，应当做好清点、登记和保管工作。凡属国家禁止和限制运输物品、贵重物品及珍贵文史资料等货物，应当无价移交国家主管部门处理；凡属一般的生产、生活资料，应当作价移交有关物资部门或商业部门；凡属鲜活、易腐或保管有困难的物品，可由承运人酌情处理。如作毁弃处理，所产生的费用由托运人承担。经作价处理的货款，应当及时交承运人财务部门保管。从处理之日起 90 日内，如有托运人或收货人认领，扣除该货的保管费和处理费后的余款退给认领人；如 90 日后仍无人认领，应当将货款上交国库。对于无法交付货物的处理结果，应当通过始发站通知托运人。

5.2.4 航空货物运输业务费用与运价

航空货物运价是指承运人为运输货物对规定的质量单位（或体积或货物的价值）所收取的费用。运价包括起运地机场至目的地机场间的空中费用，但不包括承运人、代理人或托运人收取的其他费用。运费是指根据适用的运价所计算的托运人或收货人应、支付的每批货物的运输费用。

1. 国际航空货物运费

（1）航空运输区划。航空公司是按国际航空运输协会所制定的三个区划费率来收取国际航空运费的：一区主要指南美洲、北美洲、格陵兰等；二区主要指欧洲、非洲、伊朗等；三区主要指亚洲、澳大利亚、新西兰等。

（2）计费重量。在实际计算一笔航空货物运输费用时，要考虑货物的计费重量、运价、费用以及货物声明价值。其中，计费重量是按实际重量和体积重量两者之中较高的一个计算，也就是在货物体积小、重量大时，以实际重量作为计费重量；在货物体积大、重量轻的情况下，就以货物的体积重量作为计费重量。

① 实际重量。实际重量是指一批货物包括包装在内的实际总重量。凡重量大而体积相对小的货物，用实际重量作为计费重量。具体计算时，重量不足 0.5kg 的按 0.5kg 计；0.5kg 以上不足 1kg 的按 1kg 计；不足 1 lb（1 lb=0.453 6 kg）的按 1 lb 计算。

② 体积重量。对于货物体积大而重量相对小的称为轻泡货物。体积重量的计算方法是：分别量出货物的最长、最宽和最高的部分，三者相乘算出体积，尾数四舍五入；然后将体积折算成千克（或磅）。

国际航空货物运输组织规定，在计算体积重量时，以 7 000 cm^3 折合为 1kg。我国民航则规定以 6 000cm^3 折合为 1kg 为计算标准。如一批货物体积为 21 000cm^3，实际重量为 2kg，则按国际航空货物运输组织规定的其体积重量为 21 000÷7 000＝3kg。计费重量是按货物的实际毛重和体积重量两者中较高的一个计算，如上例中以 3kg 计费。当一批货物由几件不同货物所组成，如集中托运的货物有重货也有轻泡货，其计费重量采用整批货物的总毛重或总的体积重量两者之中较高的一个计算。

例如：一批货物的总毛重为 500kg，总体积为 3 817 800cm^3，航空公司便要按 636.5kg 计收运费。尾数不足 0.5kg 的按 0.5kg 计，超过 0.5kg 的按 1kg 计。

2. 国际航空货物运价

（1）普通货物运价（缩写 GCR）。普通货物运价，又称一般货物运价，它是为一般货物制定的，仅适用于计收一般普通货物的运价。一般普通货物运价，以 45kg 作为重量划分点。分为：45kg（或 100 lb）以下的普通货物运价，运价类别代号为 N；45kg（或 100 lb）及 45kg（或 100 lb）以上的普通货物运价，运价类别代号为 Q。

（2）等级货物运价（缩写 CCR）。等级货物运价是指适用于规定地区或地区间指定等级的货物所适用的运价。

等级货物运价是在普通货运价的基础上增加或减少一定百分比而构成的。等级货物运价的种类主要包括：等级运价加价用"S"表示，适用商品包括活动物、贵重物品、尸体等，这类物品的运价按 45kg 以下的普通货物运价的 200%计收；等级运价减价用"R"表示，适用商品包括报纸、杂志、书籍及出版物、作为货物托运的行李，这类物品的运价是按 45kg 以下的普通货物运价的 50%计收。

（3）特种货物运价（缩写 SCR）。特种货物运价，又称指定商品运价，是指自指定的始发地至指定的目的地而公布的适用于特定商品、特定品名的低于普通货物运价的某些指定商品的运价。

特种货物运价是由参加国际航空协会的航空公司根据在一定航线上有经常性特种商品运输的发货人的要求，或者为促进某地区的某种货物的运输，向国际航空协会提出申请，经同意后制定的。

（4）国际航空运价的选择。一般先使用特种货物运价，其次是等级运价，最后是普通货物运价。当使用等级运价或普通货物运价计算出的运费低于按特种货物运价计算出的运费时，则可使用等级运价或普通货物运价。

（5）有关运价的其他规定

① 起码运费。起码运费是航空公司承运一批货物所能接受的最低运费，不论货物的重量或体积大小，在两点之间运输一批货物应收的最低金额。起码运费的类别代号为 M。它是针对航空公司为承运一批货物或承运一单量很小的货物，而必须产生的固定费用所制定的运费，当计算出的货物运价少于起码运费时就要收取起码运费。

不同的国家和地区有不同的起码运费。中国民航的起码运费是按货物从始发港到目的港之间的普通货物运价 5kg 运费为基础，或根据民航和其他国家航空公司洽谈同意的起码运费率征收的。

② 声明价值费。按华沙公约规定，对由于承运人的失职而造成的货物损坏、丢失或错误等所承担的责任，其赔偿的金额为每千克 20 美元。若要求按货物的价值赔偿，则需由托运人在付运费的同时向承运人另外支付一笔声明价值费。声明价值费的计算方法为：

声明价值费＝（整批货物的声明价值－20 美元×货物毛重）×0.5%

③ 运费到付服务费。货到付款是由承运人接受发货人的委托在货物到达目的地交给收货人后，代为收回运单上规定的余额，承运人则按货到付款金额收取规定的劳务费用。

运费到付服务费的收取方法如下：

凡是运费到付的服务费，应按货运单上重量计算的运费和声明价值费总额的 2%收取，最低运费到付服务费为 10 美元。

例如：某公司从美国费城运送一箱仪器到北京，要求运费到付，货物重量为 30 kg，自费城到北京 45kg 以下运价为 11 美元，计算我方应收取的到付服务费。具体方法为：

运费＝（30×11）美元＝330 美元，其他费用 75 美元，合计 405 美元。

运费到付服务费＝（405×2%）美元＝8.1 美元，因 8.1 美元低于最低标准，所以应收运费到付服务费 10 美元。

3. 国内航空货物运费

(1) 国内航空货物运价类别

① 普通货物运价。普通货物运价主要包括：基础运价（代号 N），民航总局统一规定各航段货物基础运价，基础运价为 45kg 以下普通货物运价，金额以角为单位；重量分界点运价（代号 Q），国内航空货物运输建立 45kg 以上，100kg 以上，300kg 以上三级重量分界点及运价。

② 等级货物运价（代号 S）。急件、生物制品、珍贵植物和植物制品、活体动物、骨灰、灵柩、鲜活易腐物品、贵重物品、枪械、弹药、押运货物等特种货物实行等级货物运价，按照基础运价的 150%计收。

③ 指定商品运价（代号 C）。对于一些批量大、季节性强、单位价值低的货物，航空公司可申请建立指定商品运价。

④ 最低运费（代号 M）。这是航空公司办理一票货物所能接受的最低价格，每票国内航空货物最低运费为人民币 30 元。

⑤ 集装箱货物运价。以集装箱、集装板作为一个运输单元运输货物可申请建立集装货物运价。

(2) 国内航空货物运价使用规则

① 直达货物运价优先于分段相加组成的运价。

② 指定商品运价优先于等级货物运价和普通货物运价。

③ 等级货物运价优先于普通货物运价。

(3) 国内航空货物运费计费规则

① 货物运费计费以"元"为单位，元以下四舍五入。

② 最低运费，按重量计得的运费与最低费相比取其高者。

③ 按实际重量计得的运费与按较高重量分界点运价计得的运费比较取其低者。

④ 分段相加组成运价时，不考虑实际运输路线，不同运价组成点组成的运价相比取其低者。

(4) 国内航空货物运费计算公式：航空运费＝计费重量×适用运价率

5.3 复习思考题

1. 什么叫班机运输？

2. 什么是包机运输?
3. 什么是航空主运单?
4. 集中托运是一种什么运输方式?
5. 什么是航空分运单?
6. 航空货物运输的当事人有哪些?
7. 国际、国内航空货物运输的运价是如何确定的?
8. 简述航空货物运输的进出口流程。
9. 简述国际航空运输未来发展的趋势。

案例分析　　国际巨头角逐中国航空物流市场

2005年4月6日,美国联合包裹(UPS)率先开通了中国广州——美国安克雷奇的直飞航线,成为第一家落户广州新白云机场的国际快递公司。同时,白云机场方面还透露,联邦快递(FedEx)在广州白云机场建立亚太快件转运中心事宜已基本商定,双方可能于今年签署协议。国际多家快递企业在中国航空快递市场的新一轮竞争将由此拉开序幕,中国航空物流市场孕育着新的变革。

一、开放政策增加商机

按照中国加入世贸组织的承诺,在2004年12月底,中国物流市场全面放开。从2005年12月11日起,外资公司将可在中国独资经营国际快递业务。越来越开放的政策为国际快递巨头争夺中国航空快递市场提供了良好的竞争环境。

同时,中国经济的快速发展也是几家国际快递公司进一步展开中国攻势的主要诱因之一。据统计,目前珠江三角洲地区已经成为全球发展最迅速的生产中心之一,其对外贸易量占我国外贸总量的30%~40%。2004年我国民航完成货邮吞吐量276.7万吨,同比增长26.3%。长江三角洲地区占全国航空货运份额首位,珠江三角洲地区由于受到香港机场的分流影响,位居其后,年航空货运总量在300万吨左右。此外根据国际航协的预测,中国国际快递市场总值每年约为50亿元人民币,并将以每年20%以上的速度增长,航空快递产品占整个航空货运市场的比例也将从现在的10%上升到20年后的31%。

二、多种形式抢占市场

巨大的市场意味着巨大的商机,政策的变化也带来了竞争环境的转变,各大国际快递巨头都意识到了这一点,纷纷通过增加航线、拓展经营模式、提升机构等方式,为抢占市场有利位置而未雨绸缪。

受益于2004年6月中美新航权协议的签署,美国两大快递巨头联邦快递和联合包裹开始了新一轮的中国航线争夺战。2005年3月1日,FedEx开辟了每周6班连接上海至欧洲法兰克福的直航航线,使其西行环球航线贯通。公司表示,东行环球航线也将在今年开通,中国成为联邦快递全球网络上不可或缺的节点。

2005年4月6日，UPS开通美国与广州间的直航航班，每周6班，并计划在2006年增加至每日1班，率先占领广州市场。同时，公司还将在明年继续增加至上海的航班数量，届时航班将从目前的每日1班增加到每周9班。

荷兰天地快运（TNT）决定在中国推行快递、物流和直邮"三体合一"的运作模式，并计划在未来3至5年内在中国增加2亿欧元的投资，用于增加物流设施和培训员工。TNT预计，到2010年，他们在华分支机构将从2005年的25家增至100家，仓库面积增至325万平方米，将建成拥有2 500辆车的运输车队，为中国1 000个城市提供物流、快递和直邮服务。

早在2004年，敦豪（DHL）就已经在中国市场开始了新一轮行动。2004年5月DHL小心翼翼地打政策的"擦边球"，推出两项国内包裹快递业务，把自己定位在不与EMS发生正面冲突的角色上。同时，DHL的母公司德国邮政董事会决定，未来5年内将再向中国投资2.15亿欧元，扩大和完善在中国的4个口岸作业中心，增设14家分公司，建3个快递物流中心和16个战略备件中心。

三、"联姻"与"单飞"的选择

随着中国航空物流市场开放程度的不断加大，几大国际快递巨头也开始调整在中国的资本运作方式。

2004年12月，UPS出资1亿美元从中外运"赎身"，迈出在中国独资经营的第一步从2005年1月1日起，UPS首先获得上海、广州、深圳、天津和青岛5个城市合资业务的直接控制权，并在2006年年底取得全国23个地区200多个城市国际快递业务的独立经营权。通过对网络的直接掌控，UPS在中国的包裹运输网络建设得以进一步增强，并通过增加印有品牌标志的运输工具和穿着UPS制服的员工提升公司的品牌知名度。

而早在2003年，TNT就结束了与中外运的合作关系，选择了名不见经传的"超马赫"作为合作伙伴。有分析认为，TNT选择更易掌控的合作伙伴正是在为独资做准备。

其实联邦快递是最早与中外运"分手"的公司。1999年，FedEx结束了与中外运的合作，转而与大田公司共同成立了合资企业——大田—联邦快递。联邦快递中国区总裁陈嘉良曾多次表示，十几年来，大田公司为联邦快递提供了更广的国内网络和良好的政府关系支持，因此公司短时期内不会考虑离开大田公司而独资经营中国国内快递业务。

四大快递巨头中，DHL是最充分地利用了中外运网络的公司，一直与中外运保持着良好的合作。2003年2月，DHL以5 800万美元购入中外运5%的股份，成为中外运最大的战略投资者，进一步强化了与中外运的战略合作伙伴关系，双方的合作契约长达50年。

正如UPS亚太区总裁肯托罗所说："在中国市场是否选择独资，主要可能不在于政策本身的推动，而在于具体的商业发展需求。UPS在世界各地拥有独资公司、合资公司和代理公司等各种商业模式，巨大的中国航空物流市场同样需要各种商业模式的共同存在。"

四、转运中心与机场互动

在各大国际快递巨头争夺中国航空快递市场份额的时候，中国的几大门户机场也在积极行动着。

自从迁入新址后,白云机场便一刻不停地开始了"急行军"。UPS开通美国直飞广州全货机航班,标志着其致力于打造"世界航空货运中枢"的进程驶入快车道。为了迎接UPS的到来,机场甚至提前启用了过渡货站二期工程作为UPS的专用货站。

吸引联邦快递在广州建立亚太快件转运中心也是新白云机场的目标之一。白云机场股份公司董事长刘子静在UPS进驻广州时表示,双方已就联邦快递在新白云机场设立亚太快件转运中心事宜达成了一致意见。白云机场还计划在两条跑道的南面建设第三条跑道,而在第三条跑道的一侧将会为联邦快递设立专用的停机坪及配套跑道,并为其亚太转运中心预留接驳通道。

与国际快递巨头的合作还只是白云机场建设"世界航空货运中枢"的一部分。新白云机场目前正在与南航合作,投资数十亿元建设一个面积超过4 500亩(1亩=666.67m^2)的国际航空物流园区。

有着航空货运优势的上海机场集团也在谋划着自己的蓝图。借助上海航空货运快速发展和UPS于2007年在上海建立转运中心的大好机遇,上海机场集团正在规划作为上海三大物流园区之一的空港物流中心,中心将依托国际大型空港条件,提供高附加值的货源组织、中转、仓储、运输、多式联运等服务,集海关、监管、地面服务、代理为一体,使之成为名副其实的现代化物流平台。

2004年5月,DHL位于香港国际机场的全新亚洲转运中心启用。这一亚洲转运中心专为航空快递货运服务而设立,投资总额达1亿美元,是DHL在亚太区域内的主要基础设施。这个可以辐射4小时航程的转运中心增加了DHL对包括中国内地在内的亚太地区的覆盖能力。香港国际机场与内地华南地区几大机场的货运争夺战也将愈演愈烈。

案例思考:
随着中国航空物流市场开放程度的不断加大,几大国际快递巨头纷纷通过增加航线、拓展经营模式、提升机构等方式,为抢占市场有利位置而未雨绸缪。请思考,我国航空公司和机场面临这种机遇和挑战,应如何争夺航空货运的市场份额?

第 6 章　管道运输管理

本章提要
➢ 管道运输概述；
➢ 管道运输生产经营管理及发展趋势。

6.1　管道运输概述

管道运输是近几十年发展起来的一种新型运输方式，也是五大运输方式之一。管道运输的运输形式是靠物体在管道内顺着压力方向顺序移动实现的。和其他运输方式重要区别在于管道设备是静止不动的。目前，全球的管道运输承担着很大比例的源物质运输，包括原油、成品油、天然气、油田伴生气、煤浆等。近年来，管道运输也被进一步研究用于解决散状物料、成件货物、集装物料的运输，以及发展容器式管道输送系统。

6.1.1　管道运输的发展概况

中国是世界上最早使用管道运输流体的国家，早在公元前 200 多年，先人已建造了用打通的竹管连接起来的管道，用于运送卤水。这可以说是现代管道运输的雏形。现代管道运输于 19 世纪中叶始于美国。1865 年 10 月，美国人锡克尔用管径 50mm 的熟铁管，修建了世界上第一条 9km 长的管道，用于输送石油。第二次世界大战期间，美国修建了当时称雄世界的两条长距离管道：一条是原油管道，从得克萨斯州到宾尼亚州，全长 2 158km，管径 600mm。另一条是成品油管道，从得克萨斯州到新泽西州，全长 2 745km。20 世纪 70 年代以后，由于科学技术的发展，管道运输又有长足进步，一些大型管道相继问世，1972 年前苏联与东欧各国建成"友谊"输油管道，总长 9 700km，管径为 1 220mm 和 820mm。1977 年，美国在阿拉斯加州也建设了世界著名的输油管道，这是一条伸入北极圈的管道，全长 1 277km，管径 1 220mm，沿线穿越 3 条山脉、34 条河流和长 700km 的冻土带。80 年代，苏联兴建的原油管道、天然气管道，最大管径已达 1 420mm。世界著名的输气管道当属横贯加拿大全境的管道，管道总长 8 500km，管径 500～1 000mm。

我国在 1958 年建设了第一条长输管道克拉玛依至独山子炼油厂双线输油管道，全长 300km，管径 159mm。1963 年建成第一条输气管道，将四川南部的天然气输送至重庆市，全长 54.7km。

我国于 1975 年建成了庆抚线、庆铁线、铁大线、铁秦线、抚辽线、抚鞍线、盘锦线、中朝线 8 条管线，总长 2 471km，率先在东北地区建成了输油管网。

至 2003 年底，我国油气管道累计长度 45 865km，管道长度居世界第六位。其中，原油管道 15 915km，天然气管道 21 299km，成品油管道 6 525km，海底管道 2 126km。

20 世纪 90 年代以来，我国天然气管道得到快速发展，天然气消费领域逐步扩大，城市燃气、发电、工业燃料、化工用气大幅度增长。2004 年投产的西气东输工程横贯中国西东，放射型的支线覆盖中国许多大中城市，并于 2005 年通过冀宁联络线与陕京二线连通，构成我国南北天然气管道环网。忠武输气管道也于 2004 年底建成投产。到 2005 年初步形成西气东输、陕京二线、忠武线三条输气干线，川渝、京津冀鲁晋、中部、中南、长江三角洲五个区域管网并存的供气格局。近几十年来，我国长输管道从无到有，最后发展到 2 万多公里。

目前，世界上长输油气管道的总长度已超过了 200 万公里，我国现在仅有长输管道不足 2 万公里（包括海上天然气管道约 900km），不到世界长输油气管道总长度的 1%，管道运输与我国经济发展还极不适应。

6.1.2 管道运输的优缺点及分类

1. 管道运输的优点

管道运输与其他运输方式相比，具有以下优点。

（1）运量大。一条管径 720 毫米的管道，可年输易凝高粘原油 2 000 万吨以上，相当于一条铁路的运量。管径大，则运量更大。

（2）永久占用土地少。这是因管道总长的 95%是埋入地下的。

（3）受恶劣气候条件影响小，可长期稳定运行。由于管道基本埋藏于地下，恶劣多变的气候条件对其运输过程的影响小，可以确保运输系统长期稳定地运行。

（4）建设周期短、费用低。国内外交通运输系统建设的大量实践证明，管道运输系统的建设周期与相同运量的铁路建设周期相比，一般来说要短 1/3 以上。历史上，我国建设大庆至秦皇岛全长 1 152km 的输油管道，仅用了 23 个月的时间，而若要建设一条同样运输量的铁路，至少需要 3 年时间，新疆至上海市的全长 4 200km 天然气运输管道，预期建设周期不会超过 2 年，但是如果新建同样运量的铁路专线，建设周期在 3 年以上，特别是地质地貌条件和气候条件相对较差，大规模修建铁路难度将更大，周期将更长，统计资料表明，管道建设费用比铁路低 60%左右。

天然气的管道输送与使用其液化船运输（LNG）的投资比较。以输送 300 亿立方米/年（m^3/a）的天然气为例，如建设 6 000km 管道投资约 120 亿美元；而建设相同规模（2 000

万吨）LNG 厂的投资则需 200 亿美元以上；另外，需要容量为 12.5 万立方米的 LNG 船约 20 艘，一艘 12.5 万立方米的 LNG 船造价在 2 亿美元以上，总的造船费约 40 亿美元。以上投资比较，采用 LNG 就大大高于管道。

（5）便于管理，易于远程监控。

（6）耗能低、运费低廉、效益好。发达国家采用管道运输石油，每 $t \cdot km$ 的能耗不足铁路的 1/7，在大量运输时的运输成本与水运接近，因此在无水条件下，采用管道运输是一种最为节能的运输方式。管道运输是一种连续工程，运输系统不存在空载行程，因而系统的运输效率高，理论分析和实践经验已证明，管道口径越大，运输距离越远，运输量越大，运输成本就越低，以运输石油为例，管道运输、水路运输、铁路运输的运输成本之比为 1:1:1.7。

（7）油气挥发损耗小、安全可靠、连续性强。由于石油天然气易燃、易爆、易挥发、易泄露，采用管道运输方式，既安全，又可以大大减少挥发损耗，同时由于泄露导致的对空气、水和土壤污染也可大大减少，也就是说，管道运输能较好地满足运输工程的绿色化要求，对所运的商品来说损失的风险很小。

（8）沿途无噪声，污染少。

2. **管道运输的缺点**

管道运输的缺点如下。

（1）运输对象受到限制，承运的货物比较单一。

（2）灵活性差。管道运输不如其他运输方式（如汽车运输）灵活，不易随便扩展管线，实现"门到门"的运输服务，对一般用户来说，管道运输常常要与铁路运输或汽车运输、水路运输配合才能完成全程输送。战线往往完全固定，服务的地理区域十分有限。

（3）设计量是个常量，所以与最高运输量之间协调的难度较大，且在运输量明显不足时，运输成本会显著增加。

（4）仅提供单向服务。

（5）运速较慢。

管道运输的上述优缺点，使得管道运输主要担负单向、定点、量大的流体状货物（如石油、油气、煤浆、某些化学制品原料等）的运输。对于运输量较小或者不连续需求的物料（包括液体和气体物资），不适合于用管道运输，常采用容器包装运输。

3. **管道运输的分类**

（1）管道的类型

管道的类型主要有：按管道的材料分为金属管道、塑料管道、玻璃钢管道和其他管道等；按管道的应用范围分为输气管道、输原油管道、输成品油管道、水管道和海洋管道、固体料浆管道等；按管线的铺设方式分为地下、地上和架空管道。

（2）物料的管道运输方案

物料的管道运输有两种方案：其一是把散状或粉尘状物料与液体或气体混合后沿管道运输，这种与液体混合的方式叫浆液运输，它适用于煤、天然沥青、砂、木屑、浆料等货种。由于这种方案受物料性质、颗粒大小与重量等因素的限制，运输距离不能太长，同时能耗较多，对管道的磨损也较大。第二种方案是用密封容器装散状物料，放在管道的液流中或用专用载货容器车装散状物料置于管道气流中靠压力差的作用运送物料，这种用容器车进行管道运输的方法能运送大量的不同的货物。

6.2 管道运输生产管理及管道物流运输

管道运输是国民经济综合运输的重要组成部分之一，也是衡量一个国家的能源与运输业是否发达的特征之一。目前，长距离、大管径的输油气管道均由独立的运营管理企业来负责经营和管理。

"十一五"期间，我国将加快油气干线管网和配套设施的规划建设，逐步完善全国油气管线网络，建成西油东送、北油南运成品油管道，同时适时建设第二条西气东输管道及陆路进口油气管道。

未来10年是我国管道工业的黄金期，除得益于我国经济的持续快速发展和能源结构的改变，建设中的中俄输气管线、内蒙古苏格里气田开发后将兴建的苏格里气田外输管线、吐库曼和西西伯利亚至中国的输气管线等，不仅为中国，也为世界管道业提供了发展机遇。

6.2.1 管道运输生产管理

1. 管道设备系统的设备组成及其功能

管道除了输送石油及其制品以及天然气，还可用于输送其他如矿石、煤炭、粮食等物料。

输油管道系统的设备组成及其功能：

长距离输油管由输油站和线路两大部分组成。

输油管起点为起点输油站，亦称首站，其主要组成部分是油罐区、输油泵房和油品计量装置。

首站的任务是收集原油或石油产品，经计量后向下一站输送。油品沿管道向前流动，压力不断下降，需要在沿途设置中间输油泵站继续加压以便将油品送到终点，为继续加热则设置中间加热站。对低凝固点原油都采用常温输送，而对高凝固点的原油则需采用加热输送。

输油管的终点又称末站，它可能属于长距离输油管的转运油库，也可能是其他企业的附属油库。末站的任务是接受来油和向用油单位供油，所以有较多的油罐与准确的计量系统。

长距离输油管的线路部分包括管道本身，沿线阀室，通过河流、公路、山谷的穿（跨）越构筑物，阴极保护设施，以及沿线的简易公路、通讯与自控线路、巡逻人员住所等。

2. 管道运输生产管理

生产管理是管道在最优化状态下长期安全而平稳运行的保证。

（1）管道的生产管理内容。管道的生产管理包括管道输送计划管理、输送技术管理、输送设备管理和管道线路管理。

管道输送计划管理是按管道承担的运输任务及管道设备状况编制输送的年度计划及月计划、批次计划、周期计划等，并据以安排管道全线的运行计划及其他有关计划。

管道输送技术管理是根据所输货物的特性，确定输送方式、工艺流程和管道运行的基本参数等，以实现管道运输最优化。

管道输送设备管理是对管道输油站、输气站进行维护和修理，以保证管道正常运行。

管道线路管理是对管道线路进行巡线检查和维修，防止线路受到自然灾害和其他因素的破坏。

（2）实施管道生产管理的技术手段。实施管道生产管理的技术手段主要有管道监控、管道流体计量和管道通信。

管道监控是利用仪表和信息传输技术对管道运行工况进行监测，将测得的工况参数作为就地控制的依据，或输给控制室作为对全线运行工况进行监视和管理的依据。

管道流体计量是利用流量计测量管道运输的流体货物的流动量，为管道管理提供输量和油、气质量的基本参数，是履行油品交接、转运和气体调配所必须的。

管道通信是利用通信系统交流管道全系统的情况，传递各种参数信息，下达调度指令，实现监控。

6.2.2 管道物流运输发展趋势

管道运输由于具有运量大、运输成本低、易于管理等特点而倍受青睐，呈快速发展的趋势。但随着科学技术的发展，各国愈来愈重视发展城市地下物流以及管道物流的研究和应用。随着运行管理的自动化，进入21世纪后，城市地下物流以及管道物流将会发挥愈来愈大的作用。

1. 管道物流运输发展现状

传统的管道运输主要担负单向、定点、量大的流体状货物的输送，这些货物都是连续性的介质，而发展城市管道固体货物的输送则是把地面上以车辆配送为主要形式的物流转向地下和管道中，这是一个崭新的思路和具有划时代意义的研究和发展领域。通过实施地下管道物流，可以减少城市地面60%的车辆，大大地优化城市环境，提高物流配送的速度、效率和安全性，适应电子商务和网上购物发展的要求，改善人们的生活质量。

输送固体货物的这类管道物流运输形式可分为，气力输送管道（Pneumatic Pipeline）；浆体输送管道（Slurry Pipeline/Hydraulic Transport）；囊体运输管道（Capsule Pipeline）三种。

(1) 气力输送管道。气力管道输送是利用气体为传输介质，通过气体的高速流动来携带颗粒状或粉末状的物质完成物流过程的管道运输方法。

在20世纪，开始通过管道采用气力或水力的方法来运输颗粒状的大批量货物。该方法输送的物质种类通常有煤炭和其他矿物、水泥、谷物、粉煤灰以及其他固体废物等等。第一个气力管道输送系统是1853年在英国伦敦建立的城市管道邮政系统；随后，在1865年，由Siemens & Halske Company在柏林建立了德国第一个管道邮政网，管道直径为65mm，该系统在其全盛时期的管道总长度为297km，使用达100余年，在西柏林该系统一直运行到1971年，而东柏林直到1981年才停止使用。近年来，管道气力输送开拓了一个新的应用领域——管道废物输送，在欧洲和日本的许多大型建筑系统，都装备了这种自动化的垃圾处理管道，位于美国奥兰多的迪斯尼世界乐园也采用了这种气力管道系统，用于搜集所产生的垃圾。在管道气力输送中，最重要的是吹动固体颗粒需要较高的气流速度，特别是当固体颗粒直径或密度较大时，更是如此。在气力输送中，管道的磨损和能量消耗也是较高的。因此，管道气力输送的经济、实用的输送距离通常是很短的，一般不超过1km。但是在特殊情况下，也有使用如美国在建造胡佛大坝和大古力水坝时，就采用了大约2km长的气力管道来输送水泥，这是相当长的气力输送管道。

气力输送管道多见于港口、车站、码头和大型工厂等，用于装卸大批量的货物。美国土木工程师学会（ASCE）在报告中预测：在21世纪，废物的管道气力输送系统将成为许多建筑物（包括家庭、医院、公寓和办公场所等）常规管道系统的一部分，可取代卡车，将垃圾通过管道直接输送到处理厂。这种新型的垃圾输送方法有望成为一个快速增长的产业。

(2) 浆体输送管道。浆体管道输送是将颗粒状的固体物质与液体输送介质混合，采用泵送的方法运输，并在目的地将其分离出来而完成物流过程的管道运输方法。浆体管道输送的介质通常采用清水。

浆体管道一般可分为两种类型，即粗颗粒浆体管道和细颗粒浆体管道。

① 粗颗粒浆体管道借助于液体的紊流使得较粗的固体颗粒在浆体中成悬浮状态并通过管道进行输送。

② 细颗粒浆体管道输送的较细颗粒一般为粉末状，有时可均匀悬浮于浆体中，类似于气力输送。

粗颗粒浆体管道的能耗和对管道的磨损都较大，通常只适用于特殊材料（如卵石或混凝土）的短距离输送；而细颗粒浆体管道则相反，由于能耗低、磨损小，在运输距离超过100km时，其经济性也比较好。

（3）囊体运输管道。囊体运输管道（Capsule Pipeline）又可分为气力囊体运输管道（Pneumatic Capsule Pipeline，PCP）和水力囊体运输管道（Hydraulic Capsule Pipeline，HCP）两类。

PCP 是利用空气作为驱动介质，囊状体作为货物的运载工具而完成物流过程的管道运输方法。PCP 运输管道分为圆形和方形管道两种。

由于空气远比水轻，囊体不可能悬浮在管道中，必须采用带轮的运输囊体。PCP 系统中的囊体运行速度（10m/s）远高于 HCP 系统（2m/s）。所以，PCP 系统更适合于需要快速输送的货物（如邮件或包裹、新鲜的蔬菜、水果等）；而 HCP 系统在运输成本上则比 PCP 系统更有竞争力，适合于输送如固体废物等不需要即时运输的大批量货物。

大部分气力管道系统是在 19 世纪的下半叶到 20 世纪的上半叶兴建并投入运行的，这里值得一提的是 20 世纪 60 年代初德国汉堡的大直径管道邮政系统，其管道直径为 450mm，由于运输工具的尺寸和重量较大，其下部安装有滚轮，运输速度为 36km/h。从技术上来看，该系统运行一直非常良好，但是由于该系统的时代性，终于在 1976 年经历了 16 年之后由于经济原因而关闭。英国伦敦在 1927 年建成了一个被称为"Mail Rail"的地下运输系统，用于在伦敦市区的邮局之间进行邮件传送，该系统至今仍在运行之中；另外，在伦敦还有一条新的自动化地下管道运输系统，管道的内径为 2.74m，每辆运输车的运输能力为 1t，行驶速度可达 60km/h。二战以后，在其他一些国家也分别建立了各具特色的气力管道输送系统，其直径达到或者超过 1 000mm，其中有两个具有代表性的例子：一是前苏联的"Transprogress"系统，该系统采用直径为 1 220mm 的钢制运输管道，可输送单个的集装箱或者装有集装箱的运输车；二是建于美国 Georgia（乔治亚州）的"Tubexpress"系统。

目前日本在 PCP 技术领域处于世界领先地位。在 1972 年，日本的住友株式会社将管道运输的应用领域进一步扩大，建立了一条货物运输管道，用于从一个石灰石矿向水泥厂运送石灰石，从 1983 年开始，其年输送能力达到 200 万吨。其采用的管道形式有两种，圆形管道和方形管道，这两种系统均由日本 Somitomo 金属工业兴建并成功地运行。其中圆形的管道是用来运输石灰石等，方形管道是用来在施工较长隧道或高速公路时，运输挖掘下来的岩石和建筑材料等。另外，日本的邮政和通讯部还提出要在东京的深部地下空间（50至 70m）修建一个"Tokyo L-net"，用来连接东京市中心的邮政局并用来运送其他货物（包括纸张、杂志和食品等）。

以上应用的实例，只是初级形式的管道物流。美国、荷兰以及日本的研究主要集中在管道的水力和气力输送以及大型的地下货物运输系统（UFTS）上，而德国于 1998 年则开始研究 Cargo Cap 地下管道物流配送系统。这一系统应该是目前管道物流系统的最高级形式。运输工具按照空气动力学的原理进行设计，下面采用滚轮来承受荷载，在侧面安装导向轮来控制运行轨迹,所需的有关辅助装置直接安装于管道中。

该系统的最终发展目标是形成一个连接城市各居民楼和生活小区的地下管道物流运输网络,并达到高度智能化,人们购买任何商品都只需点一下鼠标,所购商品就像自来水一样通过地下管道很快地"流入"家中。

2. 管道物流运输的关键技术分析

管道物流,特别是城市地下管道物流,是一项综合性、跨学科的复杂系统工程,涉及经济学、地下工程、机械工程、电子工程、运输工程和信息技术等多个领域,需要考虑城市布局、交通规划、物流管理、物资分拨与配送、地下管道工程施工、机械传输自动化和信息网络化等多个方面。对管道物流运输的关键技术,我国还处于研究初期,可以先就以下方面的问题开展研究。

(1) 分析论述适合我国国情的管道物流系统模式、发展前景和重大社会与历史意义以及对社会生产力和国民经济发展的贡献。

(2) 分析研究地下管道物流对城市配送物流、城市可持续发展、城市环境改善与城市生活质量提高的作用和影响。

(3) 地下物流管道的工程建设技术即现代非开挖地下管线工程技术。

(4) 运输工具的结构设计、驱动方式和驱动技术。

(5) 监控技术。

(6) 地下物流运输管道直径的合理选择和优化。

6.3 复习思考题

1. 管道运输有哪些优缺点?
2. 管道如何分类?
3. 输油管道系统的设备及其功能有哪些?
4. 管道运输生产管理包括哪些部分?
5. 实施管道生产管理的技术手段有哪些?
6. 什么是管道物流运输?
7. 固体货物的输送管道的物流运输方式有几种?
8. 什么是气力管道输送、浆体管道输送、囊体管道运输?
9. 简述管道物流运输的关键技术。

案例分析　　中国将新建一批大型管道运输项目

随着中国经济的快速、平稳的发展，对能源的需求越来越大，在今后几年，中国将建设的一批大型管道运输项目，以满足经济的发展需求。

1. 在原油管道上，中国石油将建设从哈萨克斯坦到中国的管道，该管道近期就有可能启动，预计设计年输量将达到 2 000 万吨，设计压力将达到 6 兆帕，采用 7.9、8.9、10.5、10.7 壁厚的 X60 钢管；从东西伯利亚经二连浩特到北京也有可能建设一条管道，中国境内预计有 718 公里的管道，设计年输量为 2 000～3 000 万吨；中国石化也将建设或正在建设天津—燕山石化、沧州—天津、临邑—濮阳的原油管道，以及宁波—上海、南京的进口原油管道，同时，中石化还将或正在进行东临复线 1 800 万吨/年增输改造工程、鲁宁线 2 000 万吨/年技术改造工程和中洛线增输改造工程。这些原油管线的建设将进一步地完善我国的原油运输管网，有效地促进我国经济的发展。

2. 天然气管道建设将是未来中国管道建设中最热的热点，在未来的一段时间内中国将建设大批的天然气管道。继西气东输管线之后，中国还将启动"俄气南送"工程，该管线计划 2005 到 2007 年建成投产，该项目对我国东北和环渤海地区的发展将具有重大的政治和经济意义。此外，为了改善东南沿海地区经济增长迅速，缺少能源的状况。经国家批准，广东珠江三角洲地区将首先引进国外液化天然气资源，作为 LNG 项目的试点，管道建设的前期工作目前已经全面启动（中国石油天然气集团公司管道局管道工程有限公司已经中标该工程的概念设计和基本设计），该管线由一条主干线及两条支线组成，全长 327km，主干线由深圳至广东，工程计划投资 12 亿元人民币，预计 2005 年完工。另外，为了使近海天然气登陆，我国还将建设山东胶东半岛天然气管网、东海春晓气田向浙江供气的东海天然气管道、南海气田向海南和广西的管线等等。最后，由四川忠县到武汉全长 700 多公里的忠武天然气管道的建设也正在积极的准备之中，该管道将向湖南和湖北供气；为了扩大陕北气的供应，有力地支持 2008 年北京举办奥运会，陕京复线也即将建设；为了实现山东省的"蓝天碧水工程"，中国石化还将建设一条 136km 长的，由济南至淄博的管道，该管道为目前正在加紧设计之中。这些管道的建设将有力地拉动相关产业的发展和保证了城市天然气市场的快速增长。

3. 成品油管道的建设是我国实行可持续性发展和西部大开发战略的又一举措。除正在建设的兰成渝管道外，我国还将建设一条由广东茂名至云南昆明的管线，该管线采用 500mm 口径至 700mm 口径的变径，全长 2 000 公里，目前正处于预研阶段。

案例思考：
1. 中国在今后几年将建设哪些大型管道运输项目？
2. 试述中国将建设的一批大型管道运输项目对中国经济发展所起的作用。

第 7 章　物流运输业务绩效优化途径

本章提要
- 集装箱运输概述；
- 集装箱业务及组织管理；
- 大陆桥运输及国际多式联运；
- 物流运输方式的比较与选择；
- 物流运输路线决策；
- 物流运输车辆管理；
- 物流自营与外包策略。

7.1　集装箱运输概述

集装箱运输是以集装箱作为运输单位进行货物运输的一种先进运输方式，其运输绩效明显，目前已成为国际国内货物运输中一种重要的运输方式。伴随着现代社会物流业的迅猛发展，集装箱运输在现代物流组织中越来越发挥重要的作用。

7.1.1　集装箱的含义与分类

1. 集装箱的含义

集装箱又称"货柜"、"货箱"，是指具有一定强度、刚度和规格的专供周转使用的大型装货容器。由于它的外形像一只箱子，又可以集装货物，因而我国多称其为"集装箱"。根据国际标准化组织 ISO104 技术委员会及我国 GB/T1992-1985《集装箱名词术语》的规定，凡具有以下条件的货物运输容器，都可称为集装箱：能长期反复使用、具有足够的强度；各种运输方式联运或中途中转时，途中不需进行倒装；可以进行机械装卸，并可从一种运输形式较方便地直接换装到另一种运输形式（如从公路运输可转为铁路或河运、海运输送）；便于货物的装卸作业和充分利用容积；内部几何容积在 1 立方米以上。

2. 集装箱的种类

随着集装箱运输的快速发展，为适应不同种类货物的装载需要，出现了不同种类的集装箱，这些集装箱的结构、强度、尺寸甚至外观都不相同。根据集装箱的用途不同分为以下几种。

（1）杂货集装箱。又称通用集装箱（见图7-1），适用装载各种干杂货，包括日用百货、食品、机械、仪器、医药、仪器及机器零件、纺织品等，是目前使用最多的标准集装箱。国际标准化组织建议使用的13种规格的集装箱均为此类集装箱。

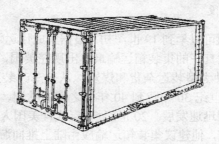

图7-1　通用集装箱

（2）开顶集装箱。又称敞顶集装箱，这是一种没有刚性箱顶的集装箱，但有可折式顶梁支撑的帆布或涂塑布遮盖货物。这种集装箱适于装载玻璃板、钢制品、机械等重货，一般通过起重机从顶部进行装卸。为了使重物在运输中不发生移动，一般在箱内底板两侧各埋入几个索环，用以穿过绳索捆绑箱内货物。

（3）台架式及平台式集装箱（柜架集装箱）。也称柜架集装箱，这种集装箱一般没有箱顶和箱壁，甚至有的边端壁也去掉，而只有底板和四个角柱来承受货载，便于机械装卸货物，主要用以装载长大件、重件、轻泡货、重型机械、钢管、裸装机床和设备等货物。

（4）散货集装箱。散货集装箱除了有箱门外，在箱顶部还设有2~3个装货口，适于装载粮食、化工原料等各种散装颗粒状货物。使用这种集装箱优点是可以节约包装费用、提高装卸效率，但在使用时要注意保持箱内清洁干净，两侧保持光滑，便于货物从箱门卸货。

（5）动物集装箱。这是一个专门供装运牲畜的集装箱。为了实现良好的通风，箱壁用金属丝制造，侧壁下方设有清扫口和排水口，并设有喂食装置。

（6）通风集装箱。通风集装箱一般在侧壁或端壁上设有通风孔，适于装载不需要冷冻而需要通风、防止潮湿的货物，如水、电、蔬菜等。如将通风孔关闭，可作为杂货集装箱使用。

（7）冷藏集装箱。冷藏集装箱是专门为运输要求保持一定温度的冷冻货或低温货设计的集装箱。它分为带冷冻机的内藏式机械冷藏集装箱和没有冷冻机的外置式机械冷藏集装箱，适用装载肉类、水果等物。冷藏集装箱造价较高，营运费用较高，使用中应注意冷冻装置的技术状态及箱内货物所需的温度。

（8）罐装集装箱。适用于酒类、油类、化学品等液体货物，是具有特殊结构的集装箱。它一般由罐体和箱体框架两部分组成，装货时货物由罐顶部装货孔进入，卸货时，则由排货孔流出或从顶部装货孔吸出。

7.1.2 集装箱运输的发展历程

集装箱运输是交通运输现代化的基本形式,它是现代化大生产和自动化机械装置运用到运输领域的产物,有其自身产生发展的历史。集装箱运输的形成和发展过程可以分为萌芽、成长、成熟三个阶段,而且,随着科学技术的发展,集装箱运输将有更广阔的发展空间。

1. 集装箱运输的萌芽阶段

集装箱运输产生追根溯源可以早到 19 世纪初,根据集成化运输的思想,在 1801 年有人提出容器成组运输的设想。但真正的集装箱运输最早出现在英国,20 世纪 30 年代,英国的铁路运输中采用了集装箱这种大型装运杂货和煤炭,从火车改装到马车上可以减少改装时间,加快装卸速度,并在 20 世纪 30 年代到 40 年代之间的欧洲、美国、日本等地的陆上运输中(铁路、公路运输)得到迅速发展。20 世纪 50 年代,美国人马克康·麦克林最早提出"现代化集装箱运输"的设想,他建议集装箱运输应由陆上推向海上运输,并主张在一个公司控制下实现海—陆联运。1956 年 4 月他通过自己拥有的大西洋轮船公司(后更名为海陆联运公司)首先在纽约—休斯敦航线上开展了海陆集装箱联运试验,使这条航线上的每吨货物装卸成本降为原来的 1/37,随后几年内海路联运公司不断开辟新航线,到 1965 年该公司宣布了大型集装箱周游世界的计划,并取得巨额利润。海陆联运公司的成功引起了世界航运界的重视,一些大的航运公司竞相效仿,从此集装箱运输开始发展成为国际贸易中通用的运输方式。麦克林的集装箱运输试验也被业内专家们认为是现代集装箱运输产生的标志。

2. 集装箱运输的成长阶段

一般把 20 世纪 60 年代中期到 80 年代间这一时期称为集装箱运输的发展阶段,集装箱运输技术得到了迅速发展,世界交通运输进入集装化时代的关键时期。国际集装箱多式联运被称为运输业的"第三次革命",是世界科技、经贸高度发展的产物。它将海上、公路、铁路和航空等运输方式有机地衔接在一起,以其便捷、安全、经济等优势获得了迅速发展。这一阶段,整个传统的件杂货运输管理体系中的管理方法、技术工艺、信息管理等子系统得到全面改革,与集装箱运输相适应的管理体系逐步形成,在世界范围内完成了集装箱箱型的标准化,世界集装箱保有量达到 440 万 TEU(国际集装箱)。进入 20 世纪 70 年代,虽然由于石油危机的影响,集装箱运输发展速度有所减慢,但许多经济发达的国家均已实现了集装箱化。

3. 集装箱运输的成熟阶段

20 世纪 80 年代中期后,世界经济摆脱了石油危机带来的影响,集装箱运输发展也进入成熟阶段。该阶段的主要特征体现在以下方面:箱子保有量、专用泊位和作业线、集装箱货物吞吐量及大型化、专业化工具等迅速增加;集装箱运输的硬件(运输工具、线路、设施等)、软件（管理方法、手段、法规、惯例等）及成套技术趋于完美；集装箱运输在全球得到普及，"门对门"的多式联运得到进一步发展。对集装箱运输发展趋向成熟而言，具体表现为：单船载箱量大型化，由成长阶段的第二代装箱船经过了第三代、第四代、第五代发展到目前的第六代、第七代以及超大型集装箱船；在运输组织上，国际集装箱多式联运得到迅速发展，尤其以欧亚、北美大陆桥、小路桥运输最为典型；在运输管理方面，广泛采用了 EDI（电子信息交换系统），实现了集装箱动态跟踪管理，加速了集装箱的周转，降低了用箱成本。但各国集装箱运输发展很不平衡，虽然一些发达国家集装箱运输的发展已进入成熟阶段，但大多数发展中国家的集装箱运输仍处于成长期。

　　4. 集装箱运输的发展趋势

　　目前，集装箱运输方兴未艾，到 21 世纪初仍将稳步持续发展。从世界范围看，集装箱运输发展的趋势是：降低成本、缩短运输周期和提高服务质量。这种趋势将体现在以下几个方面：

　　（1）集装箱运输系统将进一步完善。具体表现在：干线运输船舶将进一步大型化（单船载箱量将达到 6000TEU 以上）；枢纽港的中转作用将进一步加强，围绕枢纽港建立的集疏运系统（特别是在发展中国家和地区）将进一步完善；集装箱运输市场的竞争越来越激烈，干支线分工将进一步明确；集装箱运输中的信息采集、处理、存储和通信传递将全面实现现代化。

　　（2）国际集装箱货物多式联运将进一步发展完善。便于多式联运是集装箱运输的优点之一，随着运输干支线和各枢纽港集疏运系统的完善，全球性的综合运输系统日趋完善，并且随着集装箱运输有关的国际公约和各国国内法规不断得到加强和完善，为多式联运的发展创造了良好的硬、软件条件。集装箱货物运输将实现多式联运化，集装箱货物多式联运将成为交通运输业的发展方向。

　　（3）各集装箱运输企业将采用全面灵活的经营战略，开展综合物流服务和多种经营合成为大型运输企业发展的方向。

7.1.3　集装箱运输的特点

　　集装箱运输具有装卸快、效率高、费用省、运输质量好、车船周转快、便于多式联运等优点。但开展集装箱运输还须具备一些基本条件，其中最主要的两个基本条件如下。

　　要有稳定而大量的集装箱适箱货源。由于国际集装箱运输大部分采用定期班轮运输，开航日期、开航时间、停靠港口是固定的，如果货源不足，将可能造成运营亏损。

　　要有良好的基础设施。开展国际集装箱运输的基础设施除了集装箱船舶、集装箱外，还要有快速装卸集装箱的大型现代化集装箱港或码头以及发达的内陆运输系统，以保证进出口集装箱及时集、散。这就要求一国及各国间的公路、铁路、内河运输能满足集装箱运输的要求。

具备了基本条件的集装箱运输使货物流通过程中各个环节发生重大改变,使各行业的运输生产走向机械化、自动化。现阶段,集装箱运输具有以下特点。

1. 集装箱运输是一种高效率的运输方式

由于货物的标准化和装卸机械、运输工具的专业化和大型化,集装箱运输已成为一种高效率的运输方式,具体表现如下。

(1) 运输工具的高利用率。由于货物的标准化与装卸机械的工具的专业化,使货物的装卸效率大大提高,也使各种运输工具,在港站停留时间大大缩短。因此,运输工具每个航次(班次)中运行时间与航次(班次)总时间的比值明显增大,运输工具的利用率得到大大提高。

(2) 流动资金的高周转率。由于货物装卸效率提高,货物在港站停留的时间减少,加上集装箱货物在运输过程中(特别是长距离运输)采用大批量高速的运输组织方式(如铁路的直达专列、海运的干线运输等)和行政手续的简化,使货物的运达时间比传统的零担运输明显缩短。这样可以缩短买方货物占用资金的周期。对于卖方来说,由于集装箱货物交接地点已从港口、车站交接转变为内陆地区直接"门对门"的交接,卖方在交货后即可取得运输单据,使结汇时间提前。因此对于买卖双方来讲,使用集装箱运输使货物运输而占用的流动资金周转率都有较明显的提高。

(3) 库场的高使用率。由于集装箱的强度远远大于货物运输包装的强度,集装箱货物在库场中堆码时,最多可达四层,因而可以大大减少货物堆码占用的面积,提高库场利用率。

2. 集装箱运输是一种较经济的运输方式,能节省货物的运输包装费用和运杂费用

由于集装箱本身是一种具有较高强度的容器,在运输途中可以起到保护货物的作用,货物使用集装箱运输时,可以简化运输包装,节省包装费用。在集装箱运输过程中各港口、车站对装卸费、中转费大都采用优惠价格,加之可以减少运输途中由于换装而引起的理货和办理海关手续次数,因而采用集装箱运输可以减少运杂费用。

3. 集装箱运输时一种高质量的运输方式

集装箱运输是高质量的运输方式主要体现在以下两个方面。

(1) 运输过程中货物损坏、丢失的可能性小。集装箱运输是以箱为运输单元的,其装卸、换装、运输暂存过程中都是以箱为单位整体进行的。在运输过程中,集装箱有较高强度和较好的封闭性,货物都是装在箱内并对货物装载有较高要求,因此使用集装箱运输货物,可以减少全程运输过程中由于各种原因引起的货损、货差、被盗、丢失的可能性。

(2) 为了保证集装箱运输的高效率,货物全程运输所涉及的各环节(托运、装卸、通关等)都简化了手续,大大方便和简化了货主办理单据和各种财务及行政手续。

4. 集装箱运输是一种高资金投入、高人员素质要求的运输方式

在集装箱运输中，涉及的各类运输工具的现代化，以及各种港站设施、机械设备及整个集疏运系统都需要投入大量的资金。随着运输工具的现代化、大型化、装卸机械的大型化、专业化和管理的现代化，集装箱运输需要的人力资源将会进一步减少，但对人员素质提出更高的要求。

5. 集装箱运输是一种专业化、标准化的运输方式

集装箱运输的标准化主要体现在以下几个方面。

由于箱型的标准化及货物装在箱内运输带来的货物重量和外形尺度的标准化；各种运输方式中运输工具的专业化和标准化；各类港、站设施的专业化和结构、布局及设计要求的标准化；各类装卸、搬运机械设备的标准化；运输管理组织、运输装卸技术工艺标准化；运输法规、运输单据的统一化、标准化等。

7.1.4 集装箱货物形态

集装箱化以后，由于集装箱类型的多样性带来了适箱货物的多样性，所以集装箱货物的分类的方法也具有集装箱运输的性质，一般而言，集装箱货物分类方式包括以下几种。

1. 按货物性质分类

（1）普通货物（General Cargo）。一般统称为百杂货，是指在货物性质上不需要特殊方法进行装卸和保管，可以按件计算的货物。其特点是货物批量不大，但其货价较高，具有较强的运费负担能力。普通杂货按其包装形式和货物的性质可分为两小类。

① 清洁货（Clean Cargo）。又称细货（Fine Cargo）或精良货，是指清洁而干燥，在积载和保管时，货物本身无特殊要求，如与其他货物混载不会损坏或污染其他货物的货物。

② 污货（Dirty Cargo）。又称粗货（Rough Cargo，Troublesome Cargo），是指按货物本身的性质和状态，容易发潮、发热、风化、溶解、发臭，或者可能渗出液汁、飞扬货粉、产生害虫而使其他货物遭受严重损失的货物。

（2）特殊货物（Special Cargo）。是指货物在性质上、质量上、价值上或货物形态上具有特殊性，运输时需要用特殊集装箱装载的货物。如冷藏货、牲畜与植物、重货、高价货、液体货、易腐货和散货等。

① 冷藏货（Refrigerated Cargo）。冷藏货是指需用冷藏集装箱或保温集装箱运输的货物，加水果、蔬菜、鱼类、肉类、鸡蛋、奶油、干酪等。

② 牲畜与植物（Livestock and Plants）。牲畜与植物指活的家禽、家畜及其他动物以及树苗和其他苗木等植物。

③ 重货（Heavy Cargo）。重货指单件货物质量特别大，如重型机械等货物。

④ 高价货（Valuable Cargo）。是指价格比较昂贵的货物，如生丝、绸缎、丝织品、照相机、电视机以及其他家用电器。

⑤ 危险货（Dangerous Cargo）。危险货是指货物本身易燃、易爆、有毒、有腐蚀性、放射性等有危险性的货物。

⑥ 液体货（Liquid Cargo）。液体货是指装在罐、桶、瓶、箱等容器内进行运输的液体或半液体货物。

⑦ 易腐货（Perishable Cargo）。易腐货是指在运输途中因通风不良，或遇高温、高湿等原因容易腐败变质的货物。

⑧ 散货（Bulk Cargo）。散货是指食物、盐、煤、矿石等无特殊包装的散装运输的货物。

2. 按适合装箱程度分类

尽管集装箱运输发展很快，但并不是所有的货物都适合集装箱运输。根据适合装箱的程度，货物可分为以下四种。

（1）最适合装箱货物（Prime Containerizable Cargo）。这是指货价高、运费也较高、体积较小的商品。这一类货物有针织品、酒、医药品、打字机、各种小型电器、光学仪器、电视机、收录机、小五金类等。

（2）适合装箱货物（Suitable Containerizable Cargo）。这是指货价、运费较适合集装箱运输的货物，如线、电缆、面粉、生皮、炭精、皮革、金属制品等。

（3）临界装箱货物（Marginal Containerizable Cargo）。临界装箱货物又称边际装箱货物、边缘装箱货物，这种货物可用集装箱装载，但因其货价和运价都很低，用集装箱运输，在经济上不合算。而且，这类货物的大小、质量、包装也难于标准化，如钢锭、生铁、原木、砖瓦等。

（4）不适合装箱货物（Unsuitable Containerizable Cargo）。这是指从技术上装箱是有困难的货物，或货流量大时用专用运输工具（如专用车、专用船）运输更适宜的货物。如原油、矿砂等均有专门的油船、矿砂船及其他散货船装运，不宜装箱运输。

3. 按照一个货主一批货物是否能够装满一个集装箱分类

（1）整箱货物（Full Container Load，简称：FCL）。这是指一个货主托运的足以装满一个集装箱的货物。整箱货物可由发货人自行装箱，向海关办理货物出口报关手续，经海关检验后，由海关对集装箱进行施封。

（2）拼箱货物（Less than Container Load，简称：LCL）。这是指一个货主托运的不能装满一个集装箱，须由集装箱货运站或货运代理人将分居于不同货主的同一目的地的货物合并装箱。拼箱货物经海关检验后，由海关对集装箱进行施封。

在集装箱货物运输中，为了船、车及货、箱的安全，必须根据货物的种类、性质、重量、体积、形状等选择适当的集装箱，如表 7-1 所示。

表 7-1 货物适用集装箱表

货物分类	可选用的集装箱
清洁货物	杂货集装箱、通风集装箱、开顶集装箱、冷藏集装箱
污秽货物	杂货集装箱、通风集装箱、开顶集装箱、冷藏集装箱
易碎货物	杂货集装箱
易腐货物	冷藏集装箱、通风集装箱
冷藏货物	冷藏集装箱、通风集装箱
笨重货物	开顶集装箱、平台式集装箱
动物或植物	动物集装箱、通风集装箱
危险货物	开顶集装箱、平台式集装箱
散　　货	散货集装箱、罐装集装箱

7.2 集装箱运输业务及组织管理

7.2.1 集装箱运输业务概述

1. 集装箱运输作业的主要活动

在集装箱运输作业过程中涉及许多活动。所谓集装箱运输基本活动，实际上是指在集装箱运输流程中对货物或货物的载体（集装箱）所进行的一系列操作，包括货物的移动和货物与集装箱的连接与分离，由这些基本活动可构成一个完整的集装箱运输流程。这些基本活动如下：

（1）与集装箱连接和分离有关的装箱、拆箱、拼箱的操作可以发生在收（发）货人所在地，也可以发生在整个运输路径的某个节点的货运站上。

（2）与使集装箱发生位移的运输活动有关的活动，主要包括将集装箱从始发地运往内陆某集散地；由集散地将集装箱经内陆集疏系统运往港口；集装箱海上运输将集装箱从目的港运往另一内陆集散地；从内陆集散地将集装箱运至收货人手中。上述各种运输活动还可进一步分解为更小的运输活动。如内陆运输，除了直达运输外，还可分解为几段不同运输方式承担的运输活动。具体运输方式应视具体情况而定。

（3）与对集装箱进行操作有关的活动包括空箱的领取与归还、集装箱堆存、对集装箱进行维修、加拆签封等。

（4）集装箱交接活动。由于集装箱运输过程是由多个不同环节构成，并由不同关系的人完成，因而集装箱交接在整个集装箱运输流程中占有相当重要的地位。

2. 集装箱运输的机构

（1）无船公共承运人。集装箱运输通常是从一个国家的内陆点收货，然后启运至另一个国家的内陆点交货，大都为国际多式联运，中途要经过多次换装。这种复杂的运输方式若单独由海运或铁路或公路承运人负责全程运输存在很大困难。无船承运人就是为了解决这一难题而产生的，它本身一般不具有运输工具，它一方面以承运人的身份向货主揽货，另一方面又以托运人的身份向实际承运人托运。

（2）实际承运人。是指拥有大量集装箱和集装箱船只的航运公司。例如我国的中远、外运等公司。

（3）集装箱码头经营人。它是专门办理码头的装卸、交接、保管的部门，它受托运人或其代理人以及承运人或其代理人的委托提供各种集装箱运输服务。

（4）集装箱货运站。在内陆交通比较便利的大中城市设立的供集装箱交接、中转或其他运输服务的专门场所。

（5）集装箱租赁公司。这是随集装箱运输发展而兴起的一种新兴行业，它专门经营集装箱的出租业务。

（6）联运保赔协会。一种由航运公司互保的保险组织，对集装箱运输中可能遭受的一切损害进行全面统一的保险。这是集装箱运输发展后所产生的新的保险组织。

3. 集装箱货物的交接地点与交接方式

集装箱货物在实际运输过程中，在托运人与承运人之间有两种不同形态：整箱货和拼箱货。根据整箱货、拼箱货的不同，其交接地点可以是装运地发货人的工厂或仓库和交货地收货人的工厂或仓库，装运地和交货地的集装箱的堆场（CY），装运地和卸货地的集装箱货运站（CFS）。

集装箱运输中，根据整箱货和拼箱货在承运人从发货人手中接受货物和向收货人交付货物的地点不同组合，集装箱货物的交接方式有以下几种。

（1）门到门交接（Door to Door），是指在发货人的工厂或仓库接收货物，并负责将货物运至收货人的仓库或工厂交货。门到门交接的货物为整箱货物。

（2）门到场交接（Door to CY），是指在发货人的工厂或仓库接收货物，并负责运至卸船港集装箱码头地场交货的交接方式。

（3）门到站交接（Door to CFS），是指从发货人的工厂或仓库接收货物并负责运至目的地集装箱货运站的交接方式。

（4）场到门交接（CY to Door），是指在起运地装船港的集装箱码头堆场接收货物，并负责运至收货人工厂或仓库交货的交接方式。

（5）场到场交接（CY to CY），是指从装船港的集装箱码头堆场接收货物并负责运至目的港集装箱码头堆场的交接方式。

（6）场到站交接（CY to CFS），由起运地或装箱港的集装箱装卸区堆场至目的地或卸箱港的集装箱货运站。

（7）站到门交接（CFS to Door），是指从起运地集装箱货运站接收货物并负责运至目的地收货人的工厂或仓库的交接方式。

（8）站到场交接（CFS to CY），是指从起运地的集装箱货运站接收货物并负责运至目的地集装箱码头堆场的交接方式。

（9）站到站交接（CFS to CFS），由起运地或装箱港的集装箱货运站运至目的地或卸箱港的集装箱货运站的交接方式。

4. 集装箱货运进出口程序

（1）集装箱运输出口程序

① 订舱（即订箱）。发货人或货物托运人根据贸易合同和信用证的有关条款，在货物托运前一定的时间，填制订舱单向航运公司或其代理人申请订舱。

② 签发装货单。在接收托运申请后，签发装货单，分送集装箱堆场和集装箱货运站，据以安排空箱及办理货运交接。

③ 发放空箱。整箱货运所需的空箱通常由发货人领取，拼装箱的空箱一般由货运站领取。

④ 拼箱货装箱/整箱货装箱。拼箱货装箱程序。集装箱货运站根据订舱单核收托运货物并签发场站货物收据，经分类整理，然后在站内装箱。

整箱货装箱的程序。发货人收到空箱后，自行装箱并加海关封志后按指定的时间运到集装箱码头堆场，码头堆场根据订舱清单，核对场站收据及装箱单验收货箱。

⑤ 换取提单结汇。发货人凭经签署后的场站收据，向负责集装箱运输的人或其代理换取提单，然后去银行结汇。

⑥ 装船。集装箱码头根据待装的货箱情况，制订出装船计划，待船舶靠泊后即可装船。

（2）集装箱进口程序

① 货运单证及分发。集装箱码头根据装船港承运人代理寄发的有关货运单证，并分别发至集装箱货运站和集装箱堆场。

② 发到货通知。

③ 换取提货单。收货人按到货通知持正本提单向航运公司（或代理）换取提货单。

④ 卸船提货。收货人凭提货单连同进口许可证，到集装箱码头堆场提货及办理相关的手续。

⑤ 拼箱货交付/整箱货交付。拼箱货交付程序。集装箱货运站在掏箱后，根据收货人出具的提货单将货物交收货人。整箱货交付程序。如果内陆运输由收货人自行安排，集装箱码头堆场根据收货人出具的提货单将货箱交收货人。

⑥ 空箱回运。收货人和集装箱货运站在掏箱完毕后，应及时将空箱回运至集装箱码头堆场。

5. 进出口主要货运单证

（1）订舱单。订舱单是承运人或其代理人在接受发货人或货物托运人订舱时，根据发货人的口头或书面申请货物托运的情况，据以安排集装箱货物运输而制订的单证。该单证一经承运人确认，便作为承、托双方订舱的凭证。

（2）装箱单。集装箱装箱单是详细记载集装箱和货物名称、数量等内容的单据，每个载货的集装箱都要制作这样的单据，它是根据已装进集装箱内的货物制作的。在以集装箱为单位进行运输时，装箱单是极其重要的单据，它的主要作用如下。

① 在装货地点作为向海关申报货物出口的代用单据。
② 作为发货人、集装箱货运站与集装箱码头堆场之间货物的交接单。
③ 作为向承运人通知集装箱内所装货物的明细表。
④ 在进口国、途经国作为办理保税运输手续的单据之一。
⑤ 单据上所记载的货物与集装箱的总重量是计算船舶吃水差、稳性的基本数据。

因此，装箱单内容记载准确与否，对保证集装箱货物的安全运输有着密切的关系。集装箱装箱单一式五联，分别为码头联（白色）、承运人联（粉色）、船代联（黄色）、发货人联（蓝色）和装箱人联（绿色）。

（3）码头收据（场站收据、港站收据）。码头收据一般由发货人或其代理人根据公司已制定的格式填制并跟随货物一起运至集装箱码头堆场，由接受货物人在收据人签字后交还给发货人，证明托运的货物已收到。

（4）提单。集装箱提单凭码头收据换取，是一张收货待运提单。所以，在大多数情况下，航运公司根据发货人的要求，在提单上填注具体的装船日期和船名后，该收货待运提单也就具有一般提单的性质。

（5）设备收据（设备交接单）。设备收据是作为集装箱以及其他载货设备交接的证书，由借方和出借方共同签字。当集装箱或机械设备在集装箱码头堆场或货运站借出、回收时，由集装箱堆场制作设备收据。经双方签字后，作为两者之间设备交接的证书。

（6）进出口货物海关申报单。我国海关对进出口集装箱及所装货物规定：凡进口的集装箱货物直接运往内地没有海关的地点，则由口岸货运代理向海关申请办理转运（转关）手续，口岸海关将有关申报单证（关封）转交承运人负责带交内陆地海关，由内陆地海关查验放行。

7.2.2 集装箱运输组织管理

1. 集装箱货源组织

（1）集装箱货源。集装箱的适箱货源，根据国家《关于发展我国集装箱运输若干问题的规定》中规定的适箱货为 12 个品类，即家电、仪器、小型机械、玻璃陶瓷、工艺品、印刷品及纸张、医药、烟酒食品、日用品、化工品、针纺织品和小五金等，贵重、易碎、怕湿的货物均属于集装箱运输货物。集装箱货源从运输组织上分为整箱货和拼箱货两类。

（2）日常货源组织工作。做好日常货源的组织工作，对于组织合理运输，充分利用现有设备能力有着十分重要的意义。日常货源组织对于货物的品种、数量、流向、时间都有着一定的要求。对于不同品种的货物要详细了解其尺寸、外形、重量和需要的集装箱类型及数量等；在流向上要提出货物到站、港，以便组织拼装货；在时间上要按照运输作业的需要进行货源的组织工作。日常货源组织工作是一项十分重要又十分细致的工作，需要产、运、销共同配合完成。

2. 集装箱运输工作组织

集装箱运输组织可以分为发送作业、中转作业和交付作业等部分。以铁路集装箱运输组织工作为例，分别予以说明。

（1）发送作业。是指在发站装运之前各项货运作业，包括集装箱承运前的组织工作和承运后至装运前的各项作业。具体包括货主要明确使用集装箱运输的条件及有关规定，如必须在指定的集装箱办理站，技站内规定承运日期办理审核、装箱等。

（2）中转作业。集装箱运输除了由发站至到站的形式外，还有一部分集装箱要经过中转才能运至到站。中转站的任务是负责将到达中转站的集装箱迅速按去向、到站重新配装编组继续发往到站。

（3）交付作业。是指装运集装箱的货车到达货场后，需要办理的卸车和向货主办理交付手续等工作。具体包括卸车作业，交付作业等。铁路货运员要根据车站的卸车计划及时安排货位，核对运单、货票、装载消单与集装箱箱号、印封号是否一致；需要逐箱检查，卸车；完毕后填写到达记录；最后，由货运室通知发货人。门到门的集装箱还要由铁路货运员与收货人代理共同核对箱号，检查箱体封印，确认无误后，填发门到门运输作业单，并在作业单上签收。

7.3 大陆桥运输及国际多式联运

7.3.1 大陆桥运输

1. 大陆桥运输概述

大陆桥运输（Land Bridge Transport）是指使用横贯大陆的铁路（公路）运输系统作为中间桥梁，把大陆两端海洋连起来的运输方式。从形式上看，是海陆海的连贯运输，但实际在做法上已在世界集装箱运输合多式联运的实践中发展成多种多样。

大陆桥运输一般是以集装箱为主，可以大大简化理货、发货、搬运、储存、保管合装卸等操作环节，同时集装箱经海关铅封后，途中不用开箱检验，而且可以迅速直接转换运输工具。

大陆桥运输是集装箱运输开展以后的产物。出现于1967年，当时苏伊士运河封闭，航运中断，而巴拿马运河又堵塞，远东与欧洲之间的海上货运船舶，不得不改道绕航非洲好望角或南美致使航程距离和运输时间倍增，加上油价上涨航运成本猛增，而当时正值集装箱运输兴起。在这种历史背景下，大陆桥运输应运而生。从远东港口至欧洲的货运，于1967年底首次开辟了使用美国大陆桥运输路线，把原来全程海运，改为海—陆—海运输方式，结果取得了较好的经济效果，达到了缩短运输里程、降低运输成本、加速货物运输的目的。

2. 大陆桥运输的线路

（1）西伯利亚大陆桥。西伯利亚大陆桥是利用俄罗斯的西伯利亚铁路为主的铁路线作为陆地桥梁，把太平洋远东地区与波罗的海和黑海沿岸以及西欧大西洋口岸连起来，此大陆桥运输线东自海参崴的纳霍特卡港口起，横贯欧亚大陆，至莫斯科，然后分三路，一路自莫斯科到波罗的海沿岸的圣彼得堡港，转船往西欧、北欧港口；一路从莫斯科至俄罗斯西部出国境站，转欧洲其他国家铁路（公路）直运欧洲各国；另一路从莫斯科至黑海沿岸转船往中东、地中海沿岸。所以，从远东地区至欧洲，通过西伯利亚大陆桥有海—铁—海，海—铁—公路和海—铁路三种运送方式。

自20世纪70年代初到80年代末，西伯利亚大陆桥是远东地区往返西欧的一条重要运输路线。日本是利用此条大陆桥的最大顾主，其每年利用此大陆桥运输的货物数量都在10万个集装箱以上。但是，西伯利亚大陆桥也存在三个主要问题：①运输能力易受冬季严寒影响，港口有数月冰封期；②货运量西向大于东向约二倍，来回运量不平衡，集装箱回空成本较高，影响了运输效益；③运力仍很紧张，铁路设备陈旧。为了缓解运力紧张情况，前苏联又建成了第二条西伯利亚铁路。随着新亚欧大陆桥的正式行运，这条大陆桥的地位正在下降。

（2）北美大陆桥。北美大陆桥是指北美的加拿大和美国都有横贯东西的铁路公路大陆桥。它们的线路基本相似，其中美国的大陆桥的作用更为突出。

美国有两条大陆桥运输线：一条是从西部太平洋口岸至东部大西洋口岸的铁路（公路）运输系统，全长约3 200公里，另一条是西部太平洋口岸至南部墨西哥港口岸的铁路（公路）运输系统，长约500～1 000公里左右。

（3）新亚欧大陆桥。1990年9月11日，我国陇海-兰新铁路的最西段，乌鲁木齐至阿拉山口的北疆铁路与哈萨克斯坦的德鲁贝巴站接轨，第二座亚欧大陆桥运输线至此全线贯通，并于1992年9月正式通车。此条运输线东起我国连云港（其他港口亦可，如大连、天津、上海、广州等），西至荷兰鹿特丹，跨亚欧两大洲，连接太平洋和大西洋，穿越中国、哈萨克斯坦、俄罗斯等国，与第一条运输线重合，经白俄罗斯、波兰、德国到荷兰，辐射到欧洲20多个国家和地区，全长1.08万公里，在我国境内全长4 134公里。与第一条运输线相比，总运距缩短2 000～2 500公里，可缩短运输时间5天，减少运费10%以上。

7.3.2 国际多式联运

1. 国际多式联运概述

（1）国际多式联运的产生。随着货物流通过程的变化，货物运输方式由杂货运输转向集装箱运输，货物贸易结构的变化和运输经营方式的变化，集装箱运输逐渐由海上的两端间运输延伸发展为与陆运、空运结合的国际多式联运。通过国际多式联运，货主只要指定交货地点，运输经营人在条件许可下将各种运输方式组合起来，设定最佳运输路线，提供统一货运单证、统一责任限制、统一费率。

1980年5月于日内瓦通过的《联合国国际货物多式联运公约》规定："国际多式联运指由多式联运经营人按照多式联运合同，以至少两种不同的运输方式，将货物从一国境内接管货物的地点运至另一国境内指定地点交货的运输方式。"这里所指的至少两种以上的运输方式可以是海陆、陆空、海空等方式。

（2）国际多式联运的特征。必须要有一个多式联运合同，明确规定多式联运经营人和联运人之间的权利、义务、责任、豁免的合同关系和多式联运的性质。

必须使用一份全程多式联运单据，即证明多式联运合同及证明多式联运经营人已接管货物并负责按照合同条款交付货物所签发的单据。

必须是至少两种不同运输方式的连贯运输。这是确定一票货运是否属于多式联运的最重要的特征。

必须是国际间的货物运输。

必须有一个多式联运经营人，对全程的运输负总的责任，并寻找分承运人实现分段运输。

必须对货主实现全程单一运费费率。

（3）国际多式联运的优点。

① 责任统一，手续简便。发货人只办一次托运，签订一个运输合同，付一次运费，取得一份多式联运提单。出了运输责任上的问题，只找一方承运人解决就可以。

② 中间环节少、货物运输时间短，货损货差事故率低、货运质量高。多式联运系通过集装箱为运输单元进行直达运输，货物在发货人工厂或仓库装箱后，可直接运送至收货人的工厂或仓库。运输途中换装时无须掏箱、装箱，从而减少了中间环节。尽管货物经过多次换装，但由于使用专用机械装卸，且又不涉及箱内的货物，因而货损货差事故、货物被窃现象大为减少，从而在一定程度上提高了货运质量。

③ 运输成本低，运杂费用少。由于多式联运可实行门到门运输，因此，对货主来说，在将货交由第一承运人后即可取得货运单证，并据以结汇。结汇时间提前、不仅有利于加速货物资金的周转，而且减少了利息的支出。又由于货物装载集装箱运输，从某种意义上说可节省货物的包装费用和保险费用。此外，多式联运可采用一张货运单证，统一费率，因而也就简化了制单和结算手续，节省了人力、物力。

④ 高运输组织水平实现合理化运输。多式联运可提高运输组织水平,实现合理化运输,改善不同运输方式间的衔接工作。在国际多式联运开展之前,各种运输方式的经营人各自为政、自成体系,而现有,其经营的业务范围可大大扩展.并且可以最大限度地发挥其现有设备的作用,选择最佳运输路线,组织合理化运输。

2. 国际多式联运经营人的性质和责任范围

(1)性质。国际多式联运经营人是一个独立的法律实体,具有双重身份。一方面,他作为承运人与货主签订多式联运合同,另一方面,他又作为托运人与实际承运人签订运输合同。他是总承运人,对全程运输负责,对货物灭失、损坏、延迟交付等均承担责任。

(2)责任范围。托运人委托多式联运经营人负责装箱、计数的,应对箱内货物不是由于商品自身包装和质量问题而造成的污损和灭失负责。

托运人委托装箱时,未按托运人要求,结果因积载不当,衬垫捆扎不良而造成串味、污损、倒塌、碰撞等货损负责。

在责任期间内因责任事故,致使货物损坏或灭失负责。

对货物延迟交付负责。

但对下列原因造成的货损或灭失不负责。

① 托运人所提供的货名、种类、包装、件数、重量、尺码及标志不实,或由于托运人的过失和疏忽而造成的货损或灭失,则为托运人自行承担责任。如对多式联运经营人或第三者造成损失,即使托运人已将多式联运单转让,托运人仍应承担责任。

② 由托运人或其代理装箱、计数或封箱的。

③ 货物品质不良,外包装完好而内装货物短缺变质。

④ 货物装载于托运人自备的集装箱内的损坏或短少。

⑤ 由于运输标志不清而造成的损失。

⑥ 对危险品等特殊货物的说明及注意事项不清或不正确而造成的损失。

⑦ 对有特殊装载要求的货物未加标明而引起的损失。

⑧ 由于海关、商检、承运人等行使检查权所引起的损失。

3. 国际多式联运经营人应具备的条件

当多式联运经营人从发货人那里接管货物时起,责任业已开始,货物在运输过程的任何区段发生灭失或损害,多式联运营人均以本人的身份直接承担赔偿责任,即使该货物的灭失或损害并非由多式联运经营人本人的过失所致。因为,作为多式联运经营人的基本条件定义了责任的权属,因此,多式联运经营人的基本条件如下。

(1)多式联运经营人本人或其代表就多式联运的货物必须与托运人本人或其代表订立多式联运合同,而且,该合同至少使用两种运输方式完成货物全程运输,合同中的货物系国际间的货物。

（2）从发货人或其代表那里接管货物时起即签发多式联运单证，并对接管的货物开始负有责任。

（3）承担多式联运合同规定的与运输和其他服务有关的责任，并保证将货物交给多式联运单证的持有人或单证中指定的收货人。

（4）对运输全过程中所发生的货物灭失或损害，多式联运经营人首先对受损货物的所有人负责，并应具有足够的赔偿能力。

（5）多式联运经营人应具备与多式联运所需求的并与之相适应的专业能力，对自己签发的多式联运单证确保其流通性，并作为有价证券在经济上有令人信服的担保程度。

7.4 物流运输方式的比较与选择

运输在物流系统中是最为重要的构成要素，选择什么样的运输方式对于物流效益的提高是十分重要。在决定运输方式时，必须权衡运输系统要求的运输服务和运输成本，可以以运输方式的技术经济特征来进行有效的比较并选择。五种不同的运输方式各有利弊，客户对物流运输的总体要求是安全、迅速、经济、便利，各种运输方式的特点及其技术经济特征在进行物流运输方式的比较与选择中起到了重要的作用。充分的了解各种运输方式的技术经济特征才能够发挥铁路、公路、水运、航空和管道等各种运输方式的特性和综合运输的优势，选择合理的运输方式或是组合方式，才能够实现社会物流过程的合理化，进而推动物流成本的降低和物流效益的提高。

五种基本的物流运输方式的技术经济特征是我们用来进行物流运输方式比较与选择的重要依据。

7.4.1 公路运输的技术经济特征

1. 机动灵活性

机动灵活是公路运输的最大优点，这是其他的运输方式难以替代的。具体的表现为公路运输技术上的灵活性和经济上的灵活性。

（1）技术上的灵活性。公路运输技术上的灵活性决定了其运输生产具有点多、面广、分散及流动性强等显著特点，具体在实践中的表现如下。

① 空间上的机动灵活性强。公路运输可以直接实现"门到门"的运输，由于空间限制性较小，运输车辆可以通过公路网络直接实现对客户的上门接送货物服务，这也使公路运输成为多式联运方式中重要的连接环节，承担着衔接各种运输方式的任务。

② 运营时间上具有较强的灵活性。通常可实现根据客户需求随时启运，提供随到随运

的服务,并能够灵活地制定运营时间表,运输服务的时间弹性大,定期与不定期相结合,可以在最大的程度上满足客户的时间要求。

③ 载运量的灵活性强。汽车运输的运载量可大可小,小的单车运输可以载重 0.25 吨的货物,大的拖挂运输列车可以载重几十吨的货物。可以根据客户的实际需要进行调解,安排不同吨位的车辆,充分利用载运量进行合理运输。

④ 运行条件的灵活性强。汽车对到达地点的环境与设施要求不高,能够深入工厂、矿山、车站、码头、农村、山区、城镇街道以及居民区等各种场所中进行运输。因此,公路运输服务的范围不仅包括各种等级公路,还可以延伸到等外公路,甚至乡村便道,将货物从发货者门口直接送到收货者门口,不需要转运或反复进行装卸搬运,而且对装卸设备、停靠场地的要求不高。

⑤ 服务上的灵活性强。能够根据客户需要提供个性化服务,最大限度地满足不同性质的货物运输。服务灵活性强是现代物流活动的一个基本要求。

⑥ 运输组织方式的灵活性强。不但可以自成体系组织运输,并且可以为其他的运输方式提供必要的接运,作为各种联运方式的连接环节,公路运输具有得天独厚的优势。同时,公路运输也可以与铁路、水路联运,或是为铁路、港口集散货物。

⑦ 组织机构规模的灵活性强。汽车运输公司可以通过增减汽车数量或是与其他运输公司、运输个体进行联合,提高自身提供服务规模的能力,适应市场的变化。

⑧ 公路运输场站服务对象的灵活性强。既可以为众多运输企业服务,也可以为经营个体使用。

(2) 经济上的灵活性。公路运输经济上的灵活性主要表现在以下两个方面。

① 投资少。从业者可以根据市场上的运输服务需要和自身的条件,灵活自主地选择车辆的配备及场站的投资建设方式。

② 资金周转快,原始投资回收期较短。一般情况下,每年资金可以周转 1~2 次,而铁路运输要 3~4 年才周转一次。我国一些公路企业的实践证明,如果良性经营状况下,一年左右可以收回投资。

2. 驾驶人员容易培训

与其他的运输方式相比较,汽车的驾驶技术最简单,最容易掌握。汽车驾驶员培训期通常在几个月的时间,而其他的运输工具的驾驶员培训期需要较长的时间,驾驶技术掌握起来难度更大的多。

3. 包装简单,货损少

因为汽车运载量相比其他运输方式而言要小,所以货物受压状况较好,对包装的要求相对较低。公路运输环境对车辆运行中的震动及货损会有一定的影响,所以一般情况下,车辆运输装卸作业环节更少,包装的要求相对简单,货损小。

4. 运输成本高

公路运输成本分别是铁路运输成本的 11.1～17.5 倍,沿海运输成本的 27.7～43.6 倍,管道运输成本的 13.7～21.5 倍。但是与航空运输相比,公路运输成本只有航空运输成本的 6.1%～9.6%。

5. 运输能力小

每辆普通载货汽车通常每次最多只能运送 50 吨左右的货物,大约为货物列车的 1/100。长途客车一般也只能运送 50 位左右旅客,仅相当于铁路普通列车的 1/30～1/36。由于汽车体积较小,载重量不高,运送大件货物较为困难,所以在一般情况下不大适合大件货物和长距离货物的运输。

6. 占用土地资源多

土地是一个国家赖以生存和发展的极其宝贵的资源。从世界实际情况来看,道路建设均需要占用大量土地,1 公里双向四车道的高速公路占地约为 60 亩。随着经济的发展、汽车的增长,公路运输占地多的矛盾将会日益突出。合理的规划土地的使用与道路交通的建设之间应该得到协调,应该考虑可持续发展的需要。

7. 劳动生产率低下

公路运输的劳动生产率一般只有铁路运输的 10.6%,沿海运输的 1.5%～7.5%,但是与航空运输相比要更高一些,大约为航空运输的 3 倍左右。运输中的劳动生产率受到运输工具运力的影响较大。

8. 能源消耗高

公路运输能源消耗量较大,分别是铁路运输能源消耗量的 10.6～15.1 倍,沿海运输能源消耗量的 11.2～15.9 倍,内河运输能源消耗量的 13.5～19.1 倍,管道运输能源消耗量的 4.8～6.9 倍,但是与航空运输相比,能源消耗要更低的多,只有航空运输能源消耗量的 6.0%～8.7%。所以公路运输的能源消耗在各种运输方式中是属于能源消耗较大的一种运输方式,所以绿色物流兴起的一个重要问题就是公路运输的节能问题。

9. 环境污染问题严重

正是由于公路运输的能源消耗较大,所以环境污染问题严重。根据美国环境保护机构对各种运输方式造成的污染进行研究分析表明,公路运输的汽车是造成环境污染的重要根源,其中有机化合物污染占 81%,氮氧化合物污染占 83%,一氧化碳污染占 94%。公路运输造成的污染是水路运输的 3.3 倍。汽车是城市生活中主要的污染源之一,汽车尾气、噪音等均对我们的社会生活带来污染,因而对公路运输的合理规划不仅仅是涉及物流成本的降低问题,更涉及环境保护这一全球共同的重要话题。

公路运输适用于中短距离的货物运输,一般经济里程为 200 公里以内。但是随着高速公路网络的修建和完善,公路运输将不断突破运输距离短的局限性,形成一个短、中、长途运输方式并举的新格局。

7.4.2 铁路运输方式的技术经济特征

铁路运输作为一种重要的大运量、现代化的路上运输方式,已经有 170 多年的历史,主要适合于长距离、大批量、运载量重的运输,在我们的整体社会的货物、旅客运输中担负着重要的作用。

1. 运输能力大

铁路运输能力远远超过公路运输,仅次于水运。一般铁路每列货车可装载 3 000～4 000 吨、重载列车可装载约 5 000 吨以上的货物;单向单线年最大货物运输能力达 1 800 万吨,复线达 5 500 万吨。所以,铁路运输承担着陆地运输中大量物资的大规模运送。

2. 运行速度快

铁路列车运行时速一般在 80～120 公里之间,高速铁路运行时速可达 210～350 公里。运送速度除运行时间外,还包括途中的停留时间和两端的作业时间。铁路列车在运输过程中需要编组、解体和中转改编等作业环节,在长途运输条件下,铁路的送达速度高于水路与公路运输,但在短途运输上则低于公路运输。

3. 运输成本低

一般来说,铁路运输的单位成本比公路运输、航空运输要低许多,有时甚至低于内河运输。因此,铁路运输常常承担一些低价值货物(例如粮食、矿石以及木头等)在陆地上的大规模运输,也是邮政运输的重要组成部分。

4. 运输经常性好

铁路运输不易受大雨、大雾、台风等气象和自然环境的影响,能保证客货的运送时间,且到发时间准确性较高,又相对较为严格与准确的时间表,场站建设也较好,因此铁路运输是五种主要运输方式中受天气影响最小的一种方式。

5. 能耗低

铁路运输每千吨公里消耗标准燃料为汽车运输的 1/15～1/11,为航空运输的 1/174,但是高于沿海运输和内河运输。随着动力系统的升级改造，铁路运输的能源消耗在不断降低，并且造成的环境污染也在不断的降低。

6. 通用性好

铁路能运输各类不同的货物，并可实现驮背运输、集装箱等多种运输。由于铁路运输可以将不同类型的车厢连接起来组成列车车组，所以能够满足各种不同的货物进行组合运输，具有极强的通用性。

7. 机动性差

铁路运输只能在固定线路上实现运输，较难实现"门到门"运输，需要汽车等运输方式的配合和衔接。铁路运输只能够沿着固定的铁轨线路进行，而我们的客户通常情况下都没有专用的铁路运输线路，只能在固定的场站中通过汽车运输来进行集散，中间环节增多，机动性较差。

8. 投资大，建设周期长

铁路线路、机车车辆、车站等技术设备需要投入大量的人力物力、投资额大、建设周期长。例如，单线铁路造价均为 100～300 万元/公里，复线造价在 400～500 万元/公里之间，一条铁路干线的建设时间一般需要 3～5 年。相比公路运输而言，铁路运输的装备设施的维护成本也相对较高，技术要求高。铁路线路的建设难度较大，因为受到固定线路影响，所以在建设中，线路铺设的难度较大，与公路相比，在线路选择上更为复杂。

9. 占地多

新建一公里的复线铁路占地需要 30～40 亩，随着人口的增长，将给社会带来更大的负担。铁路线路建设的难度大，线路建设和场站建设对土地资源的占用相对要求都较高，因而占用土地资源更多。

铁路运输适于大宗低值货物的中、长距离运输，如（散装的煤炭、金属、矿石、谷物等）、罐装货物（如化工产品、石油产品等）运输，也适合于大批量、实践性强、可靠性要求较高的一般货物和特种货物的运输。

7.4.3 水路运输的技术经济特征

水路运输主要是利用天然水道，进行大批量的、长距离的运输。

1. 运输能力大

在五种运输方式中，水路运输能力最大。在长江干线，一支拖驳或顶推驳船队的载运能力达 3.2 万吨，国外最大的顶推驳船的载运能力也达到 3~4 万吨，目前世界上最大的油船载运量达到 60 万吨。

2. 能耗低

我国水路运输中，柴油机占发动机功率的 95%，其中低速柴油机约占 88%。低速柴油机热效功率较高，一般可达到 40%~50%，而铁路运输内燃机热效率约为 30%，因此，船舶单位能耗低于铁路，更低于公路。美国运输部统计资料数据表明，1 加仑（1 加仑=4.5461 升）燃油，大型卡车可完成 59 吨英里，铁路可完成 202 吨英里，内河船舶可完成 514 吨英里。汽车的能源消耗约为内河船舶的 10 倍，铁路的能源消耗约为内河运输的 2 倍。

3. 运输成本低

沿海船舶的吨位大，运输成本一般较铁路低。长江干线的运输成本为铁路的 84%，沿海运输成本只有铁路的 40%。德国内河运输成本为铁路的 1/3、公路的 1/5，而美国内河运输成本仅为铁路的 1/4、公路的 1/15。

4. 建设投资少

水路运输除需要投资构造船舶、建设港口外，在一般情况下，是利用江河湖海等自然资源行船，沿海航道几乎不需要投资建设，内河航道整治也仅仅只有铁路建设的费用的 1/5~1/3。

5. 土地占用少

与铁路、公路相比，水运占用土地少，基本不占耕地。有些航道的整治和港口的建设可利用疏浚的泥沙回填，增加沿岸的可利用土地面积。

6. 劳动生产率高

沿海运输劳动生产率是铁路运输的 6.4 倍，长江干线运输的劳动生产率是铁路运输 1.26 倍。

7. 平均运距长

水路运输平均运距分别是铁路运输的 2.3 倍，公路运输的 59 倍，管道运输的 2.7 倍，但只有航空运输的 68%。

8. 运输速度慢

船舶运输平均航速较慢，在途中的时间长，不能快速地将货物运达目的地，增加货主流动资金的占有量。

9. 受自然条件的影响较大

水上运输容易受台风或气候条件的影响，货物送达期限难以准确保证，内河航道枯洪水期水位变化较大；北方内河航道和有些海港冬季结冰，不能实现全年通航。

10. 可达性差

水路运输只能在固定的水路航线上进行运输，常常需要去其他运输方式与之配合衔接，才能实现"门到门"的运输。

水路运输适宜于运距长、运量大、对送达时间要求不高的大宗货物运输、也适合集装箱运输。

7.4.4 航空运输的技术经济特征

航空运输因其航速高，故在交通运输体系中具有特殊的地位和较好的发展潜力。

1. 高速可达性

高速可达性是航空运输最突出的优点。飞机运行速度一般在 800～1 000 公里/小时，在空中较少受自然地理条件的影响和限制，航空线路距离一般较其他运输方式长。运输距离越长，航空运输所能及节约的时间越多，快速的特点也越显著。此外，在火车、汽车、船舶无法到达的地区，航空运输则有可能实现运输目的。

2. 安全性高

按单位货运周转量或单位飞行时间损失率统计，航空运输的安全性比其他任何运输方式都高。

3. 经济价值独特

尽管从运输成本来说，航空运输比其他任何一种运输方式的运输成本高，但是如果考虑时间的价值，利用飞机运输鲜活产品、时令性产品和邮件却有其他运输方式所不具备的独特的经济价值。

4. 包装要求低

因为飞机航行的平稳性和自动着陆系统的使用，可大大降低货损的比率，所以空运货物的包装要求通常比其他运输方式简单，有时，一张塑料薄膜裹住托盘货物就可以保证货物不受破损。

5. 载运量小

航空运输不能承载大型、大批量的货物，只能承运小批量、体积小的货物。

6. 投资大、成本高

飞机造价高，购置、维修费用高，能耗大，运输成本比其他运输方式要高很多。

7. 易受气候条件限制

因飞行条件要求高，航空运输在一定程度上受自然气候条件的限制，如遇雷雨、大雾、台风等恶劣天气，不能保证客货运送的准点性和正常性。

8. 机动性差

通常情况下，航空运输难以实现"门到门"运输，必须借助其他运输工具进行集疏运。

航空适宜运送价值高、体积小、送达时效要求高的特殊货物，如高级电子仪器设备、精密仪器设备、鲜活易腐货物、时令性产品、邮件等产品的运输。

7.4.5 管道运输的技术经济特征

现代管道运输始于19世纪中叶，最早开始于石油原油的运输，20世纪60年代开始用管道运输煤浆，近年来，管道运输被进一步研究用于解决散装物料、成件货物、集装物料的运输以及发展容器式管道运输系统。

1. 运量大

根据油管线管径的大小，每年的运输量可达数百万吨到几千万吨，甚至超过亿吨。直径720毫米的输煤管道，年可运输量达到2 000万吨，几乎相当于一条单线铁路的输送能力。

2. 管道运输建设周期短、投资费用低

管道建设只需要管线、修建泵站，土石方工程量等较修建铁路小。在相同运量条件下，其建设周期与铁路相比要短1/3以上。据有关资料统计，管道建设费用要比铁路低60%左右。

3. 占地少

根据地面条件，管道可建在地上，也可埋在地下，管道埋藏于地下的部分占管道总长度的95%左右，因而占用的土地少，分别仅为公路的3%、铁路的10%左右。

4. 符合绿色运输要求

由于石油天然气易燃、易爆、易挥发、易泄露,故采用管道运输不仅安全可靠,较少损耗,又可以避免对空气、水源、土壤的污染,能较好地满足运输对绿色环保的要求。

5. 能耗小,成本低

由于管道运输采用密封性设备,在运输过程中可能避免散失、丢失等损失,也不存在其他运输设备在运输过程中消耗动力所形成的无效运输的问题,几乎不存在空载,因此,在各种运输方式中,管道运输能耗最小,每吨公里的能耗不足铁路运输的 1/7,在大批量的运输时与水运接近。以石油运输为例,管道、水运、铁路运输成本之比约为 1:1:1.7。

6. 运输经常性好

由于管道运输密封性且多埋藏于地下,不受气候的影响,可长期稳定地运行,输送货物的可靠性高。

7. 灵活性差

管道运输功能单一,仅能运输石油、天然气及煤炭等固体料浆,且管线固定,因此,运输灵活性差。此外,当管道运输量明显不足时,运输成本会显著上升。

管道运输适合于单向、定点、量大的流体状且连续不断货物的运输。

7.4.6 运输方式的选择

物流运输,不仅限于单一的运输手段,而是通过多数运输手段的合理组合实现物流的合理化。可以在不同运输方式间自由变化运输工具,也即"联运",它是运输性质不断改变的一个反映,标志着物流管理者将两种或更多种运输方式的优势集中在一起,并天衣无缝地融入一种运输方式的能力,从而比单一方式运输为顾客提供更快、风险更小的服务,其组合方式有很多种。

(1)铁路运输和公路运输;
(2)铁路运输和水运;
(3)铁路运输和航空运输;
(4)铁路运输和管道运输;
(5)公路运输与航空运输;
(6)公路运输和水路运输;
(7)公路运输和管道运输;
(8)水路运输和管道运输;

（9）水路运输和航空运输；

（10）航空运输和管道运输。

这些组合并不是都实用，而其中有些可行的组合也未被采用，只有铁路运输和公路运输的组合（"驮背运输"）得到广泛使用。公路运输和水上运输的组合（"鱼背运输"）也得到了越来越多的采用，尤其是高价值货物的国际运输中。在较小的一定范围内，公路运输与航空运输和铁路运输与水运运输的组合也是可行的。铁路运输的联运使运输人即能享受到公路运输时接送和发运的灵活性，又能获得火车在远程运输中的效率，几乎所有的航空运输都是联合运输。因为它需要由货车将货物接送和装到飞机上，然后由货车运至目的地。公路运输促使联运在一起，它以最好的方式运作，提供灵活，定期和短途的服务，使联合运输的方式更有效率，联运可以提高运输效率简化手续，方便货主；保证货物流通过程的畅通，它把分阶段的不同运输过程，联结成一个单一的整体运输过程，不仅给托运人或货运人带来了方便，而且加速了运输过程，有利于降低成本，减少货运货差的发生，提高运输质量。因此，发展联合运输是充分发展我国运输方式的优势，使之相互协调，配合，建立起运输体系的重要途径。

目前，大多数运输会涉及上述一种运输方式以上的服务，物流管理者面临的挑战就在于各种运输模式的均衡必须在整体物流系统的更大框架下完成。物流的运输系统的目标是实现物品迅速完全和低成本的运输，而运输时间和运输成本则是不同运输方式相互竞争的重要条件，运输时间与成本的变化必然带来所选择的运输方式的改变，目前企业对缩短运输时间，降低运输成本的要求越来越强烈，这主要是在当今经营环境较复杂，困难的情况下，只有不断降低各方面的成本，加快商品周转，才能提高企业经营效率，实现竞争优势，缩短运输时间来降低运输成本是种此长彼消的关系，这也是物流的各项活动之间的"效益背反"（Trad off）的体现。所以选择运输方式时一定要有效的协调二者的关系。实现物流过程的合理运输。即从物流系统的总体目标出发，运用系统理论和系统工程原理和方法，充分利用各种运输方式，选择合理的运输路线和运输工具，以最短的路径，最少的环节，最快的速度和最少的劳动消耗，组织好物质产品的运输活动。

物流管理者要对以上同种运输的基本方式进行优选、匹配、优化匹配运输方式有利于物流运输合理化，有利于做好物流系统决策，有着重大的意义。设计出合理的物流系统，精确地维持运输成本和服务质量之间的平衡，做好运输管理工作是保证高质量物流服务的主要环节。

优化匹配运输方式有利于物流运输合理化，有利于做好物流系统决策，有着重要的意义：合理组织物品的运输，有利于加速社会再生产过程，促进国民经济持续，稳定，协调地发展；能节约运输费用，降低物流成本，能缩短运输时间，加快物流速度；可以节约运力，缓解运力紧张的状况，还能节约能源，这对缓解我国目前交通运输和能源紧张的情况具有重大的现实意义。

7.5 物流运输路线决策

在物流工作中,经常出现各种运输活动,而如何选择正确的路线,降低物流成本就成为物流运输中的关键,因此本节从表上作业法和图上作业法讲述了物流运输路线的决策问题。

7.5.1 调运问题——表上作业法

基本思路:
1. 建立供需平衡运价表
2. 用最小元素法求出初始调运方案
3. 用位势法检验初始调运方案
4. 用闭合回路法调整初始调运方案
5. 重复步骤3~4,直到出现最优调运方案
6. 计算最少总运费(运价单位为元)

例题:设有 5 个产地 A1、A2、A3、A4、A5 和 4 个销地 B1、B2、B3、B4 的运输问题,他们的供应量和需求量及单位运费如下表,试计算其最小运输成本。(以供销平衡为例)

	B1	B2	B3	B4	供应量(吨)
A1	10	20	5	7	10
A2	13	9	12	8	20
A3	4	15	7	9	30
A4	14	7	1	0	40
A5	3	12	5	19	50
需求量(吨)	60	60	20	10	150

解:(1)该案例属于供需平衡,下面直接用最小元素法求出初始调运方案。

在所有运价中,找出最小运价为 0,该运价对应的需求量为 10 吨,供应量为 40 吨,即需求量可以得到全部满足。将调运数量和 A4、B4 的剩余供需数量在表上做出记号,同时由于 B4 的需求已经满足,可以划去该列其他的各个运价。结果如下。

	B1	B2	B3	B4	供应量(吨)
A1	10	20	5	7	10
A2	13	9	12	8	20
A3	4	15	7	9	30
A4	14	7	1	0/10	40/30
A5	3	12	5	19	50
需求量(吨)	60	60	20	10/0	150

同理在剩下的运价中,最小运价为1,调运结果如下。

	B1	B2	B3	B4	供应量（吨）
A1	10	20	5	7	10
A2	13	9	12	8	20
A3	4	15	7	9	30
A4	14	7	1/20	0/10	40/30/10
A5	3	12	5	19	50
需求量（吨）	60	60	20/0	10/0	150

在剩下的运价中,最小运价为3,调运结果如下。

	B1	B2	B3	B4	供应量（吨）
A1	10	20	5	7	10
A2	13	9	12	8	20
A3	4	15	7	9	30
A4	14	7	1/20	0/10	40/30/10
A5	3/50	12	5	19	50/0
需求量（吨）	60/10	60	20/0	10/0	150

在剩下的运价中,最小运价为4,调运结果如下。

	B1	B2	B3	B4	供应量（吨）
A1	10	20	5	7	10
A2	13	9	12	8	20
A3	4/10	15	7	9	30/20
A4	14	7	1/20	0/10	40/30/10
A5	3/50	12	5	19	50/0
需求量（吨）	60/10/0	60	20/0	10/0	150

在剩下的运价中,最小运价为7,调运结果如下。

	B1	B2	B3	B4	供应量（吨）
A1	10	20	5	7	10
A2	13	9	12	8	20
A3	4/10	15	7	9	30/20
A4	14	7/10	1/20	0/10	40/30/10/0
A5	3/50	12	5	19	50/0
需求量（吨）	60/10/0	60/50	20/0	10/0	150

在剩下的运价中,最小运价为9,调运结果如下。

	B1	B2	B3	B4	供应量(吨)
A1	10	20	5	7	10
A2	13	9/20	12	8	20/0
A3	4/10	15	7	9	30/20
A4	14	7/10	1/20	0/10	40/30/10/0
A5	3/50	12	5	19	50/0
需求量(吨)	60/10/0	60/50/30	20/0	10/0	150

在剩下的运价中,最小运价为15,调运结果如下。

	B1	B2	B3	B4	供应量(吨)
A1	10	20	5	7	10
A2	13	9/20	12	8	20/0
A3	4/10	15/20	7	9	30/20/0
A4	14	7/10	1/20	0/10	40/30/10/0
A5	3/50	12	5	19	50/0
需求量(吨)	60/10/0	60/50/30/10	20/0	10/0	150

在剩下的运价中,最小运价为20,调运结果如下。

	B1	B2	B3	B4	供应量(吨)
A1	10	20/10	5	7	10/0
A2	13	9/20	12	8	20/0
A3	4/10	15/20	7	9	30/20/0
A4	14	7/10	1/20	0/10	40/30/10/0
A5	3/50	12	5	19	50/0
需求量(吨)	60/10/0	60/50/30/10/0	20/0	10/0	150

至此,求得初始调运方案如下表所示。

	B1	B2	B3	B4
A1	10	20/10	5	7
A2	13	9/20	12	8
A3	4/10	15/20	7	9
A4	14	7/10	1/20	0/10
A5	3/50	12	5	19

（2）用位势法检验初始方案是否为最优。

① 设有调运数量的运价 $D_{ij}=U_i+V_j$，其中 D_{ij} 表示运价，U_i 表示产地的位势量，V_j 表示销地的位势量，i 为行数，j 为列数。可以列出如下方程组：

$20=U_1+V_2$
$9=U_2+V_2$
$4=U_3+V_1$
$15=U_3+V_2$
$7=U_4+V_2$
$1=U_4+V_3$
$0=U_4+V_4$
$3=U_5+V_1$

因为位势量 U_i，V_j 的总数（即未知数个数）比方程的总个数多 1，因此可任设一未知数为已知数，来解出所有位势量，如本例可设 $U_4=0$，分别求出 $U_1 \sim U_5$ 和 $V_1 \sim V_4$，如下表所示。

	B1	B2	B3	B4	
A1	10	20/10	5	7	U1=13
A2	13	9/20	12	8	U2=2
A3	4/10	15/20	7	9	U3=8
A4	14	7/10	1/20	0/10	U4=0
A5	3/50	12	5	19	U5=7
	V1=−4	V2=7	V3=1	V4=0	

② 设没有调运量的运价为 C_{ij}，如果 C_{ij} 不小于 U_i+V_j（即 $C_{ij} \geqslant U_i+V_j$），检验通过；否则在该运价上做记号，等待下一步调整，例如 $C_{11}=10<U_1+V_1=17$ 因此检验未通过。最终检验结果如下。

初始方案	B1	B2	B3	B4	
A1	10	20/10	5	7	U1=13
A2	13	9/20	12	8	U2=2
A3	4/10	15/20	7	9	U3=8
A4	14	7/10	1/20	0/10	U4=0
A5	3/50	12	5	19	U5=7
	V1=−4	V2=7	V3=1	V4=0	

③ 第一次调整。对 C_{13} 调整。为其寻找另外三个有调运量的价格元素，使这四个元素

在表中形成矩形，即闭合回路，如 C13，C43，C42，C12，C13 形成闭合回路。以始点 C13 为偶点，其他顶点依此为奇点、偶点、奇点……直到始点与终点重合为止。再按照"最小运量，偶加奇减"的原则进行调整，过程如下。

20/10　　5
7/10　　1/20

调整为

20　　5/10
7/20　　1/10

第一次调整后的调运方案和新的 U、V 如下。

第一次调整后	B1	B2	B3	B4	
A1	10	20	5/10	7	U1=4
A2	13	9/20	12	8	U2=2
A3	4/10	15/20	7	9	U3=8
A4	14	7/20	1/10	0/10	U4=0
A5	3/50	12	5	19	U5=7
	V1=-4	V2=7	V3=1	V4=0	

第一次调整后用位势法对该方案进行检验，结果如下。

第一次调整后检验	B1	B2	B3	B4	
A1	10	20	5/10	7	U1=4
A2	13	9/20	12	8	U2=2
A3	4/10	15/20	7	9	U3=8
A4	14	7/20	1/10	0/10	U4=0
A5	3/50	12	5	19	U5=7
	V1=-4	V2=7	V3=1	V4=0	

④ 第二次调整。对 C33 调整。过程如下。

15/20　　7
7/20　　1/10

调整为

15/10　　7/10
7/30　　1

第二次调整后的调运方案和新的 U、V 如下：

第二次调整后	B1	B2	B3	B4	
A1	10	20	5/10	7	U1=-2
A2	13	9/20	12	8	U2=-6
A3	4/10	15/10	7/10	9	U3=0
A4	14	7/30	1	0/10	U4=-8
A5	3/50	12	5	19	U5=-1
	V1=4	V2=15	V3=7	V4=0	

对该方案进行检验，结果如下。

第二次调整后检验	B1	B2	B3	B4	
A1	10	20	5/10	7	U1=-2
A2	13	9/20	12	8	U2=-6
A3	4/10	15/10	7/10	9	U3=0
A4	14	7/30	1	0/10	U4=-8
A5	3/50	12	5	19	U5=-1
	V1=4	V2=15	V3=7	V4=0	

⑤ 第三次调整。对 C52 调整。过程如下。

4/10　15/10
3/50　12
调整为
4/20　15
3/40　12/10

第三次调整后的调运方案和新的 U、V 如下。

第三次调整后	B1	B2	B3	B4	
A1	10	20	5/10	7	U1=11
A2	13	9/20	12	8	U2=9
A3	4/20	15	7/10	9	U3=13
A4	14	7/30	1	0/10	U4=7
A5	3/40	12/10	5	19	U5=12
	V1=-9	V2=0	V3=-6	V4=-7	

对该方案进行检验，结果如下。

第三次调整后检验	B1	B2	B3	B4	
A1	10	20	5/10	7	U1=11
A2	13	9/20	12	8	U2=9
A3	4/20	15	7/10	9	U3=13
A4	14	7/30	1	0/10	U4=7
A5	3/40	12/10	5	19	U5=12
	V1=-9	V2=0	V3=-6	V4=-7	

⑥ 第四次调整。对 C53 调整。过程如下。

4/20　　7/10
3/40　　5
调整为
4/30　　7
3/30　　5/10

第四次调整后的调运方案和新的 U、V 如下：

第四次调整后	B1	B2	B3	B4	
A1	10	20	5/10	7	U1=12
A2	13	9/20	12	8	U2=9
A3	4/30	15	7	9	U3=13
A4	14	7/30	1	0/10	U4=7
A5	3/30	12/10	5/10	19	U5=12
	V1=-9	V2=0	V3=-7	V4=-7	

经过检验，所有的 C_{ij} 均大于 U_i+V_j，此调运方案为最优方案，即

最优方案	B1	B2	B3	B4
A1	10	20	5/10	7
A2	13	9/20	12	8
A3	4/30	15	7	9
A4	14	7/30	1	0/10
A5	3/30	12/10	5/10	19

其最小总运输成本=5×10+9×20+4×30+7×30+0×10+3×30+12×10+5×10=820 元

7.5.2 图上作业法

在物流运输中，由于运力安排不合理，常常出现两种浪费现象。一是对流，二是迂回。所谓对流，就是在一段路线上有同一种货物在进行往返运输。而所谓迂回，就是在构成回路的路线上，从一地点到另一地点可经由两条路线到达，其中一条是小半圈路线，一条是大半圈路线。如果在选择运输的路线距离大于全回路程的一半及其以上时，则是迂回运输。图上作业法可以让我们避免对流和迂回运输。

运用线性规划理论可以证明，一个运输方案，如果没有对流和迂回运输，它就是一个运力最省的最优方案。

1. 不含回路的图上作业方案

运输路线上不含回路的作业方案的确定比较简单。方法就是从各个端点开始，按"各端供需归邻站"的原则进行调配。如图 7-2 所示。在图 7-2 中，有四个起运站分别为①、③、⑥、⑧，分别为 7、8、6、4；另有四个终点站（目的地）②、④、⑤、⑦，需求量分别为 2、8、7、8。圆圈内的数字表示站号，圆圈旁的数字表示供需量。其中有负号的数字表示需求量，没有负号的数字表示供应量。

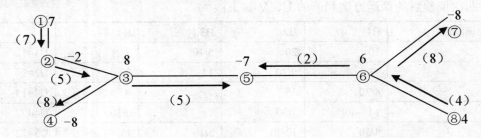

图 7-2 不含回路的调运方案

为了便于检查对流现象，我们把流向箭头统一标在右旁。箭头线旁带括号的数字表示调运量。从端点①开始，把 7 个单位的物资供给②，②多余的 5 个单位再供给③。

端点④的 8 个单位物资由③供给，③剩余的 5 个单位供给⑤。

端点⑧的 4 个单位供给⑥，端点⑦的 8 个单位由⑥供给，⑥剩余的 2 个单位供给⑤。

这样，就得出一个最优调运方案。

2. 含有回路的图上作业方案

运输路线中有回路，可以分三步逐渐求解，直至求解到最优方案。

第一步：在每个回路中，去掉一段路线，使它不含回路。并按上述方法作出调运方案。

第二步：检查有无迂回情况。因为流向画在路线右旁，所以圈内圈外都画有一些流向。

分别检查每个回路，如果圈内和圈外路线流向的总长度都不超过路线回路总长度的一半，则这个回路上就没有迂回情况了，这个方案就是最优方案。否则转第三步。

第三步：改变原来的去线和破圈方式，转第二步。如图 7-3 所示。

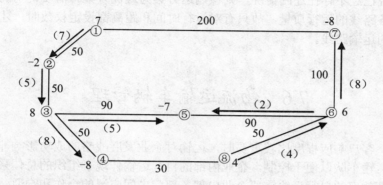

图 7-3　含有回路的调运方案

在图 7-3 中，在由①、②、③、⑤、⑥、⑦组成的回路中，去掉①到⑦的路线，在由④、⑧、⑥、⑤、③组成的回路中，去掉④到⑧的路线后，便与图 7-2 的情况类似了。这样就可以得出类似的调运方案。图 7-3 中，各路线旁不带括号的数字表示两点间的距离。

在图 7-3 的上部回路中，总长度为 580，调运方案外圈总长度为 50+50+90+100=290，内圈总长度为 90，均不超过回路总长度的一半。而在图中下部的回路中，回路总长度为 310，而外圈总长度为 50+90+50=190，大于回路总长度的一半，所以，此方案不是最优方案，应进行调整。调整方法是：去掉①到⑦以及⑤到⑥之间的路线，运输路线也不含回路了，再按前面同样的方法，作出新的调运方案，如图 7-4 所示。

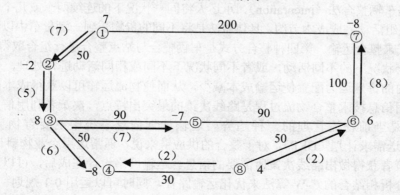

图 7-4　最优调运方案

3. 含有回路的图上作业方案

对各回路进行检查。对各回路的内圈和外圈分别进行计算，如都不超过回路总长度的一半，也就是说已经不存在迂回情况，则该调运方案为最优方案。需要说明的是，上述方法没有考虑各条路线的运行质量，故只有对运行时间和距离都设定权数时，才能得出比较具有实际意义的运输路线。

7.6 物流运输车辆管理

当运量大、客户响应程度比较重要时，运输对企业发展战略的成功影响非常大，企业应拥有自己的运输车队以便于控制，企业内部的自行运输体现了组织的总体采购战略。但是实施低成本高效率的自行运输需要企业内部各部门之间广泛的合作和沟通。通常企业有自己的车队的原因是：服务的可靠性，订货提前期较短，意外事件反应能力强，与客户的合作关系，运输路线决策作为第一层的决策，依赖于具体的货物流动，决策者一定要掌握和管理各种实时信息，在设施位置已知的前提下，安排车辆最佳的出发时间和确定车辆在各个客户间的行程路线，使得运输路线最短或运输成本最低。路线的决策主要取决于信息技术，依靠对信息的获得来对物流进行整合。

首先是双向的整合，利用信息技术及时获得所运输货物目的地的货运信息，确保车辆不是空载返回。其次是站点的整合（consolidation），承运人将不同站点下的同一活动同地处理，从而使该组活动完成所需成本的节约。由于货物的分布比较分散承运商可以建立几个临时用来整合货物的站点将不同地方的货物先运送到临时的站点然后进行整合，整合成一整车来运送货物。采取这种方式后获得的收益要大于整合货物时库存货物的费用。第三种整合的方法是车辆整合法（intenration），承运人将同一状况下的连续两个或几个活动同时处理，从而使该组活动完成成本节约。具体做法是将不同的货物装到一辆货车中以达到车辆满载以这种方式来整合运输。第四种整合方式是车辆整合与站点整合进行组合取得组合效果。承运人将同一状况下的不同活动，或者不同状况下不同或相同活动进行处理，依靠公司在某一时间段内的特殊运力配置使运输成本减少，从而使物流运输可以获得成本的节约。

当前利用信息技术整合物流过程是路线决策的最突出特点，决策者利用信息技术来确定运输路线是当前物流管理的一种趋势。运输计划信息系统中主要有物料需求计划（MRP），配送需求计划（DRP），对于整合的供应链来说，通常运用企业物料计划（ERP）可以帮助决策者获得做出路线决策所需要的信息。运输网络设计完成后，可以利用计算机技术与定量分析相结合的 C-W 算法来优化运输路径，同时可以运用 0-1 规划、线性规划、专家系统等来进行运输路线的优化。在物流运输规划的 GIS 环境中，可以应用 MAS 系统

（Multi-Agents Systems，MAS）进行物流路径动态规划的策略；也可以应用智能运输系统（ITS），通过信息技术、车辆定位技术、车辆识别技术、通信与网络等技术来规划物流路径，使得运输所需的时间、路线最少成本最低。

7.6.1 委托运输

自己组织运输可以充分利用公司内部的设备资源，有效的保持与客户间的良好联系，但过于分散的投资会使公司无法有效致力于核心竞争力领域，服务水平难以达到客户要求，而委托运输则减轻了企业的压力，可以使企业集中精力于新产品的开发和产品的生产。但另一方面委托运输需要处理与企业内部的承运商之间的关系增加了交易成本也增加了对运输控制的难度。此外关于委托运输还是自行运输的决策不仅是运输决策更是实物决策。因而自行运输和委托运输的选择，不同的制造商需要根据各自的实际情况做出适合自己的决策。

1. 委托运输的形式

委托运输的形式包括交由承运人、外包给第三方物流以及外包给第四方物流。近些年越来越多的企业为了降低其作业成本致力于核心业务的发展，纷纷把企业的所有或部分物流功能外包，物流公司利用物流公司技术的灵活性，减少企业在某些领域的投资进而重新整合其供应链，专注于核心竞争力，提高服务水平。第三方物流是指生产经营企业为集中精力搞好主业，把原来属于自己处理的物流活动，以合同方式委托给专业物流服务企业，同时通过信息系统与物流服务企业保持密切联系，以达到对物流全程的管理和控制的一种物流运作与管理方式。因此第三方物流又叫合同制物流。对非物流企业而言，物流能力往往是辅助能力；对物流企业而言，其核心能力必定与物流有关。这样物流企业与非物流企业相比在物流方面有了比较大的优势。为降低物流成本应采用第三方物流运输模式来增加企业的竞争能力。

2. 车辆选择

车辆选择的传统方法是分三步，对于给定的货运，以生产、营销、服务以及成本为标准进行决策，首先是选择合适的方式，然后是承运人的类型，最后是个体承运人。现在则是直接整合策略，信息技术及能够存储和调用大量数据的技术为决策者提供了一种新的方法，在车辆选择决策中可以调度和应用不同的技术和整合方式，直接将时间、市场与产品的特性、运输成本约束等各方面直接进行整合。每次运输必须按照顾客的期望为标准进行评价，如到达的日期和时间或者一些特殊的处理需要等，同时也要考虑成本的限制。不管采取哪种方式都能满足顾客需求和成本约束标准的运输商，会成为管理者的首选。

3. 运输方式及承运人选择

运输对于客户服务水平、送货时间、服务的连续性、库存、包装、能源消耗等都有重要影响。此外,资源限制、竞争压力、客户需求都要求企业做出最有效的运输方式和承运人选择。运输方式及承运人选择可分为以下4步。

(1)问题识别。要考虑的因素有客户要求、现有模式的不足以及企业的分销模式的改变,通常最重要的是与服务相关的一些因素。

(2)承运人分析。分析中要考虑的信息有过去的经验、企业的运输记录、客户意见等。

(3)选择决策。选择过程中要做的工作是在已知可行的运输方式和承运人中做出决策。

(4)选择后评价。企业做出选择之后,还必须制定评估机制来评价运输方式及承运人的表现,来进行综合评价。

7.6.2 物流车辆管理调度解决方案

1. 需求分析

物流管理的最终目标是降低成本、提高服务水平,这需要物流企业能够及时、准确、全面的掌握运输车辆的信息,对运输车辆实现实时监控调度。现代科技、通讯技术的发展,GPS/GIS技术的成熟和GSM无线通讯技术的广泛应用,为现代物流管理提供了强大而有效的工具。3G(GPS/GIS/GSM)对物流企业优化资源配置、提高市场竞争力,将会起到积极的促进作用。

物流行业的需求的特点。
- 业务覆盖地域广
- 车辆众多,信息量大
- 区域与线路监控要求突出
- 与货运单据配合紧密
- 对货物安全保障要求高
- 对系统响应要求灵活、及时
- 需要位置服务信息的用户多
- 数据共享程度要求高
- 需要完善车辆统一信息管理

(1)系统概念。物流车辆管理调度系统是集全球卫星定位系统(GPS)、地理信息系统(GIS)以及无线通信技术于一体的软、硬件综合系统。主要由三部分组成:车载终端、无线数据链路和监控中心软件系统。可对移动车辆进行统一集中管理和实时监控调度指挥。

(2)方案特点。
① 强大的车辆准确定位、实时监控、高效调度功能
② 提供标准的数据接口,可实现与企业管理信息系统、决策支持系统的无缝对接

③ 兼容多种车载终端，赋予用户在硬件选择上的高度灵活性
④ 可同时支持多种通信方式，包括 GSM/CDMA 短消息、GPRS、集群
⑤ 超大容量，每个监控中心支持车辆总数达五十万辆
⑥ 支持多级架构，多中心级连、分布式互联，支持移动中心
⑦ 系统具有完整安全以及自动灾难恢复机制，保证安全稳定，降低系统维护成本
⑧ 精确的数字地图及专业的地图服务支持，拥有全国至地级市的精确电子地图
⑨ 业界领先的高速 2DGIS 及 3DGIS 引擎，特别适合实时监控系统

2. 系统功能简介

（1）车辆跟踪调度。监控中心可以随时跟踪车辆当前所处的位置、移动速度、移动方向、车辆状态、里程信息等情况，对车辆进行定位时可以按照定时、定距等多种方式监控，并能够在系统界面上显示车辆的各项监控指标。

（2）运力资源的合理调配。系统根据货物派送单产生地点，自动查询可供调用车辆，向用户推荐与目的地较近的车辆，同时将货单派送到距离客户位置最近的物流基地。保证了客户订单快速、准确的得到处理。同时 GIS 的地理分析功能可以快速的为用户选择合理的物流路线，从而达到合理配置运力资源的目的。

（3）敏感区域监控。物流涵盖的地理范围如此之广，随时随地的需要知道在各个区域内车辆的运行状况、任务的执行情况、任务安排情况，让所辖范围的运输状况在眼前一览无余。在运输过程中，有某些区域经常发生货物丢失、运输事故，在运输车辆进入该区域后，可以给予车辆提示信息。

（4）客户服务功能。客户在运输过程中需要随时了解货物的状态，客户可以通过两种途径得到需要的信息，一是通过 WEBGIS 系统查询，二是通过拨打呼叫中心电话查询。通过这两条途径客户可以获得如车辆定位、路线规划、货物状态等信息。

（5）车辆统一信息化管理。由于物流集团下属车辆众多，需要对车辆进行集中统一的信息化管理。管理内容涵盖车辆的基本信息（如车牌号、车辆类型、吨位、颜色等)、保险信息（盗险、自然险等）、安全纪录、事故借款等。系统将对车辆的所有这些信息进行采集、录入，而后向用户提供修改、删除以及查询功能。

3. 系统效益

（1）货物和司机的安全有了更高程度的保证。
（2）货主可以主动、随时了解到货物的运行状态信息及货物运达目的地的整个过程。
（3）增强物流企业和货主之间的相互信任。
（4）物流企业可以充分了解车辆信息，通过配货、调度等途径提高企业的经济效益和管理水平。

7.7 物流自营与外包策略

外包就是企业做自己最能干的事情（扬己所长），把其他的工作外包给能做好这些事情的专业组织（避己之短）。外包业是新近兴起的一个行业，它给企业带来了新的活力。外包将企业解放出来。在执行者专注于其特长业务时，为其改善产品的整体质量。最近外包协会进行的一项研究显示外包协议使企事业节省 9%的成本，而能力与质量则上升了 15%。公司需要获得其内部所不具备的国际水准的知识与技术。外包解放了公司的财务资本使之用于可取得最大利润回报的活动。外包使一些新的经营业务得以实现。一些小公司和刚起步的公司可因外包大量运营职能而获得全球性的飞速增长。

一方面，有效的外包行为增强了企业的竞争力，企业在管理系统实施过程中，把那些非核心的部门或业务外包给相应的专业公司，这样能大量节省成本，有利于高效管理。

举例来说，一个生产企业，如果为了原材料及产品运输而组织一个车队，在两个方面其成本会大大增加。

（1）管理成本增加，因为它在运输领域不具备管理经验。

（2）因管理不善，运输环节严重影响生产和销售环节的工作，从而导致生产和销售环节的成本增加。如果把运输业务外包给专业的运输企业，则可以大幅度降低上述成本。

另一方面，企业也因市场竞争的激烈面临巨大的挑战。

市场竞争的加剧，使专注自己的核心业务成为企业最重要的生存法则之一。因此，外包以其有效减低成本、增强企业的核心竞争力等特性成了越来越多企业采取的一项重要的商业措施。美国著名的管理学者杜洛克曾预言：在十年至十五年之内，任何企业中仅做后台支持而不创造营业额的工作都应该外包出去。

7.7.1 生产企业选择外包物流的利弊

外包物流有先进的机制，已经成为当今各个国家生产企业物流管理的主流模式，我国不少生产企业的物流外包实践也取得了成功。

1. 外包物流的内涵和特殊意义

（1）外包物流的内涵。竞争优势理论指出：在当前这样一个竞争世界中，企业要获得竞争优势，必须从企业与环境特点出发，培育自己的核心竞争力。现代管理强调的是把主要精力放在企业的关键业务（核心竞争力）上，充分发挥其优势，同时与全球范围内的合适企业建立战略合作关系，企业中非核心业务由合作企业完成，即"业务外包"（Outsourcing）。企业通过业务外包可以获得比单纯利用自有资源进行自营更多的竞争优势。企业在集中资源于自身的核心业务的同时，通过利用其他企业的资源来弥补自身的不足，从而变得更具有竞争优势。一般来说，生产企业的关键业务并不是物流业务，并且物流业务也不是他们的专长。

将物流作为核心业务的物流企业,具有非常丰富的物流运作经验,管理水平也非常高。而新兴的第三方物流企业由于其从事多项物流项目的运作,可以整合各项物流资源,使得物流的运作成本相对较低,物流作业更加高效。生产企业将物流业务剥离出来交给他们来做,就可以集中精力开展主流业务、发挥竞争优势,这就是所谓的"物流外包"。

（2）外包物流的特殊意义。外包物流越来越受到人们的重视,原因就在于它使企业能够获得比原来更大的竞争优势,这种优势主要体现在以下几个方面。

① 业务优势。第一,可以使生产企业获得自己本身不能提供的物流服务。生产企业内部的物流系统有可能并不能满足其所有的物流服务要求,在许多情况下,他们的顾客所需要的物流服务往往要求具有特别的专业知识和技能,而这方面的要求如由厂商内部组织来满足往往是十分不经济的。从另一方面说,获取新兴科技对于保持竞争优势或至少不落后是十分重要的,而专业化的第三方物流服务业恰好能提供上述的服务。特别是对于中小企业来说,物流外包可以突破企业资源限制,摆脱自建物流设施和信息网络等物流专业设备所需的资金负担。另外,小企业的物流部门缺乏与外部资源的协调,当企业的核心业务迅猛发展时,需要企业物流系统快速跟上,这时企业原来的自营物流系统往往由于技术和信息系统的局限而滞后,而物流外包恰好可以突破这种资源限制的瓶颈。

② 成本优势。一方面,物流外包可降低生产企业运作成本。这是因为第三方物流服务业在经营规模、经营范围上的经济性,使其提供的用包括劳动力要素在内的物流运作成本降低。此外,由于企业使用外协物流作业,可以避免盲目投资,并可将资金用于适当用途。这一优势与降低成本同样重要,因为通过外协,不变成本可以转变成可变成本。稳定的和可见的成本也是物流外包的积极因素。稳定的成本使得规划和预算手续更为简便。一个环节的成本一般来讲难以清晰的与别的环节区分开来。这样,当物流业务剥离后,成本的明晰性就增加了,因为物流服务的供应商要申明成本或费用。另外一方面,企业将物流业务外包可以减少固定资产投资,加速资本周转。对于生产性企业来说,物流成本在整体生产成本中占据了较大的比重。据有关统计,我国工业品流通成本占商品价格的50%~60%,零售商品的物流成本占其总成本的20%。如果使用第三方,公司就可以减少对运输设施、仓库和搬运机械的建设与投资,解放仓库和车队方面的资金占用,变固定成本为可变成本,加速资金的周转,并将财务风险转移给第三方。尤其是那些业务量呈现季节性变化的公司,外协对公司资产投入的影响更为明显。

③ 客户服务优势。由于第三方物流企业在信息网络和配送节点上具有资源优势,这使得他们在提高顾客满意度上具有独到的优势。他们可以利用强大便捷的信息网络来加大订单的处理能力、缩短对客户需求的反映时间、进行直接到户的点对点的配送,实现商品的快速交付,提高顾客的满意度。而且,第三方具有服务方面的专业能力和优势,可以为顾客提供更多、更周到的服务,加强企业的市场感召力。另外,设施先进的第三方物流企业具有对物流全程监控的能力,通过其先进的信息技术和通讯技术加强对在途货物的监控,及时发现、处理配送过程中出现的意外事故,保证订货及时、安全送到目的地,这有助于

保证货主货物的安全,同时也能尽量实现企业对顾客的安全、准点送货的承诺。

2002年,国内知名家电生产企业科龙和小天鹅与中远联手组建了广州安泰达物流有限公司。科龙把物流业务交给安泰达来做,取得了不菲的成绩。首先通过联合招标,将科龙旗下冰箱、空调、冷柜及小家电四类产品的干线运输进行整合,与前一年同期相比,运输价格整体下降了9.6个百分点,仅此一项,每年为科龙节省运输费用支出上千万元。同时,合并各物流公司,人员由原来的90多人降低到60人;简化厂运作流程,降低了科龙公司物流运作的管理成本开支,每年节省约为700多万元。其次,在三洋仓库建立冰箱、空调、冷柜及小家电四类产品的配货中心,提高了发货速度和效率,进一步满足了科龙生产及销售的需求。此外,还制定了物流管理标准和仓库安全管理制度,以确保科龙产品安全,满足物流运作要求。可见,科龙的物流外包实践是比较成功的,外包优势也得以充分体现。

2. 企业物流外包存在风险

虽然外包物流的机制是先进的,但是国内生产企业在使用这种模式时,仍然要承担一定风险,这是由生产企业的内外环境决定的。

(1) 物流业面临的制度困境。首先,企业物流和社会物流(主要是3PL)存在严重脱节的现象,即物流业的发展与生产企业的物流需求有一种距离,生产企业物流的发展在社会物流中没有找到有效的帮助和依托,而社会物流的发展也没有在生产企业的有效需求中找到可落实的动力和指引,结果是双方陷入被动的发展局面。目前,我国物流公司的数目不少,但是良莠不齐。许多物流公司是从原来传统的仓储、保管和运输企业中发展而来的,业务水平、人员素质和经营规模都不高,基本上还不是真正意义上的3PL。而就社会生产总体而言,实现物流链管理的生产企业还是为数不多,物流并没有渗入到社会生产中去。其次,国内生产企业的总体物流水平参差不齐。以美的、海尔、TCL、海信、青岛啤酒和乐百氏为代表的少数龙头生产企业资金雄厚、资源丰富,正在积极打造物流平台。而经营规模小,营业额低于上亿元的生产企业却占据绝大多数。这些企业不仅管理落后、经营秩序不规范而且缺乏高素质人才,造成企业竞争能力弱、信息不对称。这种状况从深层次上讲更多地取决于国家制度环境的复杂性,比如说法律、法规不健全,政治体制改革步履维艰以及思想观念转变需要长期的阵痛过程。因此,弱小生产企业要想摆脱这种沉重的阴影还需要一段时间,它们的物流改造将是一个循序渐进的浩大工程。

(2) 企业外包物流的风险因素。

① 物流资产因素。产业组织理论认为:企业在退出某一行业时,会受到许多因素的阻碍,这些因素被称为退出障碍。沉没成本就是其中之一。所谓沉没成本,就是企业在退出某一行业时,其投资形成的固定资产不能被转卖或只能以低价转卖,造成的不可回收的资本损失。由于各企业都从自身角度出发经营物流活动,因此,从全社会物流资源优化配置的角度看,生产企业建设的物流设施存在着总量过剩、结构失调等问题,有的甚至具有极强的专用性,如企业专用铁路线。当生产企业打算退出物流领域而采取物流外包时,这些

物流设施很难或只能以低价转让，给企业带来巨大的沉没成本，形成较高退出障碍。此外，企业退出物流领域时，需要解雇相关的物流部门从业人员，但国有企业解雇职工时，需要支付退职金、解雇工资等等，在国有企业普遍不景气的情况下，这笔费用也构成了企业退出物流领域的障碍。

② 市场交易成本因素。新制度经济学派的交易成本理论认为，物流活动的外购属于服务贸易，形成市场交易成本的主要原因是信息不对称而导致的信用风险。第三方物流是通过契约形式来规范物流供应商和企业之间关系的。物流服务的行为实际上是一系列委托与被委托、代理与被代理的关系，是完全以信用体系为基础的。生产企业以合同方式将物流活动委托给第三方，第三方为能及时响应顾客要求，又以合同方式汇集了众多仓储、运输合作伙伴。交易和结算主体往往涉及多方面的物流参与者，其中任何一个物流提供者出现信用问题，都将会影响物流服务的效率。在美国，物流企业要对供应商、工厂提供银行出具的信誉程度评估报告，这样在物流委托方出货后，银行就会为其做信用担保，等于物流企业为货品购了保险，厂家和零售商就都有信任感。而在我国现阶段，一方面，企业普遍存在信用问题；另一方面，缺少一个良好的信用保障体系。信用危机导致送货延迟、错误投递等行为的发生以及生产企业控制物流企业的短期行为，增加了物流服务交易成本。这种成本的增加往往以两种形式表现出来，即物流外包支出增加和企业信誉度下降。

7.7.2 自营物流

现代自营物流既不是传统的自营物流服务也不是外包采购物流服务，它是针对于目前国内大型生产企业的物流需求而提出的新兴概念。

1. 自营物流的定义

美国物流管理协会（CLM）1985年对物流的定义就是以生产制造企业为对象的，物流是生产企业与生俱来的组织功能，要求企业通过自有物流设备或网络将原材料、产品、半成品送达相应的目的地。生产企业的自营物流有两个层次：第一，传统的自营物流主要源于生产经营的纵向一体化。生产企业自备仓库、车队等物流设施，内部设立综合管理部门统一企业物流运作或者是各部门各司其职、自行安排物流活动。在自我运输服务需求满足的情况下，生产企业会把闲置的物流资源提供给原材料供应商、其他生产企业或者消费者服务机构。这种自营物流服务还停留在简单的生产管理环节，对生产企业来说物流活动完全是一种附属产物，而且物流沟通产销、降低成本和改进服务的重要作用没有发挥出来。这种传统的自营物流不能带来产品增值效应。第二，现代自营物流概念是基于生产企业供应链管理思想而提出的。它把企业的物流管理职能提升到战略地位，即通过科学、有效的物流管理实现产品增值，夺取竞争优势。一般是在企业内部设立物流运作的综合管理部门，通过资源和功能的整合，专设企业物流部或物流公司来统一管理企业的物流运作。我国的生产企业基本上还处于第一种情况。但也已经有不少大型品牌生产企业已经开始设立物流部或将有关物流运作的职能部门通过整合成立直属的物流公司,如美的公司、李宁公司和海尔集团。

2. 生产企业选择自营物流的利弊

同外包物流相比较,自营物流的优点正好弥补了外包物流的缺点,而外包物流的优势也恰好是自营物流所不具备的。

(1) 自营物流的优势

① 掌握控制权。通过自营物流,企业可以对物流系统运作的全过程进行有效的控制。对于企业内部的采购、制造和销售活动的环节,原材料和产成品的性能、规格,供应商以及销售商的经营能力,企业自身掌握最详尽的资料。企业自营物流,可以运用自身掌握的资料有效协调物流活动的各个环节,能以较快的速度解决物流活动管理过程中出现的任何问题,获得供应商、销售商以及最终顾客的第一手信息,以便随时调整自己的经营战略。

② 盘活企业原有资产。目前生产企业中73%的企业拥有汽车车队,73%的企业拥有仓库,33%的企业拥有机械化装卸设备,3%的企业拥有铁路专用线。企业选择自营物流的模式,可以在改造企业经营管理结构和机制的基础上盘活原有物流资源,带动资金流转,为企业创造利润空间。

③ 降低交易成本。选择物流外包,由于信息的不对称性,企业无法完全掌握物流服务商完整、真实的资料。而企业通过内部行政权力控制原材料的采购和产成品的销售,可不必就相关的运输、仓储、配送和售后服务的佣金问题进行谈判,避免多次交易花费以及交易结果的不确定性,降低交易风险,减少交易费用。

④ 避免商业秘密的泄露。对于任何一个企业来说,其内部的运营情况都是处于相对封闭的环境下,这不仅是外界对于企业运营了解渠道匮乏的原因,更重要的是企业为了保持正常的运营,特别是对于某些特殊运营环节如原材料的构成、生产工艺等,不得不采取保密手段。当企业将运营中的物流要素外包,特别是引入第三方来经营其生产环节中的内部物流时,其基本的运营情况就不可避免地向第三方公开。而在某一行业专业化程度高、占有较高市场份额的第三方会拥有该行业的诸多客户,它们正是企业的竞争对手,企业物流外包就可能会通过第三方将企业经营中的商业秘密泄露给竞争对手,动摇企业的竞争力。

⑤ 提高企业品牌价值。企业自建物流系统,就能够自主控制营销活动,一方面可以亲自为顾客服务到家,使顾客以最近的距离了解企业、熟悉产品,提高企业在顾客群体中的亲和力,提升企业形象,让顾客切身体会到企业的人文关怀;另一方面,企业可以掌握最新的顾客信息和市场信息,从而根据顾客需求和市场发展动向调整战略方案,提高企业的竞争力。

1999年海尔集团进行流程再造,成立了物流推进本部,将分散在各个环节、各个部门、各个公司和工厂中的物流元素加以集成,实行"一流三网"的物流管理模式。海尔的物流再造取得了明显的成效,供应商由原来的2336家优化至667家,呆滞物资降低73.8%,仓库面积减少50 m²,库存资金由1999年的15亿元降为2001年3亿元人民币,商品库存周期由 3 天降至 7 天。2001 年，海尔全球销售突破 600 亿元人民币。然而，由于行业竞争和商业秘密保护的影响，海尔的物流本部资源除了保证本集团的物流需求外，主要从事的是食品业的物流运作。

（2）自营物流的劣势

① 资源配置不合理。物流活动最主要的环节就是运输和仓储，因此，企业自营物流必须具备与生产能力相符的运输力量和仓储容量。鉴于市场的供需存在着不可预期的波动性，则为企业经营带来一系列的风险。同时，现代物流正在向标准化的方向发展，企业为了保证与价值链上下游的有效链接，必须要改进物流设备，这将加大企业固定资金的投入。如果处于销售旺季，由于企业运力不足，可能导致企业失去商机，不仅影响销售额的提高，而且还可能在下一波的销售淡季到来时由于产品未及时售出而造成产品积压；如果处于销售淡季，企业的运力和仓储空间就会出现闲置，导致企业资金无法有效利用，在计算固定成本的情况下却没有收益。

② 管理机制约束。物流活动涉及企业生产的方方面面，由于各部门都存在着独立的利益，都追求自身效益的最大化，这给物流活动的有效开展带来麻烦。在我国企业现有经营管理机制下，如何协调各方面的利益，甚至要求某些部门牺牲自身利益以达到企业整体效益的最大化是一件困难的事。如果将物流管理权力提高到各事业部门之上，可能导致原本分布于各环节的物流活动被互相推诿，责任承担不明确；如果把物流管理权利分散在各事业部门，则无法避免个体利益的最大化和整体利益的弱化；如果把物流管理权力放在与各事业部门平行的位置上，则可能导致物流管理要求无法得到有效的执行。

以安泰达物流公司和小天鹅的操作实践为例。小天鹅集团下属原有一个运输单位，一直掌握集团的物流业务。2002 年，集团出资 20%与其他企业合作共同成立安泰达物流公司，打算将企业的物流业务剥离出去，交给安泰达来做。但是，接管工作受到运输单位的阻挠，企业内部利益发生冲突，高层领导内部也有诸多分歧。最后经过协商，提出了解决办法：按照"老人老办法，新人新办法"的原则，将某些局部业务留给原下属运输单位继续经营，主要负责原材料采购、省内短途运输和配送，允许对外承接物流活动；由安泰达公司接管所有产品的干线运输业务以及地方仓储和配送业务。2003 年，直接运输成本就降低了 2000 多万元，这还不包括人力成本和效率提高带来的间接成本。这种做法实际上就是企业结合内外环境，采用外包物流和自营物流的混合模式，充分发挥各自的优势，而且随着市场运作不断完善，股份会弱化、企业物流外包将走向成熟。

7.7.3 从比较分析中得到的启发

1. 自营物流和外包物流不是相互对立的，双方各有优势

生产企业的物流管理方式可以有多种选择，这取决于企业的生产经营特点和规模。对于

物流自理能力不足、规模经济不明显并且物流业务对其核心能力影响甚小的中小型生产企业应该鼓励物流业务外包。在实际操作时，企业可以视自身的具体情况来采购第三方物流服务，既可以是逐步外包也可以是彻底外包。

（1）彻底外包。对于物流资产不多，物流业务较少，物流部门人员少的生产企业，可以将物流业务完全外包，即彻底关闭自己的物流系统，将所有的物流职能转给第三方物流。也可以采用系统接管的方式，即第三方物流公司将企业的物流系统全部买下、接管并拥有企业的物流资产、人员。接管后物流系统依然为企业服务也可与其他企业共享，以改进效率并分摊管理成本。此外，企业为了控制某些物流业务，可以在其被接管的物流系统中参股或控股这些业务或资产。

（2）逐步外包。对于物流资产较多、人员较多、物流业务较多的企业，一般宜采用逐步过渡的方式，按物流业务与产品或地理区域分步实施。比如，保留仓储将配送外包，或保留配送、仓储将运输外包；或者把企业物流的信息系统外包。此外，企业还可以保留物流资产、人员、业务，只把物流的管理职能外包给专业化的第三方物流公司。

2. 生产企业物流活动的复杂性

生产企业的物流活动很复杂，它由供应物流、生产物流、销售物流以及废弃物回收利用物流共同构成，似一个环环相扣、运行有序的链条，每个环节都有它的自身价值和特殊性。哪个环节可以自营，哪个环节需要外包完全取决于企业自身的物流处理能力和社会的物流服务能力。目前，中国现代意义上的物流还处于由传统物流向现代物流转型的初级阶段，物流市场的供方和需方市场都还处于萌芽状态，专业化、社会化的物流市场尚未形成规模，需要进一步培养、扶持，全社会的物流仍以企业物流为主，企业以自我服务为主。因此，国内生产企业的物流在相当时间内还需依靠自己的力量，改善其内部的物流状况，提高自我服务能力。企业物流自营或外购不是静止的，随着外部环境和内部资源条件发展，物流地位、物流功能发生变化后，其策略亦应该发生相应的变化。

7.8 复习思考题

1. 集装箱运输具有什么特点和优点？
2. 集装箱运输的发展趋势有哪些？
3. 简述目前的大陆桥线路？
4. 简述国际多式联运的优越性及经营人的责任范围？
5. 分别简述五种运输方式的技术经济特征有哪些？
6. 如何运用表上作业法和图上作业法优化运输路线？

7. 物流车辆管理调度系统有何功能和效益？
8. 生产企业选择自营物流的利弊有哪些？
9. 生产企业选择物流外包的利弊有哪些？

 案例分析　　　　多式联运货损责任

2002年7月4日，广西合浦公馆出口烟花厂（下称合浦烟花厂）与德国埃托夫威科烟花企业有限公司（下称威科公司）签订了烟花销售合同，合浦烟花厂将货号3286-108/60"东方明珠"烟花1 858箱售与威科公司，交货方式为FOB北海，目的港汉堡，允许分批装运、转船；由卖方投保全部险种；买方委托卖方办理烟花的运输、运费支付及保险事宜，由此而发生的有关运杂费及保险费由威科公司负担。

2002年9月10日，卖方合浦烟花厂与安通国际货运代理有限公司北海分公司（下称安通北海分公司）签订出口货物委托单，合浦烟花厂为托运人，发货人安利达贸易有限公司（下称安利达公司），通知人威科公司，收货人凭指示，目的港汉堡；北海头程船"桂海102"号，提单号BFGA020149；货物为16 000箱烟花，装入5个40英尺加高货柜和3个40英尺货柜（其中有编号为EISU 1475464的货柜）；在货名一栏中特别载明"Fireworks（烟花）1.4GUN0336"字样，合浦烟花厂支付安通北海分公司自北海中转香港到汉堡港的运价共29 750美元，该运价含北海市内/清水江拖柜、报关、码头费、港杂费、理货费、卸车装货费等，运费从仓库装完柜即开始计算。

2002年9月17日，北海市城东运输有限公司受安通北海分公司委托，派汽车将已装入货柜的烟花从合浦清水江基地仓库运至北海港装船。其中，在当日17:43时许，由司机范谦明驾驶的装载40英尺货柜（柜号EISU1475464）的东风牌桂E00692号平板车，在通过北海港铁路专用线M 1-1号、M 2-2号平交过道时，被正在顶送38辆重车的0012号火车机车撞上，造成铁路车辆P64 3411247、P62（N）3326741损坏，线路两钢轨扭曲变形，汽车平板车报废、平板车上的EISU 1475464号货柜及货柜内所装1 858箱烟花燃烧报废，中断行车1小时17分。在受损货柜的表面、货柜箱号之外贴有"1.4G"、"UN0336"字样的黄色标签。造成此事故的原因是：汽车司机范谦明驾驶机动车辆通过铁路平交过道时，未遵守"一停、二看、三通过"规定，抢越过道，且运输烟花易燃危险品通过铁路不按规定申报。由汽车司机承担完全责任。出口货物委托单所载的其余货物，已按约定经香港转运至日的港交由威科公司收受。

事故发生后，合浦烟花厂与安通北海分公司协商解决货损赔偿事宜。2002年10月10日，合浦烟花厂向安通公司出具证明，称：货柜EISU1475464内装烟花60发东方明珠，共1 858箱，每箱产值148.62元，总产值276 135.96元。后因双方协商未果，合浦烟花厂遂将安通公司及安通北海分公司诉至法院。

原告诉称，原告与被告安通北海分公司于2002年9月10日签订出口货物委托运输合同，约定由安通北海分公司将原告的货物烟花 16 000 箱于 9 月 29 日前运往香港，并换船运往汉堡。9 月 17 日，安通北海分公司组织的装有 EISU1475464 号货柜的拖车与火车相撞，造成内装 1 858 箱烟花灭失。请求法院判令两被告共同赔偿货款损失 276 135.95 元、经济损失 116 749.29 元，并承担本案的诉讼费用。

被告安通公司及安通北海分公司辩称：原告与威科公司销售合同约定的成交价为 FOB 北海，且出口货物委托单约定运费从仓库装完柜即开始计算。表明货物在仓库装完柜后已视为卖方向买方交付，原告已不拥有该批货物的所有权，无权提起诉讼。托运人为安利达公司而非原告，被告亦非承运人，故原被告均不是本案适格主体。实际提取货物并造成货损的是北海市城东运输有限公司及其雇员，被告仅是货运代理人，不应承担货损责任。烟花系危险品，托运人在托运时未予声明，即便被告为承运人，亦应依法免除赔偿责任；烟花灭失系火灾所致，根据《中华人民共和国海商法》（下称海商法）第 51 条之火灾免责规定，承运人也应免责。原告的索赔数额无相应证据证实，不应得到法庭的支持。故请求法院裁定驳回原告的起诉或判决对其诉讼请求不予支持。

审判结果如下：

北海海事法院经公开审理认为：本案系多式联运合同货物损害赔偿纠纷。案涉货物自原告仓库经陆运、海运两种方式运至目的港，属于《海商法》规定的多式联运，本院对该案具有管辖权。因货损发生在中国境内的陆路运输区段，故有关的赔偿责任、责任限额等应适用调整该区段运输方式的《中华人民共和国合同法》（下称《合同法》）等法律法规。

北海海事法院根据《中华人民共和国海商法》第 104 条、第 105 条、《中华人民共和国合同法》第 311 条以及第 113 条之规定，做出如下判决。

（1）被告广东安通国际货运代理有限公司赔偿原告广西合浦公馆出口烟花厂货物损失 392 885.24 元，于本判决生效之日起 10 日内清偿；

（2）驳回原告广西合浦公馆出口烟花厂的其他诉讼请求。案件受理费 8 403 元，其他诉讼费 1 681 元，财产保全费 2 520 元，共计 12 604 元，由被告广东安通国际货运代理有限公司负担。

分析讨论题：

（1）本案如何认定国际货物多式联运经营人的？

（2）被告中安通北海分公司应对货物的损失承担赔偿责任吗？

第8章 物流运输纠纷的产生及其解决方法

本章提要
- 物流运输纠纷概述；
- 承运人、托运人的责任及免责；
- 争议与索赔的解决。

8.1 物流运输纠纷概述

托运人把货物交给承运人后，承运人会根据双方之间的合同和行业的惯例履行运输的义务，把货物安全、及时地送交收货人。无论是海运、公路运输、铁路运输还是航空运输，承运人都深刻地意识到货运质量对于业务发展的重要性。虽然加强货运质量管理在一定程度上可以防止运输纠纷的发生，但由于各种危险的存在及货物处在长途的运输过程中和其间多环节作业的情况下，货运事故、运输纠纷的发生难以完全避免。因而纠纷的及时、妥善解决也是运输服务的延伸，更是整个物流链不可缺少的一部分。

运输纠纷可能由承运人因经营管理不善、意外、过失等原因造成对货方的损失，也可能因货方的原因造成对承运人的损失。概括起来，运输纠纷可分为以下几大类。

1. 货物灭失纠纷

造成货物灭失的原因很多，但其后果均是货方受到损失。绝大多数情况是收货人未能收到货物，也有的是托运人在未转移货物所有权的情况下，无法取回货物。

（1）交通事故造成货物灭失。货物交付承运人后装上指定的运载工具进行运输，可能由于承运人的运输工具发生事故，如船舶沉没、触礁，飞机失事，车辆发生交通事故等，使得货物连同运输工具一起灭失。而上述交通事故既可能是由于无法避免的风险，如突如其来的恶劣气候、其他车辆的过失等所造成的；也有可能是由于承运人的过失造成的，如车辆或船舶等在未出行前就存在不安全因素、不适航状况等导致在途事故的发生；或是因为承运人所雇佣的驾驶人员的过失引起碰撞倾覆或飞机失事。因此，对交通事故引起的货物灭失，承运人承担的责任往往根据实际情况不同而大小不一。

另外，还有因为货物本身的原因导致运输工具发生事故，从而造成货物的全部灭失。

（2）因政府法令禁运、没收、战争行为造成货物灭失。目前，世界局部地区战争还时有发生，战争的突发会造成民用运输工具被误伤而导致货物的灭失。另外，有些国家为保护本国的动植物和人类的卫生状况而对到境的货物实施没收或禁运。

在2004年年初时，有些国家发生了禽流感，为了防止疫情的扩散、传播，未发现疫情的国家就通过政府法令形式没收有关货物，造成货物的全部灭失。

例：一名波黑内战中亲眼目睹了震惊世界的种族屠杀的重要证人藏匿于一艘美国籍货船上，美国政府于是要求该船立即靠岸停船，并马上交出证人，该船迫于政府压力，前往最近港口将人送上岸，结果不慎搁浅致货损。

例：1989年某艘前往澳大利亚的货船于途中被伊拉克火箭摧毁，船货尽失。某货船自高雄前往日本，因高雄港刚发生过霍乱而成为疫地，日本政府遂对来处高雄的所有船舶进行熏蒸，结果一熏就是8天，船上所载香蕉全部变坏，货主索赔。

（3）因盗窃造成灭失。货物处于承运人掌控时，因涉及的环节较多，其间可能遭受偷盗致损。

例：2005年11月份发生在空运中的监守自盗案件。

2005年11月份，吉林长春市某珠宝公司从北京订购一批价值49万元的狗年贺岁金条，为把金条安全运到长春，该公司选择航空货运。但长春某公司接货时，发现原来装有金条的包裹箱竟是空箱子，10根金条不翼而飞。"这批贺岁金条前天晚上被送到首都国际机场，从北京发货到长春接货，其中间隔时间还不到24小时。价值近50万元的金条通过航空运输被盗，对我们来说也是罕见的。"长春市公安局刑警大队二大队大队长李志刚说。从11月13日晚到次日，10根金条经历了发货公司—物流公司—首都国际机场货场—长春龙嘉机场—珠宝公司。整个物流过程中间环节很多，盗窃发生在哪个环节？谁盗窃了金条？经调查，在包裹箱底部发现了一个被剌开的U字形缺口，过后已用黄色胶带给粘好。警方分析认为，如果犯罪嫌疑人以这种方式盗走箱内金条，必须具备充足的作案时间，而能够提供这个时间的仅有运送金条的物流公司、北京机场、龙嘉机场三个地方。警方调查发现包裹箱在物流公司送到首都国际机场空港地面服务公司（首都国际机场和新加坡终站服务有限公司的合资公司）工作处后，安检机对包裹箱的X光记录显示，安检时金条还在箱子里面。长春龙嘉机场一位南航货运部经理分析，犯罪嫌疑人能在短时间内躲开机场等监控装置将包裹箱内货物盗走后，又用胶带纸恢复原状，这种作案手法给人感觉很有可能是物流公司、机场内部工作人员或雇佣的临时工作人员所为。而通过对有关工作人员了解，重达10公斤的货物运抵长春时已经轻了很多，目标进一步缩小在首都机场。而留在包裹箱黄色胶袋内部的指纹成为破案关键。据北京、长春两地警方对两地机场有机会接触该货箱的91人进行指纹比较，发现首都国际机场临时工作人员李立指纹与胶袋内指纹吻合。铁证如山，李立最终交代了伙同机场员工偷盗金条的犯罪事实，原来犯罪嫌疑人首都机场正式员工张文博在当天晚上值班时，发现有一个托运的包裹箱特别沉，就指示两位机场临时雇工李立和许大伟割开箱子，当发现是金条时，三人就私下瓜分了。

（4）承运人的管货过失造成灭失。由于装运积载不当，货物毁损、集装箱落海也是货物灭失的重要原因之一。另外，由于管货的过失，如相关手续混乱造成错装错卸，使一部分货物无法交给正确的收货人也视为灭失。

例："三江口"轮货损、货差纠纷案。

该案过程是，货物在装船过程中和装船后，船长发现装船货物有破包、理货员理货不准确，并提出声明和抗议，但没有在提单上批注。在目的港卸货后，经理算和检验，发现货物短少。货物保险人赔偿收货人损失后，依据代位求偿权向承运人提起诉讼。海事法院判决，承运人应负赔偿责任，且不能限制赔偿责任。

（5）恶意行为。由于承运人故意、恶意毁坏运输工具以骗取保险，从而造成所运输的货物全部灭失。而目前更多发生的，则是利用运输进行诈骗活动，或是利用单证骗取货物，令货主受损或令承运人承担货物灭失的责任。

例：2006 年 3 月，犯罪嫌疑人柏某（男，32 岁，山东梁山县人）、韩某（男，34 岁，山东梁山县人）经事先密谋，到山东省济宁市台前县办理了鲁 H76786 大货车的行驶证、牌照和以本人照片冒用他人虚假名字的驾驶证（均系假证照），并购买了手机卡及小灵通，同时高价雇佣了素不相识人员接打电话，做好了犯罪准备。两人于 2006 年 3 月 20 日来到济宁市郓城县，经郓城县黄安镇某物流中心中介，与郓城县某公司签订了运往江苏昆山价值 87 200 元的建筑板材承运合同。当晚运走货物后，即让雇佣人员持作案专用手机坐火车南下江苏，以便于麻痹货主，争取销赃时间。该车货物则被直接运往济南销售，两日后即失去联系。后货主到公安机关报案，3 月 26 日，该案告破。

例：2005 年 7 月 6 日，一自称何战军（河南省许昌市人）的人，开一辆车牌号为豫 K12023 的解放牌货车，与淄博成功运输公司签订货物运输协议，从淄博力天不锈钢有限公司拉走不锈钢平板 47 块、卷板 2 卷，总价值 56.7 万元。双方约定 7 月 7 日运送到河南省洛河市西平县，但到期后货并未到达目的地。7 月 7 日夜，打何战军所留的联系电话无人接听。经查，何战军所提供的身份证号码和车辆手续均系伪造。后在公安人员的周密侦察后，该案告破。

2. 货损、货差纠纷

货损包括货物破损、水湿、汗湿、污染、锈蚀、腐烂变质、焦损、混票和虫蛀鼠咬等。货物运输的承运人所承运的货物种类繁多（特别是大宗散货运输），各类货物都有自己独立的特性，其内在的分子结构亦不尽相同。有些货物经过远距离运输会蒸发水分，有些货物会吸收水分，其中，蒸发水分的货物在目的地肯定会发生短少现象。在运输过程中发现的货损的原因极多，归纳起来有以下几种。

（1）货物的固有瑕疵或潜在缺陷。所谓固有瑕疵是指货物本身具有的经一段时间可能使货物变质或毁坏的性质。例如，水果腐烂、牛皮变质、谷物虫蚀、面粉发热、酒类发酸、煤炭自燃等。潜在缺陷是指凭肉眼无法辨别的货物的毁损，如面粉、谷物中已有虫卵，咸鱼中有细菌等。另外，还因某些货物的特性（如散装面粉、食糖、水泥等在装卸过程中避免不了遗漏或随风飘散）而引起容积或重量的亏损。

例如，据 UK 船东保赔协会专家们研究，玉米的水分含量高于安全运输的限度则会先发热后发霉，而不论在运输途中通风或不通风。货损的主要原因是散谷原先含水量过高，而不是不通风。散谷装入筒仓时如已除尘去湿，在海运过程中很难发生因不通风而引起的货损。这说明干燥的散谷是无须通风的，散谷的货损往往是因为其本身的原因所致。

（2）装卸作业中受损。1989 年 9 月，某收货人在检验运抵火车站的货物时，发现有五箱外包装严重破损，内货外露，39 号锡林筒脱位，34 号锡林筒被刮伤，降轴、左手轮轴、变速箱弯曲变形，并有不少缺件。经查，货损原因系在运输过程中，粗鲁装卸碰撞挤压所致。同时多方当事人也认识到鉴于卖方包装标记不清，使野蛮装卸成为可能，托运人（卖方）也应对货损负一定责任。

（3）受载场所不符合要求。受载场所不仅包括船舶、汽车、火车和飞机等运输工具，还包括由承运人提供的积载工具，如目前较为常用的集装箱。集装箱空箱交接标准是箱体完好、无漏水、无漏光、清洁、干燥、无味，箱号及装载规范清晰，且有合格的检验证书。如果承运人供箱不适货，所致货损应由承运人负责。

例如，发货人（中国土产畜产进出口公司浙江茶叶分公司）于 1987 年委托浙江省钱塘对外贸易运输公司将 750 箱红茶从上海出口运往西德汉堡港。钱塘外运公司又转而委托被告中国对外贸易运输总公司上海分公司（以下称上海分公司）代理出口。上海分公司接受委托后，通过上海外轮代理公司申请舱位。作为被告广州远洋运输公司（以下称广州公司）代理人的上海外轮代理公司指派了三个集装箱。由于运输条件是 FCL，因此，上海分公司作为发货人的代理人全权负责对货物的点数、积载，对集装箱的检查、铅封。当年 10 月 15 日，上海外轮代理公司收到三个满载集装箱后代船方签发了清洁提单。货物运抵汉堡，收货人拆箱后发现部分茶叶串味变质，即间原告在汉堡的代理人申请查勘。检验表明，250 箱红茶受精萘污染。

案件诉至上海海事法院后，经查明，被告广州公司提供的集装箱中的一只前一航次从法国到上海装载的是精萘，而本航次装载在该集装箱内的正好是 250 箱红茶，应认定该集装箱前一航次残留的精萘气味是本航次 250 箱红茶串味污染的唯一污染源。法院判决广州公司违背有关规定和国际惯例，疏忽大意，提供了不适载的集装箱，致使茶叶污染，上海分公司本能按照常规认真检查箱体，过于自信或疏忽大意致使茶叶的污染成为事实，广州公司应承担较大的赔偿责任，上海分公司相应承担一定的赔偿责任。

（4）积载不当。妥善和谨慎地积载是货物运输承运人必须尽的一项基本义务之一。承运人必须按货物本身的特性，使用不同的积载方法，将货物按其状态（指液体、固体、气体）、重量、价格和禁忌等要求放置在运输工具内的适当部位上。例如，重件货先装，轻泡货后装；易串味的货物分开装；仪器与有毒品分开装等。否则，由于积载不当而造成的货损，应由承运人负全部责任。

如某船运载一批厚铁板,其中一块由于恶劣天气而脱捆,滚到船的一侧,以致发生沉船事故。法庭判决,本案属于积载不当。

例:1982 年 1 月 8 日,"樱桃花"号轮由美国装载纤维棉和地毯编织机械设备 30 箱,运往上海、天津。2 月抵上海卸下部分纤维棉,剩余部分连同地毯织机设备于 3 月 1 日抵天津新港。根据船方签具的清洁提单,这些货物在美国装船是完好无损的,但卸货过程中发现地毯织机设备有 22 箱严重残损。3 月 20 日中国外轮理货公司制作 22 箱货物残损清单,船方也予以签认。卸货后,收货人北京燕山石油化工总公司请天津进出口商品检验局鉴定。鉴定结果,货损原因系由于"樱桃花"号轮货舱没有分层隔板,货箱不适当地装载于货垛中层,货箱遭受上层货物重压所致。

(5)运输途中保管不当。承运人有义务尽快地、直接地、安全地将货物运至目的地。承运人从接管货物时开始,必须对货物妥善保管和谨慎照料,以防货物被窃或损毁。如在运输粮食时,必须保持通风,以防其发热受损;在运输冷冻物品时,必须使冷冻工具的温度适合该有关物品等。

某船在航行途中遇到暴雨,船员将舱盖关闭,雨后,船员忘记打开舱盖,结果因舱内通风不善而造成货损。货主以承运人未能妥善和谨慎地保管和照料货物导致货损,要求赔偿。

(6)自然灾害。由于自然灾害,如台风、海啸、泥石流等人力无法控制和预测的灾害造成的运输货物受到损失。

例:集装箱租赁合同纠纷案例。

原告:上海中海物流有限公司(以下简称中海物流)

被告:上海品圆贸易有限公司(以下简称品圆公司)

被告:上海科宁油脂化学品有限公司(以下简称科宁公司)

被告:南京林通水运有限责任公司(以下简称林通公司)

2001 年 8 月,品圆公司受科宁公司的委托,为科宁公司运输 24 只 20 英尺的集装箱货物,从上海至汕头。因该货物装在原告的集装箱内,为桶装液体助剂,故品圆公司向原告续租这 24 只集装箱,并约定:每只集装箱用箱费为人民币 500 元,还箱至上海洋泾码头,使用时间为 25 天,超期使用费为每只集装箱 3.50 美元/天。品圆公司将 24 只集装箱装载在林通公司所有的"苏林立 18"轮上。同年 8 月 29 日,"苏林立 18"轮从上海港出发,开航当时船舶并无不适航的情况。次日 19 时 30 分,船舶航行至浙江温州洞头沿海海面,遇到了雷雨大风,19 时 50 分,船舶开始下沉,直至船舶及货物、集装箱一同沉没,其中包括涉案的 24 只集装箱。事故发生后,品圆公司将集装箱灭失的消息及时通知了原告,并称等海事报告出来之后再商处理意见。

2001 年 12 月 18 日,温州海事局制作《"苏林立 18"轮沉船事故调查报告书》,对事故原因作出了分析,认为造成本次事故的主要原因是天气海况恶劣。次要原因是船员应变能力差、操作不当。由于涉案的 24 只集装箱是原告向中集公司租赁的,2002 年 10 月 8 日,原告向中集公司赔付了集装箱(按照干货箱的标准)灭失损失 71 700.00 美元及租金 247.80 美元。

（7）其他原因。除上述原因以外，还有其他的导致货损的因素，如装卸过程中飞扬和承运人疏于确定装船数量或卸货数量造成的损耗。由于提单上记载的货物重量是根据过磅和做水尺而得出的，而过磅计重和水尺计重本身就有误差，故提单上记载的重量与实际装卸的重量也有差异。另外，在交付承运人之前货物的数量就与运输凭证不符，而承运人因无法计数只能按照托运人所报数据开具相关单证。

"三江口"轮货损、货差纠纷案提要：货物在装船过程中和装船后，船长发现装船货物有破包、理货员理货不准确，并提出声明和抗议，但没有在提单上批注。在目的港卸货后，经理算和检验，发现货物短少。货物保险人赔偿收货人损失后，依据代位求偿权向承运人提起诉讼。海事法院判决，承运人应负赔偿责任，且不能限制赔偿责任。

货损纠纷是各类运输中最为常见的，损失发现的时间和损失金额也根据不同的运输方式各有差异。

3. 货物迟延交付纠纷

货物延迟交付是指因承运货物的交通工具发生事故，或因承运人在接受托运时未考虑到本班次的载货能力而必须延误到下一班期才能发运，或在货物中转时因承运人的过失使货物在中转地滞留，或因承运人为自身的利益绕航而导致货物晚到卸货地。在航空货运中，经常会由于机械故障、天气原因和海关扣关等原因造成货物的延迟交付。

例：西藏拉萨市甲电脑公于 1998 年 6 月 29 日，从上海科迪电脑公司购得电脑整机、散件若干，购价 120 万元，用于装备拉萨市某大型公司的网络系统。1998 年 7 月 4 日，甲电脑公司与上海 A 长江航运公司签订了从上海到拉萨的联运合同。合同约定：该批货物由上海 A 长江航运公司负责全程运输，其路线为从上海装船，经长江航运到重庆，然后从重庆经铁路运抵成都，再从成都改由公路运至拉萨，直到拉萨甲电脑公司仓库卸货。约定的到货时期为 1998 年 9 月 1 日。后因长江发生洪水，部分航道封航，直至 1998 年 9 月 25 日 A 电脑公司才收到这批货物。由于货物延迟送到，A 电脑公司将要承担对其客户的违约金 6 万元，于是甲电脑公司要求 A 航运公司承担这些损失。

4. 单证纠纷

承达人未及时签发提单或托运人未要求签发提单而造成托运人受损的，承运人应托运人的要求倒签、预借提单，从而影响到收货人的利益，收货人在得知后向承运人提出索赔，继而承运人与托运人之间发生纠纷；或因承运人（或其代理人）在单证签发时的失误引起承托双方的纠纷；此外，也有因货物托运过程中的某一方伪造单证引起的单证纠纷。

例：1991 年 7 月，中国丰和贸易公司与美国威克特贸易有限公司签订了一项出口货物的合同，合同中，双方约定货物的装船日期为 1991 年 11 月，以信用证方式结算货款。合同签订后，中国丰和贸易公司委托我国宏盛海上运输公司运送货物到目的港美国纽约。但是，由于丰和贸易公司没能够很好地组织货源，直到 1992 年 2 月才将货物全部备妥，于 1992 年 2

月15日装船。中国丰和贸易公司为了能够如期结汇取得货款，要求宏盛海上运输公司按1991年11月的日期签发提单，并凭借提单和其他单据向银行办理了议付手续，收清了全部货款。但是，当货物运抵纽约港时，美国收货人威克特贸易有限公司对装船日期发生了怀疑，威克特公司遂要求查阅航海日志，运输公司的船方被迫交出航海日志。威克特公司在审查航海日志之后，发现了该批货物真正的装船日期是1992年2月15日，比合同约定的装船日期要延迟达三个多月。于是，威克特公司向当地法院起诉，控告我国丰和贸易公司和宏盛海上运输公司串谋伪造提单，进行欺诈，即违背了双方合同约定，也违反法律规定，要求法院扣留该宏盛运输公司的运货船只。美国当地法院受理了威克特贸易公司的起诉，并扣留了该运货船舶。在法院的审理过程中，丰和公司承认了其违约行为，宏盛公司亦意识到其失理之处，遂经多方努力，争取庭外和解。最后，我方终于和美国威克特公司达成了协议，由丰和公司和宏盛公司支付美方威克特公司赔偿金，威克特公司方撤销了起诉。

5. 其他纠纷

运输中，除了与货物直接相关的纠纷以外，还会有运费、租金等纠纷，如因承租人或货方的过失或故意，未能及时或全额交付运费或租金；承租的运输工具的技术规范达不到原合同的要求而产生的纠纷；由于运输市场行情变化，导致交易一方认为原先订立的合同使其在新的市场情况下受损，故毁约而产生的纠纷；因双方在履行合同过程中对其他费用如滞期费、装卸费等发生纠纷；因托运人的过失，造成对承运人的运输工具，如船舶、集装箱、汽车、火车及航空器等的损害引发的纠纷等。

例：归还承租的船队案。

申请人（原告）：山东华海船务有限公司

被申请人（被告）：江苏省建湖航运公司

被申请人（被告）：江苏省建湖县交通系统企业贷款联保集团

2000年2月23日，原告山东华海船务有限公司向青岛海事法院提起光船租赁合同纠纷之诉，2月26日，原告以二被申请人欠租金47万元，并疏于管理致使承租船舶中一艘驳船灭失造成经济损失近20万元为由，提出海事强制令申请，要求被申请人立即归还承租船队。申请人称：申请人与被申请人江苏省建湖航运公司，于1996年7月1日签订了《鲁拖601船队光船租赁合同》，合同约定租期3年，每年租金40万人民币，一季一付，于每季1日前预付租金10万元。后双方于1998年10月达成《补充协议》，协议中申请人考虑到被申请人实际困难，同意自1998年11月起每月租金2.5万元，此前的租金仍然按照原协议执行。但是截止到2000年2月15日，被申请人仍然欠付租金达47万元，并造成一艘驳船灭失，经济损失近20万元。为避免损失进一步扩大，保证及时、有效地收回船队，申请人申请海事法院采取强制措施，责令被申请人立即还船。申请人就海事强制令申请提供了由担保人山东省青岛海运总公司提供的财产担保（一艘价值275.5万元的船舶）。海事法院经审查认为：原告的海事强制令申请符合法律规定，2000年2月26日裁定准予原告的海事强制令申请，责令被告向原告归还基于《鲁拖 601 船队光船期租合同》承租的船舶（鲁拖 601、鲁驳 601、602、603、604、605、606、607、608 船）。同日，制发了海事强制令，责令被告向原告归还上述船舶。被告于收到海事强制令后第二天即在青岛海事法院法官的主持下将所承租船队交还原告。

8.2 承运人、托运人的责任及免责

8.2.1 承运人的责任期间及免责

责任期间是货物运输合同的一个特殊概念。在一般合同中没有责任期间的规定，合同存续的期间就是合同双方应根据合同约定负责的期间。而在货物运输合同中引入这个特殊概念主要是为了适应《海上货物运输法》、《航空运输公约》等法规的强制性，它不是合同双方应该负责的期间，而是双方必须承担货物运输法规中规定的强制性责任的期间。

1. 海运运输承运人的责任期间及免责

我国《海商法》第四十六条规定了承运人的责任期间。集装箱装运的货物的责任期间是从装货港接收货物起至卸货港交付货物时止，货物在承运人掌管之间的全部期间。非集装箱装运的货物的责任期间是从货物装上船时起至卸下船时止，货物处于承运人掌管之下的全部期间。

首先，对于集装箱货物运输中承运人的责任期间，是自装货港接收货物时起至卸货港交付货物时止，货物处于承运人掌管的全部期间。一是在时间上，明确从装货港接收货物时起，经过整个运输，到卸货港交付货物时止的一段时间过程。二是要求货物必须处于承运人掌管状态之下。即无论货物是否已经装船，只要处于承运人的掌管之下，承运人就算是接收货物了。集装箱货物运输的责任期间大于传统件杂货运输的责任期间。

其次，对非集装箱货物运输中承运人的责任期间，是指从货物装上船时起至卸下船时止，货物处于承运人掌管之下的全部期间。如果使用船上吊杆装卸货物，则以吊钩挂起货物为标志，确认"装船"和"卸船"，即"钩至钩"原则；如果使用岸吊，则以货物越过船舷为标志，确认"装船"和"卸船"，即"舷至舷"原则；如果使用管道装卸，则以货物通过船中接管口处为标志，确认"装船"和"卸船"，即"管至管"原则。

虽然航行和货物运输都是承运人负责的事情，但考虑到海上运输具有一定的危险性，我国《海商法》中又规定了以下一系列承运人对于货物在其责任期间发生的灭失或者损坏可以免责的事项，这些事项是法定的，可以减少或放弃，但不能增加。

（1）航海过失免责。船长、船员、引航员或者承运人的其他受雇人在驾驶船舶或者管理船舶中的过失。这种过失包括了"驾驶船舶过失"和"管理船舶过失"。其中，"驾驶船

舶过失"是指船舶开航后，船长、船员、引航员在驾驶船舶中出现判断和操纵上的错误。如测定船位错误导致船舶触礁；忽视瞭望导致船舶碰撞；驾驶员、引航员认错浮标使船舶搁浅等。因这些事故致使船上货物受损，承运人可以免责。所谓"管理船舶上的行为过失"是指船长、船员在管理船舶方面缺乏应有的注意，如压舱水管理不当；注排压舱水时忘记关阀门造成水满，进入货舱；修通水管不慎将其弄破使水进入货舱等。因这类过失造成货损，承运人可以免责。

实务中承运人的管船和管货义务难以区分，根据法律规定，承运人在管船中的过失是可以免责的，但在管货中发生的过失则不能免责。

某轮在鹿特丹（Rotterdam）港外抛锚，遇上大风浪，轮上三副没有开动引擎逆风对抗，而是任由风浪袭击，当船舶跟随风浪同步滚动时，甲板上的舱面货被扫掉下海。货主认为货损属承运人管货过失。承运人则以管船过失而主张免责。法院最后判该案货损属三副在驾驶船舶上的疏忽或过失所致，应免责。

某船备有冷气设备，装运黄油，在运输途中，由于船员没有注意船舱内的适当温度，以致黄油受损。判属管货过失，应当赔偿。

（2）火灾。根据我国法律规定，承运人主张火灾免责时不负举证责任，所以这一免责是对承运人特殊保险的一条规定。但如果索赔方能够证明火灾是由于承运人本人的过失或私谋的存在而引起的，则不能免责。承运人本人一般指参与公司经营管理的主要人员，当然也有观点认为仅指公司的董事会成员或拥有所有权的经理人才是承运人本人。

（3）"不可抗力"免责。天灾、海难或者其他可航水域的危险或者意外事故。天灾指来自于空中的灾难，如暴雨、雷电等，而海难指来自于海面的灾难，如海水、海浪、触礁、撞到冰山等。在海上救助或者企图救助人命或者财产。

战争或者武装冲突。战争包括正式宣战的战争、没有正式宣战的战争、两国间的战争及内战。

政府或者主管部门的行为、检疫限制或者司法扣押。政府或主管部门的行为是指因为政府命令、禁止或限制货物的输出或卸载、禁运、封锁港口、检疫、拒捕、管制、征用、没收等行为而导致货物的损害后果，司法扣押限于政府通过高压手段进行干预的情况，不包括通过正常的司法程序而对船舶进行的扣押，因此，承运人和托运人之间由于发生纠纷进行诉讼而导致船物被扣押不属于免责事项。

罢工、停工或者劳动受到限制。包括因劳资纠纷而发起的罢工或同情罢工或其他不能正常进行工作的情形。

某船驶抵目的港后，遇到港口码头工人罢工，一时无法卸货，长达20天，导致货损。货主以罢工期间船员未能继续开放舱内通风，致使舱内所装香蕉全部变坏而要求赔偿。此类货损，根据《中国海商法》免责条款，承运人不予赔偿。

（4）由于货方原因的免责。

① 托运人、货物所有人或者他们的代理人的行为。

② 货物的自然特性或者固有缺陷。
③ 货物包装不良或者标志欠缺、不清。

2. 公路运输承运人的责任期间及免责

(1) 公路运输承运人的责任期间。根据我国《汽车货物运输规则》，承运人的责任期间，是指承运人自接收货物时起至将货物交付收货人(包括按照国家有关规定移交给有关部门)时止，货物处于承运人掌管之下的全部时间。但承运人与托运人还可就货物在装车前和卸车后对承担的责任达成协议。

对于集装箱货物，我国《集装箱汽车运输规则》规定，承运人的集装箱整箱货物运输责任期间，从收到整箱货物时起，到运达目的地，整箱货物交付收货人时止；集装箱拼箱货物运输责任期间，从收到拼箱货物时起，到运达目的地，拼箱货物交付收货人时止。

(2) 公路运输承运人的免责事项。根据我国《汽车货物运输规则》，货物在承运责任期间和站、场存放期发生毁损或灭失，承运人、站场经营人应该负赔偿责任。但有下列情况之一者，承运人、站场经营人举证后可不负赔偿责任。
① 不可抗力。
② 货物本身的自然性质变化或者合理损耗。
③ 包装内在缺陷造成货物受损。
④ 包装体外表面完好而内装货物毁损或灭失。
⑤ 托运人违反国家有关法令，致使货物被有关部门查扣。
⑥ 押运人员责任造成的货物毁损或灭失。
⑦ 托运人或收货人过错造成的货物毁损或灭失。

3. 铁路运输承运人的责任期间及免责

(1) 铁路运输承运人的责任期间。按国际货协运单承运货物的铁路，应负责完成货物的全程运送，直到在到站交付货物时为止。如向非参加国际货协的国家铁路办理货物转发送时，则直到按另一种国际协定的运单办完运送手续时为止。因此，发送铁路和每一继续运送的铁路，自接收附有运单的货物时起，即认为参加了这项运送契约，并由此承担义务。

参加运送国际联运货物的铁路，从承运货物时起至到站交付货物时为止，对货物运到逾期，以及因货物全部或部分灭失、重量不足、毁损、腐坏或其他原因降低质量所发生的损失负责。如由于铁路过失而使发货人或海关在运单上已做记载的添附文件遗失，以及由于铁路过失未能执行运送契约变更申请书，则铁路应对其后果负责。

(2) 铁路运输承运人的免责事项。如因下列原因造成铁路运输承运人所承运的货物发生全部或部分灭失、重量不足、毁损、腐坏或质量降低，铁路不负赔偿责任。
① 由于铁路不能预防和不能消除的情况而造成的后果。
② 由于货物在发站承运时质量不符合要求或由于货物的特殊自然性质，以致引起自

燃、损坏、生锈、内部腐坏和类似的后果。

③ 由于发货人或收货人的过失或由于其要求而造成的后果。

④ 由于发货人或收货人装车或卸车的原因而造成的后果。

⑤ 由于发送铁路规章允许使用敞车类货车运送货物而造成的后果。

⑥ 由于发货人或收货人或他们委派的货物押运人未采取保证货物完整的必要措施而造成的后果。

⑦ 由于容器或包装的缺陷，在承运货物时无法从其外表发现而造成的后果。

⑧ 由于发货人用不正确、不确切或不完全的名称托运不准运送的物品而造成的后果。

⑨ 由于发货人在托运应按特定条件承运的货物时，使用不正确、不确切或不完全的名称，或未遵守《国际货协》的规定而造成的后果。

⑩ 由于《国际货协》规定的标准范围内的货物自然减量，以及由于运送中水分减少，或货物的其他自然性质，以致货物减量超过规定标准。

此外，在下列情况下，对未履行货物运到期限，铁路也不负责任。

发生雪（沙）害、水灾、崩塌和其他自然灾害，按有关铁路中央机关的指示期限在15天以内。

发生其他致使行车中断或限制的情况，可按有关国家政府的指示执行。

4. 航空运输承运人的责任期间及免责

（1）航空运输承运人的责任期间。根据我国于1958年和1975年参加的《华沙公约》和《海牙议定书》的规定，航空运输承运人的责任期间，是指货物交由承运人保管的全部期间，"不论在航空站内、在航空器上或在航空站外降停的任何地点"。但对于在机场外陆运、海运或者河运过程中发生的货物的灭失或损坏，只有当这种运输是为了履行航空运输合同，或者是为了装货、交货或转运时，承运人才予以负责。

（2）航空运输承运人的免责事项。由于航空运输在发展初期时，技术水平有限，因此，规范航空运输的《华沙公约》采用了不完全的过失责任制，其在第二十条规定，"承运人如果证明自己和他的代理人为了避免损失的发生，已经采取一切必要的措施，或不可能采取这种措施时，就不负责任；在运输货物和行李时，如果承运人证明损失的发生是由于驾驶上、航空器的操作上或领航上的过失，而在其他一切方面承运人和他的代理人已经采取一切必要的措施以避免损失时，就不负责任。"即在一般问题上采用推定过失原则，一旦出现货物损失，首先假定承运人有过失，但如果承运人能够举证说明自己无过失，则不必负责。但当承运人的过失是发生在驾驶中、飞机操作中或者在领航时，则承运人虽有过失，也可要求免责。

但《海牙议定书》却取消了驾驶、飞机操作和领航免责的规定，即删除了原《华沙公约》第二十条的规定，将其改为"在旅客和行李运输中，以及在货物运输中因延误造成损失时，承运人如果证明他及其受雇人为避免损失的发生，已经采取一切必要的措施，或者不可能采取这种措施时,则不承担责任。"

我国的《民用航空法》也删除了承运人的驾驶过失免责,它规定:因发生在航空运输期间的事件,造成货物毁灭、遗失或者损坏的,承运人应当承担责任;但是承运人证明货物的毁灭,遗失或者损坏完全是由于下列原因之一造成的,不承担责任,即航空运输承运人的免责事项如下。

① 货物本身的自然属性、质量或者缺陷。
② 承运人或者其受雇人、代理人以外的人包装货物的,货物包装不良的。
③ 战争或者武装冲突。
④ 政府有关部门实施的与货物入境、出境或者过境有关的行为。

由此可见,我国的航空运输承运人承担的是严格责任制。

5. 多式联运经营人的责任期间

我国《海商法》规定,多式联运经营人对多式联运货物的责任期间,是从接收货物时起至交付货物时止。国际货物多式联运公约对多式联运经营人的责任期间也是一样的。

8.2.2 托运人的责任

1. 海运托运人的责任

我国《海商法》第四章第三节规定了托运人的责任,主要有以下几条。

(1) 妥善包装货物并正确申报货物资料。包装货物是托运人的基本义务。良好的包装应该是正常的或习惯的包装,在通常的照管和运输条件下,能够保护货物避免绝大多数轻微的损害。如果货物包装不良或者标志欠缺、不清,由此引起的货物本身的灭失或损坏,承运人可免除对托运人的赔偿责任。但如果货物的这些不良状况引起其他货主的损失,承运人在赔偿后可向托运人追偿。

托运人在交付货物时,还应将货物的品名、标志、包装或者件数、重量或者体积等相关资料申报给承运人。托运人必须保证其申报的资料正确无误,托运人对申报不实造成的承运人的损失要负赔偿责任。

(2) 办理货物运输手续。托运人应当及时向港口、海关、检疫、检验和其他主管机关办理货物运输所需要的各项手续,并将已办理各项手续的单证送交承运人;因办理各项手续的有关单证送交不及时、不完备或者不正确,使承运人的利益受到损害的,托运人应当负赔偿责任。

(3) 托运危险品的责任。托运人托运危险货物,应当依照有关危险货物运输的规定,妥善包装,做出危险品标志和标签,并将正式名称和性质,以及应当采取的预防危害措施书面通知承运人。没有通知会导致两项严重后果。

首先，承运人不对任何灭失或损坏负责，这种免责不仅可以对托运人主张，对无辜的第三方收货人也同样可以主张。

其次，托运人对承运人因此而遭受的损失还应负责赔偿，且这样的后果不要求托运人有过失。因此，这是过失原则的一个例外。

此外，即便托运人尽到了通知义务，而且承运人明确同意装运危险品，但承运人所承运的危险货物对于船舶、人员或者其他货物构成实际危险时，仍然可以将货物卸下、销毁或者使之不能为害，承运人的如此行为可不对该危险货物的损失负赔偿责任。

（4）支付运费。支付运费是海上货物运输合同下托运人最基本的义务。班轮运输和航次租船合同中都有运费，但定期租船合同中货方支付的不是运费而是租金。运费的支付时间一般有两种：预付和到付。如果合同没有明确约定运费的支付时间，则英国普通法认为运费应在承运人到达目的地将货物交付给收货人时支付。

如果货物到达港口时处于受损状态，或发生了短卸，仍然应该支付全额运费，收货人无权扣减。

运费支付也有例外情况。

首先是解除合同，即船舶在装货港开航前，如果是托运人要求解除合同的，除非合同另有约定，托运人应当向承运人支付约定运费的一半；如果是因不可抗力或者其他不能归责于承运人和托运人的原因致使合同不能履行的，双方均可解除合同，托运人无须支付运费，对于已经支付的运费，承运人应当将其退还给托运人。

其次是发生绕航后，有人主张绕航使原合同终止，托运人支付运费的义务也就解除了。但如果货物仍然被运到了目的港，托运人仍应付合同的费用。

再次是合同不能履行，如果货物在运输途中已经全部灭失，则合同不能继续履行，运费也就不用支付。

（5）托运人对共同海损的分摊。共同海损是海上货物运输中的一项特别制度，它是指在同一海上航程中，船舶、货物和其他财产遭遇共同危险，为了共同安全，有意地、合理地采取措施所直接造成的特殊牺牲及支付的特殊费用，应该由受益的各方进行分摊。如果货物由于共同海损行为得到了保全，货主应该参与共同海损牺牲和费用的分摊。当然，如果货物由于共同海损行为而牺牲，货主也可以要求将损失列入共同海损牺牲而得到补偿。

未申报或者谎报的货物也应该参加共同海损分摊，但其遭受的牺牲不得列入共同海损。不正当地以低于实际价值作为申报价值的，按照实际价值分摊共同海损，但却以申报价值计算牺牲金额。

（6）托运人对承运人的赔偿责任。由于托运人或者托运人的受雇人、代理人的过失造成对承运人、实际承运人的损失以及对船舶的损失，由托运人承担赔偿责任。如在装货和卸货过程中，由托运人雇佣的装卸工人对船舶和货物所造成的损害，有缺陷的货物对船舶和其他货物造成的损害，危险货物对船舶、货物、船员及其他第三方造成的损害等。此外，托运人由于装卸迟延导致承运人承受高额滞期费也是损失的一种形式。

2. 公路运输托运人的责任

公路运输托运人应负的责任基本与铁路、海上运输相同,主要包括:按时提供规定数量的货载;提供准确的货物详细说明;货物唛头标志清楚;包装完整,适于运输;按规定支付运费。

中华人民共和国交通部 1999 年第 5 号令发布的《汽车货物运输规则》规定如下。

第六十九条 托运人未按合同规定的时间和要求,备好货物和提供装卸条件,以及货物运达后无人收货或拒绝收货,而造成承运人车辆放空、延滞及其他损失,托运人应负赔偿责任。

第七十条 因托运人下列过错,造成承运人、站场经营人、搬运装卸经营人的车辆、机具、设备等损坏、污染或人身伤亡,以及因此而引起的第三方的损失,由托运人负责赔偿:

第一,在托运的货物中有故意夹带危险货物和其他易腐蚀、易污染货物,以及禁、限运货物等行为;

第二,错报、匿报货物的重量、规格、性质;

第三,货物包装不符合标准,包装、容器不良,而从外部无法发现;

第四,错用包装、储运图示标志。

第七十一条 托运人不如实填写运单,错报、误填货物名称或装卸地点,造成承运人错装、送货落空,以及由此引起的其他损失,托运人应负赔偿责任。

3. 铁路运输托运人的责任

托运人在向铁路承运人托运货物时,应相应的承担如下责任。

(1) 在货物运单和物品清单内所填记事项的真实性由托运人完全负责,如托运零担货物时,应在每件货物上标明清晰明显的标记。如托运人、发货人伪报、捏报货物品名、重量,应负违约责任。除按违章处理外,造成铁路运输设备的损坏或第三者财产损失的,还应赔偿损失。

例如,某单位自装一车生铁,伪报重 50t,承运后,列车在运行中该车车轴发生燃轴事故,经检查系超重所致,因而该单位要负责赔偿铁路修理车辆的损失。

(2) 对托运的货物,托运人应根据货物的性质、重量、运输要求,以及装载等件,使用便于运输、装卸,并能保证货物质量的包装。对有国家包装标准或专业包装标准的,应按其规定进行包装。对没有统一规定包装标准的,托运人应会同车站研究制定货物运输包装暂行标准。由于包装不良,铁路承运部门无法从外部发现的,造成货损货差的,责任自负。如果给铁路或他人造成损失,还应依法负责赔偿。

(3) 凡在铁路车站装车的货物,托运人应在铁路指定的日期将货物运至车站,车站在接收货物时,应对货名、件数、运输包装、标记等进行检查。对整车运输的货物,如托运人未能在铁路指定的日期内将货物全部运至车站,则自指定运至车站的次日起再次指定装车之日或将货物全部运出车站之日止。

(4) 及时支付运费。如托运人、发货人无故不缴纳运送费用,铁路部门有权拒绝承运,或按规定核收延期付款费。

4. 航空运输托运人的责任

货物托运人在航空运输中应承担的责任如下。

(1) 支付运费。

(2) 填写航空货运单,提交必要的单证。同时应对航空货运单中有关货物的各项说明、声明的正确性负责。如因填写不当使承运人或其他任何有关方遭受损失的,托运人应予以赔偿。如托运政府限制托运的货物,以及需要办理公安和检疫等各项手续的货物,均应附有效证明文件。

(3) 托运的货物中不准夹带禁止运输和限制运输的物品、危险品、贵重物品、现钞和证券等。

(4) 货物托运人对货物的包装应保证在运输途中货物不致散失、渗漏、损坏或污染飞机设备和其他物件。凡国家主管机关规定有标准包装的货物,则应按国家标准包装。

在公路运输、铁路运输和航空运输中,由于货运单由货方填写,故其填写的正确性直接影响到其利益。

8.3 争议与索赔的解决

8.3.1 争议解决的方法

在货物运输中产生纠纷以至引起诉讼是常有的事。如前文所述,一方面,货主可能会因为货物在运输途中发生的各种损失而向承运人索赔。另一方面,承运人也可能会因为未支付的运费或其他应付款项而向货主索赔。这些索赔并不一定都是承运人的过失引起的。以短量索赔为例,它可能是承运人在运输途中对货物照管不周的过错引起的,也可能是在装卸港口由于其他人的过错而引起的,如托运人交付了错误的重量而理货人员没有发现,或者是理货人员自己计算错误;装货过程中装卸工人或其他人员偷货是货物短量的另一常见原因,装卸不当引起的货物泄漏等又是一个原因。正确解决这些纠纷不仅要找到真正的过失方,还要清楚承运人或托运人谁应对过失负责。这是一个复杂的任务,其中不仅牵扯到货物运输法,还往往会涉及代理法、合同法等其他许多法律规范。所以对于货物利益方来说,特别是物流经营人整合各种运输方式提供服务时,一旦物流经营人违反合同,他可能采取的补救措施有以下几种。

1. 解决纠纷的措施

(1) 造成货损或货物灭失的,先向保险公司索赔,再由保险公司行使代位求偿权向责任人追偿。考虑到物流经营人或直接承运人的责任期间比较复杂,且有各种免责、责任限制的可能,这是在运输货物投保的情况下货物利益方最适宜采用的方式。

(2) 如所涉货物未投保、未足额投保,或货损在免赔额以内,或货物利益人认为货损远超过保险赔偿额,则可以依物流合同向物流经营人提出赔偿请求,再由物流经营人向责任人追偿。因为货方一旦把货物交付给物流经营人,他很难了解货损、货差发生在哪个实际承运人的责任期间内,故只能向物流经营人先行索赔。

(3) 如果货方直接订立物流作业分合同的,而且也知道货损、货差发生的确切责任期间,则可依分合同向实际履行人追偿。

(4) 以侵权为由向没有合同关系的责任人提出赔偿请求。

2. 解决运输纠纷的途径

目前,我国解决运输纠纷、索赔一般有四种途径:当事人自行协商解决、调解、仲裁和诉讼。其中,诉讼和仲裁是司法或准司法的解决途径。运输纠纷出现后,大多数的情况下,纠纷双方会考虑到多年的或良好的合作关系和商业因素,互相退一步,争取友好协商解决,同时为以后的进一步合作打下基础。但也有的纠纷因双方之间产生的分歧比较大,无法友好协商解决,双方可以寻求信赖的行业协会或组织进行调解,在此基础上达成和解协议,解决纠纷。但还会有一部分纠纷经过双方较长时间的协商,甚至在行业协会或其他组织介入调解的情况下还是无法解决,双方只能寻求司法或准司法的途径。

(1) 仲裁。仲裁是一种重要的纠纷解决手段,如果纠纷双方在纠纷发生后一致同意就该纠纷寻求仲裁,或在双方订立运输合同时已选择仲裁作为纠纷解决机制时,可以就该纠纷申请仲裁。仲裁申请人向约定的仲裁机构提出仲裁申请,并按仲裁规则指定一名或多名仲裁员,仲裁员通常是与该行业有关的商业人士或专业人士,仲裁员根据仲裁规则对该纠纷做出的裁决对双方都具有约束力,而且只要该仲裁过程符合仲裁规则,则该裁决是终局的。用仲裁解决纠纷,由于仲裁员具有该行业的专业知识、经验和相应的法律知识,因此所做出的裁决通常符合商业精神,而且仲裁速度较快,费用也较法院诉讼少。

仲裁的主要问题包括仲裁协议的有效性、仲裁程序的合法性、仲裁的司法监督等。目前,我国调整仲裁的法律主要有 1995 年颁布的《中华人民共和国仲裁法》。

1959 年,我国成立了贸促会海事仲裁委员会,隶属于贸易促进委员会,作为一个民间机构处理海事仲裁案件。该机构 1988 年更名为中国海事仲裁委员会,是我国目前唯一的海事仲裁常设机构。

由于仲裁的裁决是终局的,因此,根据仲裁裁决执行是解决纠纷的最后一步。在我国进行的仲裁做出的仲裁裁决的执行相对容易，比较复杂的是我国仲裁裁决在国外的执行和外国仲裁裁决在我国的执行。目前关于仲裁裁决的国外执行有一个国际公约，即1958年《承认与执行外国仲裁裁决的公约》（简称《纽约公约》），我国1986年12月2日参加了该公约。这样，在我国和公约其他参加国之间的仲裁裁决的相互执行应依据公约的规定进行。

（2）诉讼。如双方未对纠纷的解决方法进行约定，或事后无法达成一致的解决方法，则通过法院进行诉讼是解决纠纷最终的途径。各种运输纠纷可以按照我国的诉讼程由一方或双方向有管辖权的法院起诉，然后由法院根据适用法律和事实进行审理，最后作出判决。当然，如果某一方乃至双方对一审判决不服，还可以根据诉讼法进行上诉、申诉等。通过法院诉讼解决纠纷，耗时且费用高。

为了更好地处理水上运输类纠纷，我国设立了专门受理海事纠纷的法院——海事法院，还颁布了专门适用于海事案件审理的程序法《中华人民共和国海事诉讼特别程序法》。铁路运输的纠纷在我国也有专门的铁路运输法院受理和管辖。因此，在物流作业过程中发生法律纠纷时，以下法院可以有管辖权。

① 普通法院。在物流作业过程中，纠纷发生的原因不在海运、铁路运输期间产生的，一般由普通法院管辖。

② 海事法院。如果物流作业过程中货损或货物灭失发生于国际海上货物运输过程中，则根据《海事诉讼特别程序法》由海事法院管辖。

③ 铁路法院。如果货损或货物灭失发生于铁路企业作业过程中，则可由铁路法院进行管辖。

考虑到物流过程的国际性，物流合同的法律适用直接影响到我国货方的利益。同时，一个合同适用于哪一国的法律很大程度上取决于连接点。因此，在物流合同中，确定合同适用法律的因素有合同订立地点、合同履行地点、货损或货物灭失的发生地点及当事人的选择等。在上述诸因素中，货损或货物灭失地点很难通过法律上的技术性处理而予以改变。要让物流合同尽可能适用我国法律，最好让合同在我国签订，履行地点可以约定时最好约定在中国，当然最直接有效的方法是在合同中约定适用中国法律，由中国法院管辖。这样对于中国的利益方来说可以避免因跨国诉讼而费时费力、经济效果不理想等问题。

例：运输合同中管辖权条款纠纷案

1999年6月22日，温州市轻工工艺品对外贸易公司（下称工艺品公司）委托法国达飞轮船有限公司（下称达飞公司）将一批价值为77 910美元的童装从厦门运往康斯坦萨（Constanza），达飞公司向工艺品公司签发了海运提单（下称CMA提单），提单正面用有别于其他蓝色字体的红色文字写明"All claims and disputes arising under or in connection with this bill of lading shall be determined by the courts of MARSEILLES at the exclusion of the courts of any other country"（因本提单引起或与本提单有关的所有索赔和纠纷，应由马塞的法院管辖，排除其他国家的法院管辖。）2000年7月6日，工艺品公司以货物在运输途中灭失为由，向厦门海事法院提起诉讼。

达飞公司在答辩期内提出管辖权异议，理由是：提单中已明确约定管辖法院为法国马塞的法院，根据中国民事诉讼法的有关规定，已排除了厦门海事法院的管辖权，请求法院驳回原告的起诉。

工艺品公司则认为，提单上的管辖权条款是承运人为保护自己的利益而单方制定的格式条款，事先双方并未协商过，且该条款实际上剥夺了原告的诉权（选择管辖法院和适用法律），有失公平、合理，该管辖权条款应认定为无效。厦门是该批货物的起运地，根据民事诉讼法第二十八条的规定，厦门海事法院对该案依法具有管辖权。

厦门海事法院经审理认为，提单是运输合同的证明，一经合法成立，合同的各个当事人即受合同约定约束。本案作为托运人的原告在接受被告即承运人签发的提单时，未对提单格式中已列明的协议管辖条款提出异议，则可认定提单中的协议管辖条款是原、被告双方合意的结果。被告是在提单正面以区别于其他条款的醒目红色字体印刷出管辖权条款，可认定被告已采取合理的方式提示原告，原告不宜以格式条款单方印制为由抗辩。法国马塞市是被告的登记注册地，合同双方对提单项下的争议选择马塞法院管辖，符合我国法律的规定，被告的管辖权异议成立，裁定驳回原告的起诉。工艺品公司不服，向福建省高级人民法院提出上诉，高级法院最终裁定维持厦门海事法院的裁定。

8.3.2 索赔时效和诉讼时效

各种纠纷如果必须诉之于司法或准司法机构，则索赔时效和诉讼时效是一对重要的概念。规定时效是为了促进当事人及时行使自己的权利，早日消除不确定的法律关系，而由法律规定的一段特定的时间。如果一方当事人超过时效才行使自己的索赔和诉讼请求权，则通常会丧失胜诉权。索赔时效指的是一项有效的索赔必须在规定的期限内提出。诉讼时效指的是权利人自己不行使权力，依法规定其胜诉权归于消灭的一种时效制度。

我国《海商法》规定，就海上货物运输向承运人要求赔偿的请求权，时效期间为一年，自承运人交付或者应当交付货物之日起计算；在时效期间内或者时效期间届满后，被认为负有责任的人向第三人提起追偿请求的，时效期间为90日，自追偿请求人解决原赔偿请求之日起计算。

有关航次租船合同的请求权，时效期间为2年，自知道或者应当知道权利被侵害之日起计算。

因公路运输的纠纷要求赔偿的有效期限，从货物开票之日起，不得超过六个月，从提出赔偿要求之日起，责任方应在两个月内做出处理。

发货人或收货人根据铁路运输合同向铁路提出赔偿请求，以及铁路对发货人或收货人关于支付运送费用、罚款和赔偿损失的要求，可在九个月期间内提出；货物运到逾期的赔偿请求，应在两个月期间内提出。上述期限按如下方法计算。

（1）关于货物部分灭失、毁损、重量不足、腐坏或由于其他原因降低质量，以及运到逾期的赔偿请求，自货物交付之日起计算。

（2）关于货物全部灭失的赔偿请求，自货物运到期限期满后30天起计算。

（3）关于补充支付运费、杂费、罚款的赔偿请求，或关于退还上述款额的赔偿请求，或由于运价适用不当，以及费用计算错误所发生的订正清算的赔偿请求，自付款之日起计算。如未付款时，从货物交付之日起计算。

（4）关于支付变卖货物的余款的赔偿请求，自变卖货物之日起计算。

目前，调整国际航空货物运输关系的国际公约主要有三个：《华沙公约》、《海牙议定书》和《瓜达拉哈拉公约》。

《华沙公约》将货物损害和货物延迟的情况区别对待，前者索赔时效是7天，后者索赔时效是14天。其第十三条第三款规定："如果承运人承认货物已经遗失或货物在应该到达的日期7天后尚未到达，收货人有权向承运人行使运输合同所赋予的权利。"第二十六条第一款和第二款规定："除非有相反的证据，如果收件人在收受货物时没有异议，就被认为行李或货物已经完好地交付，并和运输凭证相符。如果有损坏情况，收件人应在发现损坏后，立即向承运人提起异议，最迟应在货物收到后7天内提出，如果有延误，最迟应该在货物交由收件人支配之日起14天内提出异议。"

但《海牙议定书》对此做了全面的修改，将货物损害索赔时效延长至14天，将货物延迟的索赔时效延长至21天。公约第二十六条内删去第二款，改用下文："关于损坏事件，收件人应于发现损坏后，立即向承运人提出异议，如系行李，最迟应在收到行李后7天内提出，如系货物，最迟应在收到货物后14天内提出。关于延误事件，最迟应在行李或货物交付收件人自由处置之日起21天内提出异议。"

由此，按照《华沙公约》和《海牙议定书》规定，由IATA统一制定并印在航空运单的运输契约第二十条指出："运单中指明的收货人遇到货损、货差和延误时必须在规定的时间内向承运人做出书面投诉，超过规定期限未做出书面投诉，即被视为是自动放弃了应享有的权利"。另外，由谁提出投诉也关系到诉讼索赔时效的问题，《海牙议定书》第十二条第四款及第十三条规定："收货人接受航空运单并提取货物后，托运人对货物的处置权即告终止"，此时，只能由收货人行使向承运人投诉，提出索赔的要求的权利。"但是如果收货人拒绝接受货运单或货物，或无法同收货人取得联系，托运人就恢复他对货物的处置权"，即只有在此种情况下托运人才有权向承运人提出投诉与索赔。而目前在实际情况中往往是收货人提取货物后再由托运人向航空承运人转达口头或书面投诉，在这种情况下，航空承运人可以根据条约拒绝受理，而收货人由此会延误规定的索赔期限。

诉讼时效为自航空器到达目的地之日起或应该到达之日起两年。

8.4 复习思考题

1. 运输纠纷有哪些类型？其包括哪些内容？
2. 各种运输方式的承运人其责任和免责是如何规定的？
3. 托运人在选择各种运输方式托运货物时的责任分别是什么？
4. 什么情况称为共同海损？
5. 什么是索赔时效？什么是诉讼时效？
6. 国际多式联运货物灭失案例分析。

1994年10月，原告匈牙利雁荡山贸易公司作为买方与温州市进出口公司签订一份售货确认书，购买一批童装，数量500箱，总价为68 180美元。1995年2月11日，温州市进出口公司以托运人身份将该批童装装于一个40尺标箱内，交由富天公司所属"金泉"轮(M/V JinQuan)承运。富天公司加铅封，箱号为SCXU5028957，铅封号11021，并签发了号码为RS-95040的一式三份正本全程多式联运提单。该份清洁记名提单载明：收货地厦门，装货港香港，卸货港布达佩斯，收货人为雁荡山贸易公司。提单正面管辖权条款载明：提单项下的纠纷应适用香港法律并由香港法院裁决。提单背面条款6(1)A载明：应适用海牙规则及海牙维斯比规则处理纠纷。

1995年2月23日，货抵香港后，富天公司将其转至以星公司所属"海发"轮（M/V ZIMHAIFA）承运。以星公司在香港的代理新兴行船务公司（SUN-HINGSHIPPINGCO·LTD）签发了号码为ZIMUHKG166376的提单，并加号码为ZZZ4488593的箱封。提单上载明副本不得流转，并载明装货港香港，目的港科波尔，最后目的地布达佩斯；托运人为富天公司，收货人为富天公司签发的正本提单持有人及本份正本提单持有人，通知人为匈牙利雁荡山公司，并注明该箱从厦门运至布达佩斯，中途经香港。

1995年3月22日，以星公司另一代理R·福切斯（R·FUCHS）传真雁荡山公司，告知集装箱预计于3月28日抵斯洛文尼亚的科波尔港，用铁路运至目的地，布达佩斯有两个堆场，让其择一。雁荡山公司明确选择马哈特为集装箱终点站。3月29日，以星公司将集装箱运抵科波尔，博雷蒂诺（BOLLETINO）铁路运输公司出具运单，该运单载明箱号、铅封号及集装箱货物与以星公司代理新兴行船务有限公司出具给富天公司的提单内容相同。4月12日，R·福切斯依照原告雁荡山公司指示，将箱经铁路运至目的地布达佩斯马哈特集装箱终点站。4月15日，雁荡山公司向R·福切斯提交富天公司签发的一份正本提单并在背面盖章。6月6日，雁荡山公司提货时打开箱子发现是空的。同日，匈牙利铁路公司布达佩斯港口出具证明，集装箱封铅及门锁在4月15日箱抵布达佩斯寿洛科沙里路时已被替换。

问：应由谁对该批货损负责？

答案：（案例评析）

这是一起国际货物多式联运合同引发的纠纷。多式联运提单是国际货物多式联运的证明，也是承运人在货物接收地接管货物和在目的地交付货物的凭证。本案中，富天公司签发给雁荡山公司的提单即为多式联运提单。

本案中共有3个运输区段，运输形式涉及海运和铁路运输，由3个承运人共同完成运输任务。富天公司签发的是全程多式联运记名提单，富天公司作为多式联运经营人应对货物的全程运输负责。

此外，以星公司签发给富天公司的提单是针对中间的运输区段，其作为区段承运人应对从接受货物开始，至实际交付货物为止期间的货物负责。以星公司虽然最后收回了雁荡山公司交付的记名提单，但其未能提供充分证据证明已履行了实际承运人的适当义务将货物完好无损地交付给收货人，故其与记名提单收货人雁荡山公司之间存在着实际运输合同关系。查明的事实是，富天公司将集装箱完好交付以星公司，以星公司在将箱子运抵目的地堆场前，箱封已经被替换。因此，货物灭失的区段与以星公司运输的区段正好吻合。

雁荡山公司作为记名提单项下的收货人，富天公司与以星公司对雁荡山公司货物灭失的损失均负有赔偿义务。

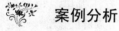 **案例分析**　　　　　空运货物灭失索赔案

1991年12月6日，原告某保险公司接受某公司（托运人）对其准备空运至米兰的20箱丝绸服装的投保，保险金额为73 849美元。同日，由被告A航空公司的代理B航空公司出具了航空货运单一份。该航空货运单注明：第一承运人为A航空公司，第二承运人为C航空公司，货物共20箱，重750公斤，该货物的"声明价值（运输）"未填写。A航空公司于1991年12月20日将货物由杭州运抵北京，12月28日，A航空公司在准备按约将货物转交C航空公司运输时，发现货物灭失。1992年，原告对投保人（托运人）进行了全额赔偿并取得权益转让书后，于1992年5月28日向B航空公司提出索赔请求。B航空公司将原告索赔请求材料转交A航空公司。A航空公司表示愿意以每公斤20美元限额赔偿原告损失，原告要求被告进行全额赔偿，不接受被告的赔偿意见，遂向法院起诉。

法院认为，航空货运单是航空运输合同存在及合同条件的初步证据。该合同的"声明"及合同条件是合同的组成部分，并不违反1955年《海牙议定书》的规定，且为国际航空运输协会规则所确认，故应属有效，对承运人和托运人具有相同的约束力。托运人在将货物交付运输时向原告进行了保险，该批货物在A航空公司承运期间发生灭失，A航空公司应负赔偿责任。原告在赔偿后取得代位求偿权。由于托运人在交托货物时，未对托运货物提出声明价值并交付必要的附加费，所以A航空公司在责任范围内承担赔偿责任是合理的。被告B航空公司作为签发人，应对合同下的货物运输负有责任，但鉴于被告A航空公司承诺赔偿，B航空公司可不再承担责任。

对空运索赔的处理方法

航空货物运输所承运的货物，由托运方交承运方起，承运方即对所运物负有责任，直至承运方将货物交收货方为止，这一段时间称为承运责任其间。因装卸、运送、保管、交付过程不妥善，而发生货物损坏或丢失事故，称作货损货差。

航空公司是承运人，航空运单是交货凭证，作为航空运输代理如外运公司，也有自己的运单（空运上又称航空分运单），航空运单和航空分运单背面，均有责任划分和赔偿条款。

1. 航空货物运输中，如果发生货损货差，首先追查责任方，是代理责任还是承运人责任，不论是哪方责任一般均按《华沙公约》条款进行赔偿，也就是按航空总运单、分运单背面条款进行赔偿，一般根据货物计费重量，最高赔偿额为每公斤 20 美元，其余部分由货主向保险公司提赔（即货物在处运前办理了保险）。

2. 进口货物在卸机后，如有残损或短少，民航须在 48 小时内向飞机承运人提出。

3. 外运公司作为货主代理人，应尽力维护货主利益，在与民航交接货物时，发现货物外包装有破损或件数短少时，应在接货同时，取得民航货运的商务记录，届时凭此向航空公司提出索赔。

4. 航空快件的运输与一般货物运输一样也有索赔条款，每个代理的快件运单背面均有说明。如果快件在传递过程中丢失，也要追查在哪个环节上丢失，责任方在哪里。每份国际快件的最高赔偿为 100 美元。凡是委托外运公司快件代理出口的快件，如有丢失，外运公司一般免费提供一次寄件。

5. 索赔通知与诉讼时效。根据华沙公约的规定，在货物遭受损害的情况下，收货人或有关当事人应于收到货物之日起 7 天之内提出书面通知。在延迟交货的情况下，收货人应于货物收到之日后 14 天之内提出索赔通知。如在以上规定期限内没有提出，则作为托运人放弃该项索赔。

6. 1955 年的《海牙议定书》对托运人提出的书面通知做了修改，由原来的 7 天该为 14 天，延迟交货由原来的 14 天改为 21 天。诉讼在两年内提起，即从货物到达之日，或从运输终止之日起，过了该期限没有提起诉讼，则作为托运人放弃了该项诉讼权利。

部分章节练习题参考答案

第 2 章 练习题参考答案

1. 服装（289 箱，40kg/件，0.80m×0.60m×0.45m），一批件数未超 300 件，每件重量、体积符合零担要求，可按零担办理。蜜蜂（80 箱，35kg/件），蜜蜂不得按零担办理。冻鸡（3 箱，30kg/件），因须冷藏，不可按零担办理。电动机（1 箱，500kg/件），每件重量、体积符合零担要求，可按零担办理。钢柱（1 件，600kg/件，长 20m），长度超过车辆长度，不符合零担要求，不可按零担办理。铣床（1 箱，2200kg/件），可按零担（笨零）办理。

2. 解：
（1）不能按一批托运。因为按一批托运的集装箱必须是相同箱型。
（2）据题意，该 4 箱货物是按零担办理的。2 个 5t 箱的运到期限计算：

$$T_发=1d$$
$$T_运=961/250=3.844=4d$$

运价里程超过 250km 的 5t 箱货物另加 2d，$T_特=2d$
所以 5t 箱货物的运到期限为：

$$T=T_发+T_运+T_特=1+4+2=7d$$

2 个 5t 箱货物应在同年 7 月 17 日前（7 月 10 日装车完毕，从 7 月 11 日起算 7d）必须卸完才没逾期。由于 2 个 10t 箱无特殊作业时间，故其应在同年 7 月 15 日前必须卸完才没逾期。

3. 解：
（1）危零货物运到期限计算：

$$T_发=1d$$
$$T_运=2510/250=10.04=11d$$

运价里程超过 1000km 的零担货物另加 3d，危零货物另加 2d，$T_特=3+2=5d$
所以危零货物的运到期限为：

$$T=T_发+T_运+T_特=1+11+5=17d$$

整车货物的运到期限与危零货物相比没有特殊作业时间，故其运到期限为：

$$T=T_发+T_运+T_特=1+11+0=12d$$

（2）从 8 月 15 日承运的次日 8 月 16 日起算，整车货物应于 8 月 27 日前卸完，危零货物应于 9 月 1 日前卸完才不逾期违约。如整车和危零货物分别于 8 月 28 日和 8 月 31 日到站卸完，则危零货物不逾期违约，而整车货物逾期违约。

4. 解：

快运易腐货物运到期限计算：

$$T_发=1d$$
$$T_运=1782/500=3.564=4d$$

途中加冰盐 2 次，另加 2d，$T_特=2d$

所以快运易腐货物的运到期限为：

$$T=T_发+T_运+T_特 =1+4+2=7d$$

第 3 章　练习题参考答案

1．解：因为计费等级为 M8 级，所以应该按照尺码吨计费。

基本运费：10×91=910 元

附加运费：910×13%=118.3 元

所以，总运费为基本运费+附加运费=910+118.3=10 28.3 元

2．解：因为计费等级为 M8 级，所以应该按照尺码吨计费。

体积折重：49 cm×32 cm×19cm×1 000=29.792 尺码吨

所以，深圳至香港的运费：22×29.792×（1+17%）=766.8 元人民币；香港至伦敦的运费：237×29.792×（1+13%）=7 978.6 元港币

3．解：因为计费等级为 W/M，8 级，所以应该按照尺码吨或重量吨中较高者计费。

由于 19.6>14.9，所以应该按照重量吨计费。

上海至香港运费：20.5×19.6=401.8 美元

香港至温哥华运费：60×19.6=1 176 美元

香港中转附加费：13×19.6=2 54.8 美元

所以总运费为：401.8+1176+254.8=1 832.6 美元

第 4 章　练习题参考答案

一、选择题：

1．在下列货物中，容易造成堆码重心过高的货物是（　C　）
  A．普通货物　　　　B．特种货物　　　　C．轻泡货物

2．运输长大笨重货物时应悬挂明显的标志，白天悬挂（　A　）
  A．红旗　　　　　　B．绿旗　　　　　　C．红灯

3．凡具有自燃、易燃、易爆、腐蚀、毒害、放射性等性质的货物称为（　B　）
  A．普通货物　　　　B．危险货物　　　　C．特种货物

4．由运输主管部门编制的货物标志是（　C　）。
  A．商品标志　　　　B．包装标志　　　　C．运输标志

5．汽车零担货物是指托运人一次托运计费质量不足（　B　）的货物。

A．3 500kg　　　　B．3 000kg　　　　C．2 500kg

二、判断题

1．货物的包装与货物安全运送没有直接关系。（×）

2．在危险货物运输过程中，危险货物必须有标志。（√）

3．运输危险货物必须配备专门人员押运。（×）

4．只要货物的长度、宽度、高度中任何一部分超过了有关货运汽车载物的规定范围，都应按长大货物运输进行托运或承运。（√）

5．运送鲜活货物须有人随车押运照料。（×）

参 考 文 献

[1] 中华人民共和国铁道部. 铁路货物运输规程 [M]. 北京：中国铁道出版社，1991.
[2] 王庆功. 铁路货运规章教程 [M]. 北京：中国铁道出版社，2001.
[3] 陈宜吉. 铁路货运组织 [M]. 北京：中国铁道出版社，2006.
[4] 黄家城. 水路交通管理 [M]. 北京：人民交通出版社，2003.
[5] 胡思继. 交通运输学 [M]. 北京：人民交通出版社，2001.
[6] 鲁丹萍. 国际货物运输与管理 [M]. 杭州：浙江大学出版社，2004.
[7] 对外经济贸易大学国际经贸学院运输系. 国际货物运输实务 [M]. 北京：对外经济贸易大学出版社，1999.
[8] 严启明，韩艺萌. 国际货物运输 [M]. 北京：对外贸易教育出版社，1994.
[9] 中华人民共和国交通部. 2001-2010 年公路水路交通行业政策蓝皮书 [M]. 北京：人民交通出版社，2001.
[10] 现代交通远程教育教材编委会. 运输经济学 [M]. 北京：清华大学出版社，2004.
[11] 季永青. 运输管理实务 [M]. 北京：高等教育出版社，2000.
[12] 姜宏. 物流运输技术与管理实务 [M]. 北京：人民交通出版社，2002.
[13] 台湾新竹货运案例分析 [ED/OL]. http://www.chinawuliu.com.cn.
[14] 2006 年中国公路运输行业分析及投资咨询报告（上中下卷）[ED/OL]. 中国投资咨询网，2006.
[15] 张敏，黄中鼎. 物流运输管理 [M]. 上海财经大学出版社，2004.
[16] 韩景丰. 运输与运输管理 [M]. 重庆大学出版社，2006.
[17] 翟光明. 运输作业实务 [M]. 中国物资出版社，2006.
[18] 刘晓卉. 运输管理学 [M]. 复旦大学出版社，2005.
[19] 马保松，曾聪. 世界管道运输的发展趋势及关键技术分析 [J]. 2004(9)，综合运输，2004.
[20] 刘小卉，陈琳. 运输管理学 [M]. 复旦大学出版社，2005.
[21] 王国华等.中国现代物流大全 [M]. 中国铁道出版社，2004.
[22] 2006 年中国管道运输行业分析及投资咨询报告 [ED/OL]. 中国投资咨询网，2006.
[23] 管道运输技术 [ED/OL]：中国物流与运输网，2006.
[24] 黄福华，袁世军. 现代企业物流运作管理案例选评 [M]. 长沙：湖南科技出版社，2003.
[25] 骆温平. 第三方物流理论、操作与案例 [M]. 上海：上海社会科学出版社，2001.
[26] 中国货代协会. 国际货运代理理论与实务 [M]. 北京：气象出版社，2001.
[27] Ronald H.Ballou, Business Logistics Management[M], Prentice-Hall，1999.
[28] 张元昌. 物流运输与配送管理 [M]. 北京：中国纺织出版社，2004.
[29] J.佩帕德，P.罗兰. 业务流程重组 [M]. 北京：中信出版社，1999.